성장하는 2025 경제 大전망

30대 경제트렌드

김대종 지음

지필미디어

김대종(金大鍾, KIM DAE JONG)
연락처:010-8366-5552
daejong68@sejong.ac.kr daejong68@hanmail.net

　김대종 세종대 경영학부 교수는 한국경영경제연구소 소장과 한국시장경제교수협의회 회장을 맡고 있다. KBS, MBC, SBS, YTN, 연합TV, 채널A, TV조선, 한국경제TV, SBS BIZ, BBC 등에서 활발한 언론활동을 하고 있다.
　2025년은 미국과 한국 기준금리 인하, 미국 대통령선거, 두 개의 전쟁 지속 등으로 한국경제가 급등락 할 것이다. 한국은 무역의존도 75%로 세계2위로 수출과 수입으로 먹고산다. 한국은 GDP 세계10위, 제조업 세계5위, 국제금융 세계 35위로 위기에 대비해야 한다.
　그는 국회 기획재정위원회, 정무위원회, 산업자원부, 한국전력, 한국상공회의소와 공공기관 등에서 위기극복 전략과 경제전망 특강을 했다. 국내와 해외 포럼에서 한국경제와 산업전망을 활발히 강의하고 있다.
　기업이 생존하려면 모바일 전략, 정부구매, 구독경제, 인공지능 도입이 가장 중요하다고 본다. 개인은 지속적인 공부, 직장에서 최고 인재되기, 한강이남 아파트 분양, 세계 시가총액 1등 주식 투자가 부자되는 지름길이라고 가르치고 있다.
　한국외대 경제학과 수석졸업, 고려대 MBA, 서강대학교에서 경제학 박사학위를 받았다. 뉴욕대 MBA(현대금융), 컬럼비아대학교에서 방문교수로 연구 활동을 했다.
　그는 세종대 경영학부 교수이면서 현재 홍보실장을 10년째 맡고 있다. 한국경영경제연구소 소장, 한국시장경제교수협의회 회장, 서울구로로타리클럽 회장, 국제로타리3640지구 공공이미지 위원장으로 봉사활동을 계속하고 있다.
　그는 현대모비스, LG전자, 현대증권과 CJ증권 이코노미스트, 한국경제신문사, 국회 4급 정책연구원, 대통령직 인수위원회 자문위원을 했다. 국내 3대 대기업에서 모두 직장경험을 했다.
　세계3대 인명사전 후즈후 등재, 서울총장포럼 사무국장, 소방청, 동반성장위원회, 방송통신위원회 시청자미디어재단 이사로서 활발히 활동하고 있다.
　도약하는 2025년 경제전망, 2024년 경제大전망, 부자학, 채권시장 전망, 4차 산업혁명인재 양성방안, 생활재테크, 기업경제학, 한국적정외환보유고, 중소기업 성장 연구, 무역과 인공지능 논문 등 200여 편이 있다.
　현재 한국시장경제연구회 회장, 한국경제평론가협회와 한국글로벌무역학회, 한국구매조달학회 부회장이다. LG그룹 연암장학재단 회장, 고려대학교 MBA 상임이사, 한국외대 총동문회 이사다. 현대증권과 증권연수원에서 최우수 사원상을 수상했다. 국방부 장관상과 소방청장 표창을 받았다.

요약 : 꼭 읽어 볼 것

2025년 주요 핵심 경제트렌드

크게 성장하는 2025년

2025년 정부, 기업, 개인은 대외 경제정책 변화에 철저히 대비하라.

정부, 기업, 개인은 미국 등 대외경제 정책 변화에 철저하게 대비해야 한다.

2025년은 미국 기준금리 인하와 대통령 선거 등으로 새로운 경제정책이 필요하다.

미국은 2024년 9월부터 기준금리를 0.25% 내린다. 미국 8월 소비자 물가지수는 2.9%로 낮아졌다. 미국의 연방준비은행이 목표하는 소비자물가는 2%다.

미국 연준 기준금리 목표치는 2024년 5.5%에서 4.6%, 2025년 3.6%, 2026년 2.6%다. 미국이 기준금리는 앞으로 매년 내린다. 한국도 미국과 동조화되어 있어 기준금리를 인하한다.

2025년 기준금리가 내리면 주식과 부동산 등 자산은 80% 확률로 상승한다. 기업도 투자를 늘리게 된다. 이자율 하락으로 2025년 인공지능 등 기업투자는 증가한다. 엔비디어, 삼성전자 등 반도체주는 상승할 것이다.

2024년 8월 미국 기준금리 5.5%가 소비자물가를 2.9%까지 낮췄다. 미국 연방준비은행의 가장 큰 목표는 물가안정이다.

지난 50년간 미국 기준금리는 1981년 최고 21%에서 1%로 우하향했다. 미국 물가가 안정되면 기준금리는 다시 예전처럼 1~2%로 낮아진다. 미국 기준금리는 88% 확률로 우하향한다.

　기업과 개인은 하반기 미국 대외 경제정책을 예측하고 선제적으로 대응해야 한다. 다음과 같이 정부, 기업, 개인에게 제언한다.

　첫째 미국은 2024년 9월부터 기준금리를 0.25% 인하한다. 3회 정도 인하할 예정이다. 미국 연방준비은행은 실업률이 2024년 8월 4.3%까지 오르자, 경기를 개선시키기 위하여 기준금리 인하를 결정했다. 경기악화의 가장 좋은 지표는 실업률이다. 9월 미국 기준금리 인하 확률은 100%다.

　한국은행은 미국 기준금리 인하 후 10월부터 12월 하반기까지 0.25% 정도 기준금리를 내릴 것이다

　둘째 트럼프와 해리스 대통령 후보의 경제정책 변화다. 미국 대통령 선거가 11월 5일 화요일이다.

　트럼프와 바이든 정부는 모두 중국에 대한 고관세를 예고했다. 2024년 9월 바이든 정부는 중국에 대한 AI반도체 수출 금지를 천명했다.

　트럼프 대통령후보는 본인이 당선된다면 중국산 전기자동차에 100%에서 200%까지 고관세를 부과하겠다고 말했다. 한국과 일본 등 우방국에 대해서도 관세를 10% 올리겠다고 말했다.

　트럼프 후보가 지지하는 경제정책은 은행과 전통적인 제조업이다. 전기자동차와 배터리 분야는 정부지원을 축소하고, 석유화학과 은행, 제조업 등을 육성하겠다는 전략이다.

　한국 정부와 산업계도 트럼프와 해리스 두 사람 경제정책 변화에 대비해야 한다. 미국에 현지 생산을 늘이고 중국산 부품을 최소로 줄여야 한다.

　대만 TSMC에 대해 트럼프는 강경한 입장을 밝혔다. 그는 대만 안보비용을 미국이 지출하고 있으므로, 대만도 이제는 지불해야 한다는 것이다. 대만은 2024년 9월 전 세계 비메모리반도체 90%를 독점 공급하고 있다.

대만 정부도 "적극 방위비 분담을 하겠다"고 응답하면서 동북아시아의 변혁을 예고했다.

셋째 한국은 미국 우선주의에 대응하여 국제무역을 확대하고 다자무역에 적극 가입해야 한다. 대한민국은 무역의존도가 75%다. 한국은 수출과 수입 등 교역으로 먹고 사는 나라다.

그러나 미국은 무역의존도가 20%고, 내수 비중은 80%다. 미국은 인구가 3억 3천만 명으로 계속 증가 추세다.

그러나 한국은 내수가 아니라 교역을 해야 한다. 한국은 일본이 주도한 CPTPP에도 편입하고 다자무역에 적극 가입해야 한다.

트럼프와 해리스 대통령 후보 중에서 누가 집권하더라도 미국은 자국 우선주의 정책으로 나갈 것이다.

그러나 한국은 위기는 기회라는 긍정적 생각을 해야 한다. 교역을 확대하고 수출을 늘려야 한다. 한국은 에너지를 100% 수입한다. 따라서 미국이 자국 우선주의로 나갈 때, 한국은 적극적인 해외 진출을 도모하고 교역을 확대해야 한다.

넷째 트럼프 대통령 후보는 자국 방어를 스스로 책임지라고 말한다. 한국은 2024년 폴란드 등에 약 30조원 정도 무기를 수출했다. K2-전차, 자주포, FA-50 경비행기 등 방위산업이 한국의 효자상품이다.

미국이 생산하는 항공모함과 첨단무기는 수출이 불가능한 제품이다. 그러나 한국은 지난 70년간 전쟁을 준비하면서 방위산업을 육성했다.

한국의 재래식 무기는 어떤 나라보다도 신속하고 정확하게 공급할 수 있다. 누가 미국 대통령이 되든 한국 방위산업과 안보는 기회가 될 수 있다. 대한민국이 원하는 것은 핵추진 잠수함과 핵 안보전략이다.

2024년 9월 미국 기준금리 인하, 11월 5일 미국 대통령 선거, 10월 한국은행 기준금리 인하, 두 개의 전쟁 등이 변수다. 한국 정부와 기업, 개인은 미국 보호무역과 자국 우선주의 정책, 금리인하에 철저히 대비해야 한다.

한국경제는 2024년 상반기 반도체, 전기자동차, 배터리 분야에서 선전했다. 그러나 2025년 한국 강점이 약화될 것이다. 기업과 개인은 위기를 기회로 전환해야한다. 유비무환 정신으로 준비해야 한다.

목 차

요약 : 꼭 읽어 볼 것 ·· v

먼저 읽기: 2025년 경제전망 요약 ··· xi

PART 1 2025년 세계경제 주요 이슈 ·· 1

01. 2025년 세계경제전망 3.1% ·· 2
02. 미국 대통령 선거 ·· 6
03. 미국 기준금리 인하 ··· 11
04. 우크라이나, 중동전쟁 언제 종식되나? ······································ 16
05. 2025년 중국경제 5% 전망 ·· 21
06. 2025년 반도체 산업 전망. 미국에서 반도체 생산한다 ············· 29
07. 기후변화와 세계 물가인상 도미노 ·· 35
08. 공급망 재편과 인구 세계 1위 인도를 잡아라 ··························· 38
09. 인공지능 시대와 엔비디어 등장 ··· 41
10. 2025년 석유가격 전망 ·· 45

PART 2 2025년 한국경제 핵심 이슈 10개 ································· 49

01. 2025년 한국경제 2.6% 성장 전망 ·· 50
02. 2025년 부동산 전망 ··· 73
03. 2025년 한국 금융시장 전망과 금리인하 ·································· 95
04. 4차 산업혁명 기술인재 확대 전략과 전망 ····························· 105
05. 2025년 윤석열 정부 경제정책 핵심내용 ································ 147
06. 2025년 한국 주식시장 전망, 3300 돌파할 것이다. ··············· 163

07. 국민연금 개혁 · 196
08. 국내 모든 기업 4차 산업혁명 혁신해야 생존한다. · 202
09. 경기부양에 도움되는 건설업 육성 필요하다 · 205
10. 노동시장 혁신 · 208

PART 3 2025년 주요산업 이슈와 트렌드 · 221

01. 인공지능과 반도체 전망 · 222
02. 전기자동차와 배터리, 무인자동차 · 238
03. 금융시장 대혁신 필요 · 247
04. 2025년 플랫폼 사업 전망, 온라인 쇼핑, 유통산업 혁신 · 260
05. 한국 방위산업 기회다 · 272
06. 원자력 산업 전망 · 279
07. 로봇산업, 항공과 드론산업 전망 · 283
08. 물 산업 전망 · 285
09. 클라우드와 보안산업, 사물인터넷 전망 · 287
10. 구독경제가 필수 생존전략이다 · 289

PART 4 기업과 개인의 생존전략 · 293

01. 기업 생존전략: 모바일, 인공지능, 구독경제 · 294
02. 개인 생존전략과 투자전략 · 297
03. 채권이자는 하락하고 채권가격은 오른다. · 305
04. 금 안전자산 계속 오른다. 금을 모아라 · 310

먼저 읽기 : 2025년 30대 경제트렌드

1. 2025년 세계 10대 경제이슈 트렌드

미국 기준금리 인하	미 연준 기준금리 목표 2024년 5.5% → 4.75% 2025년 → 3.6% 2026년 → 2.6%
미국 대통령 선거	민주당 해리스와 공화당 트럼프, 누가 당선되느냐? 큰 변화 온다.
우크라이나, 중동전쟁 언제 종식되나?	2025년 전쟁 종식된다. 국지전으로 장기전이 될 수 있다
중국경제와 시진핑	시진핑 30년 집권시작. 시장경제 → 계획경제 개방경제 → 폐쇄경제
인공지능 시대와 엔비디아 등장	세계시가 총액 1위 엔비디아 인공지능 도입해야 생존가능하다
공급망 재편과 인도 등장	세계 인구 1위 인도, 14억 인도시장 한국기업 진출하라
기후변화와 물가인상	기후변화로 식량생산 큰 변화, 인도네시아 팜유 생산 급감 전 세계 식량전쟁 시작된다
반도체 산업 변화와 한국영향	하이닉스 HBM 반도체 공급, 삼성전자 후발주자로 분발하라. 반도체 계속 세계경제 선도한다.
혁신하는 기업만 생존한다. 혁신하는 세계기업	애플, MS, 엔비디아 미국 빅테크 기업 인공지능 도입, 자율주행 등 혁신한다.
2025년 세계경제전망	미국 기준금리 인하로 세계경제 3.2% 성장한다.

2. 한국 10대 트렌드

2025년 부동산 전망	아파트 10년간 상승한다 한강 이남 투자하라.
2025년 한국경제 전망과 환율	환율 1220~1440원 급등락 한다. 다시 도약하는 한국경제 법인세 등 세금인하로 기업하기 좋은 나라 만들자
2025년 한국 금리인하와 금융시장	한국은 미국과 동조화현상으로 금리 인하 한다. 치열한 은행권 경쟁, 은행 생존전략 필요하다.
과학기술 인재확보 전략 한국 신성장 동력이다	인재가 기업 핵심이다. 사람이 최고다. 인재와 혁신이 기업 살린다
한국 주식시장 전망	글로벌 시가총액 비중 미국 60%, 한국1.5%, 미국90%, 한국10%비중, 1등 주식만 투자하라. 미국주식 투자해야 생존한다.
국민연금 개혁	10년 국민연금 수익률, 캐나다 11%, 한국4.5%, 해외시장 더 많이 투자하라. 국민연금 믿지마라. 내 연금 만들자.
윤석열 정부 핵심내용	작은 정부, 기업하기 좋은 나라 만들자
구독경제와 모바일	구독경제는 기업 필수생존 전략이다. 매월 수입과 매출이 확정된다.
노동시장 혁신과 근로시간 단축	외국인 한국 투자 꺼리는 이유 강력한 노조. 노동시장 개혁과 혁신 필요하다. 주 4일은 시기상조, 한국은 제조업 중심. 세계적인 추세는 근로시간 단축 → 대비하라
반도체와 한국 주요산업 인공지능 혁신	인공지능 도입하면 생존하고, 인공지능 없으면 망한다
자동차, 건설산업 혁신	한국 건설업 경기 부양산업, 전쟁이후 복구사업 특수 온다. 한국 자동차 세계시장 진출 확대 전략 필요하다

3. 2025년 한국주요 산업과 기술 트렌드

인공지능과 반도체	인공지능 도입하면 생존하고, 인공지능 없으면 망한다. 하이닉스, 삼성전자 HBM 반도체 엔비디어 공급 **용인반도체 클러스터 300조원 조기 착공하라**
전기자동차와 배터리, 무인자동차	테슬라 등 전기자동차 전세계 자동차 10% → 2025년 12% 전망, 소폭성장 전망 인프라 부족과 전기자동차 안전성 문제
은행 생존전략, 금융시장 대혁신 필요	은행 파생상품 판매중지, ELS사태 등 은행 다양한 금융상품과 수입원 다각화로 생존하라
4차 산업혁명 모바일 시대다	PC시대가 가고 모바일 시대다. 스마트폰으로 모든 업무를 처리해야 한다. **생산 4대 요소: 모바일, 토지, 노동, 자본**
로봇시장 전망, 항공과 드론산업	로봇이 인간을 대체한다. 한화에어로스페이스, 현대로템, LIG넥스원 등 항공, 드론산업 핵심이다.
물 산업 전망	홍수와 가뭄에 대비하라, 한국도 물 부족 국가다. 물그릇을 크게 늘려라.
통신시장 재편과 OTT	넷플릭스, OTT시장 지속 성장한다. 꾸준히 수익 발생하는 통신시장 지켜라
한국 방위산업 기회다	방위산업은 평화산업. 세계 2위 무기 수출국 되자
원자력 산업 전망, 신재생에너지, 태양광	세계 원전시장 1,000조원, 한국 체코 원전수주 24조원, 원전시장 밝다. 신재생에너지 성장한다
클라우드와 보안산업 전망. 사물인터넷	4차 산업혁명 핵심산업 빅데이터, 클라우드, 보안산업 더 성장한다. 만물 초연결 사회다. 만물을 연결해야 생존한다
구독경제 필수 생존전략	구독경제 도입한 기업만 생존한다. 매월 일정금액 수입이 발생하는 구독경제 필수다 구독경제 도입없으면 모든 기업 도태된다.

성장하는 2025년 경제 大 전망 -30대 경제트렌드-

PART 1

2025년 세계경제 주요 이슈

01. 2025년 세계경제전망 3.1%
02. 미국 대통령 선거
03. 미국 기준금리 인하
04. 우크라이나, 중동전쟁 언제 종식되나?
05. 2025년 중국경제 5% 전망
06. 2025년 반도체 산업 전망. 미국에서 반도체 생산한다
07. 기후변화와 세계 물가인상 도미노
08. 공급망 재편과 인구 세계 1위 인도를 잡아라
09. 인공지능 시대와 엔비디어 등장
10. 2025년 석유가격 전망

01 2025년 세계경제전망 3.1%

☑ **2025년 세계경제성장률 3.2%전망, 2024년 3.1%보다 소폭 상승**

IMF 세계 경제성장률 전망
단위:%

전망시점	2024년 '23.10.10	2024년 '24.1.30	2025년 '23.10.10	2025년 '24.1.30
세계	2.9	3.1	3.2	3.2
선진국	1.4	1.5	1.8	1.8
신흥국·개도국	4.0	4.1	4.1	4.2
미국	1.5	2.1	1.8	1.7
유로존	1.2	0.9	1.8	1.7
한국	2.2	2.3	2.3	2.3
일본	1.0	0.9	0.6	0.8
중국	4.2	4.6	4.1	4.1
인도	6.3	6.5	6.3	6.5
러시아	1.1	2.6	1.0	1.1

자료: 국제통화기금(IMF) / 연합뉴스
권형민. 김민지 기자 20240130

<2025년 세계경제성장율은 3.2%다. 우크라이나 전쟁과 중동전쟁이 종식된다면 더 성장할 것이다. 코로나 극복이후 세계경제는 기지개를 켜고 있다>

미국 기준금리 인하

미국 연방준비은행 기준금리 목표치

2024년 5.5%->4.6%, 2025년 3.6%, 2026년 2.6%.

2025년 세계 경제성장율은 3.2%다. 우크라이나 전쟁과 중동전쟁이 종식된다면 더 성장할 것이다. 중동상황은 예측불허다.

2024년 8월 이스라엘은 하마스 지도자 하니예를 암살하여 이란이 보복을 천명했다. 이스라엘 본토 인구는 1천만 명이며, 미국과 유럽 등에 1천만 명이 흩어져있다. 전세계

이스라엘 인구는 2천만 명 정도다. 흩어진 민족을 디아스포라라고 한다.

한국이 이스라엘 다음으로 흩어진 민족이다. 외국에 있는 한국인은 1천만 명 정도 된다.

2025년 코로나 극복이후 세계경제는 미국 기준금리인하로 반등한다.

미국은 2024년 9월 기준금리 인하 확률 100%다. 2025년 미국 소비자물가지수(CPI) 즉 인플레이션율 목표치인 2%를 달성한다.

2025년 미국 기준금리 인하는 세계경제를 더욱 성장 시킬 것이다. 한국은 무역의존도가 75%로 세계2위다. 세계경제가 정상화되고 교역이 확대되면 한국이 가장 큰 수혜를 입는다.

유럽중앙은행은 이미 기준금리를 인하했다. 금리인하로 세계경제는 2025년 더 성장한다.

미국 연방준비은행은 2024년 9월부터 기준금리를 내리겠다고 예고했다. 미국 물가가 2024년 8월 2.9%로 충분히 안정됐다. 2024년 12월경에는 2%대로 낮아질 것이다.

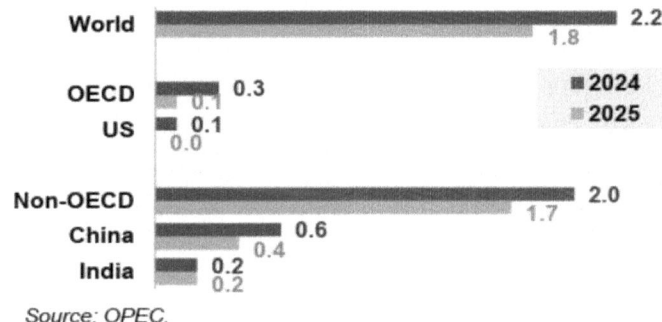

전세계 석유 수요 증가율 전망
출처:OPEC

<그림설명: 석유수요로 경제전망을 할 수 있다. 2025년은 석유 수요가 증가된다. 두 개의 전쟁이 종식되면 석유수요는 더욱 증가한다. 2025년 배럴당 100달러를 넘을 수 있다.>

미국 연준의 기준금리 인하 목표는 2024년 5.5%에서 4.6%다. 2025년 3.6%, 2026년 2.6%로 낮추겠다는 것이 계획이다.

앞으로 수년간 미국 기준금리는 우하향하면서 인하된다. 미국 은행이자가 1%대 예전수준으로 낮아진다. 미국도 8% 고금리로 서민경제가 매우 어렵다.

전 세계 경제는 미국 기준금리 인하로 다시 상승한다.

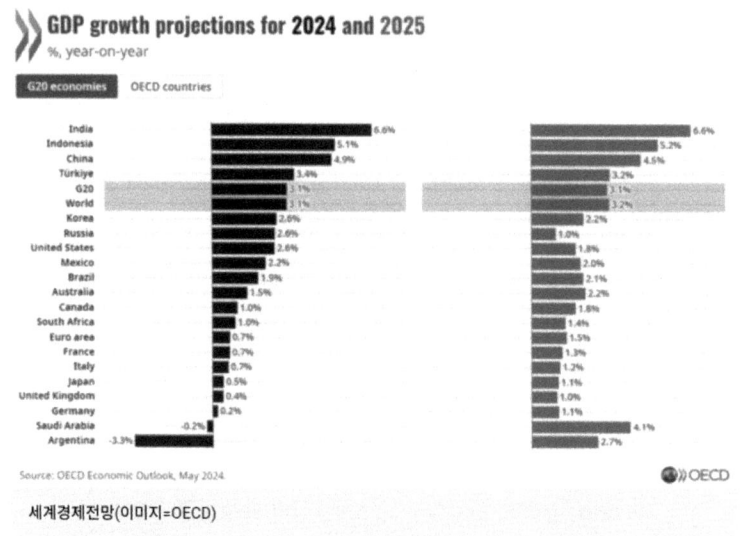

세계경제전망(이미지=OECD)

<그림 설명: 인도 성장률이 6.6%로 가장 높다. 인구가 14억 명으로 가장 많기 때문이다. 인도네시아도 3억이 넘는 인구 덕분에 두 번째로 경제성장률이 높다. 이어서 중국이 5%로 3위다. 앞으로 2200년경 중국은 인구9억명으로 감소한다. 한국은 2%대 저성장국가가 됐다. 아일랜드처럼 법인세를 12%로 인하해 해외기업을 유치해야 고도 성장을 한다.>

2024년 하반기 유럽과 캐나다는 기준금리를 두 번 인하했다. 미국 기준금리 인하는 전 세계 기준금리 인하로 이어진다. 기업투자가 확대되면서 세계경제가 반등한다.

주식시장은 금리와 경기의 6개월 선행지수다. 이미 미국 주식시장은 2024년 초부터 급등하기 시작했다. 2025년 미국 주식과 금융시장은 큰 활황이다.

그러나 건설시장과 부동산시장은 경기동행지수다. 특히 2025년 미국 상업용부동산은 불황이 이어진다. 한국은 전체 소매액 600조 원중 41%가 온라인이다. 한국 온라인 쇼핑 비중은 65%까지 증가한다.

미국 역시 온라인쇼핑 확대, 재택근무 확장, 주 4일 근무 확산 등으로 상업용 부동산은 어렵다.

한국도 주거용 아파트는 계속 오르고 성장한다. 서울과 수도권은 아파트가 비워있지 않다. 다음 세입자가 확정된 뒤에 이사를 간다.

미국 역시 주거용 건물은 매우 고가다. 미국 뉴욕과 런던은 급여의 50%가 임대료로 지출된다. 한국은 급여 중 임대료 비중은 10~20%로 낮다.

2025년 세계경제는 2024년보다 0.1% 높은 3.2%로 성장한다. 인공지능 확대, 두 개의 전쟁 종식 유무 등으로 변수는 많다. 기본적으로 미국 기준금리 하향 안정으로 크게 미국 주식과 주거용 부동산, 경제는 활황이 된다.

02 미국 대통령 선거

　　2024년 11월 5일 민주당 해리스와 공화당 트럼프, 누가 당선되느냐? 한국과 세계경제에 큰 변화가 온다. 정부와 기업은 트럼프와 해리스 둘 다 가능성을 두고 철저하게 대비해야 한다. 누가 당선되느냐에 따라 국가안보와 경제변화 등에 큰 변화가 있을 것이다.

<출처: 머니투데이>

미국 대통령 선거에서 트럼프와 해리스 후보는 매우 박빙이다. 해리스가 2%정도 높은 여론조사도 있다.

한국 기업과 정부는 두 사람 모두에 대비해야 한다.

만약 트럼프가 당선된다면 큰 변화를 가져올 것이다. 트럼프는 미치광이 전략을 사용한다.

"한국 방위비를 6배 올려라"등을 제시하면서, 방위비 100% 인상을 이끌어 낼 것이다.

트럼프 후보는 2024년 7월 18일 전당대회에서 대통령후보 수락연설을 했다.

트럼프는 피격을 받았지만 기적적으로 위기를 모면했다. 트럼프 후보의 대통령 당선 가능성은 80%까지 올랐고, 바이든 대통령 당선 가능성은 15%로 낮아지면서 해리스로 후보가 교체됐다.

민주당에서는 바이든 대통령이 81세 고령과 트럼프 테러에 대한 사전 방어부족 등으로 후보가 교체됐다. 해리스는 여성표, 흑인표, 이민자 표 등으로 선전할 것이다.

해리스를 지지하는 유권자를 얼마나 많이 투표장에 데려오는가에 미국 선거가 결정된다.

트럼프는 가난하고 어려운 미국 백인의 압도적 지지를 받고 있다. 테슬라 일론머스크는 매월 600억 원을 후원하며 트럼프를 지지한다.

트럼프 후보는 2024년 7월 우크라이나 젤렌스키와 통화하면서 "본인이 대통령에 당선되면 우크라이나 전쟁과 이스라엘 전쟁을 조기에 종식시키겠다"고 말했다.

대한민국 안보와 경제이야기도 언급했다. 트럼프 대통령은 본인이 당선되면 과거 싱가포르 회담에서 "김정은을 미국에 초대하여 야구 경기를 관람하자"고 말했든 사례를 언급하면서, "북한을 잘 설득하겠다"고 얘기했다.

한국정부는 북미대화에서 한국이 절대 소외되지 않도록 미국과 긴밀한 관계를 유지해야 한다.

<출처: 머니투데이>

　트럼프 대통령 후보는 중국과의 관계에 대해서도 중국 제품에 대해 100% 관세를 부과하겠다고 말했다. 중국에서 만들어지는 전기자동차는 100%~200%까지 관세를 부과하여, 미국 우선주의 정책을 실현하겠다는 것이다.

　트럼프가 만약 당선된다면, 중국 전기자동차에 평균 60% 정도 관세를 부과할 것이다

　트럼프 대통령 집권 시기에 미국 우선주의 정책으로 전 세계는 큰 위기를 맞았다.

트럼프 후보는 선거유세에서 한국, 유럽, 대만 등은 자국 방어에 더 이상 무임승차를 하지 말 것을 요구했다.

유럽도 트럼프 당선 시 자국 방어를 위하여 더 많은 군비 지출을 해야 한다. 해리스가 당선되더라도 유럽은 방위비가 급증할 것이다.

2025년 전세계 방위비는 3,000조원 정도다. 모병제로 전환된 나토 회원국은 러시아가 5~7년 이내 유럽을 공격할 것으로 예측하고 있다. 독일, 덴마크, 프랑스 등은 국방비를 확대하고 군비를 증강해야 한다.

한국은 위기이면서 동시에 기회가 될 수 있다. 대한민국은 2024년 약 30조원 방위산업을 수출했다. 수출 100조원 정도가 예약돼 있다.

K2-전차, k-9자주포, FA-50 경비행기 등 한국의 재래식 무기가 전 세계에 수출되고 있다.

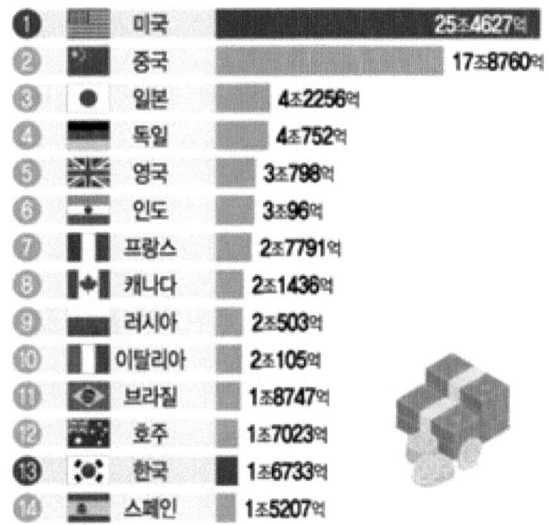

우리나라 경제 규모가 세계 10위권 밖으로 밀려났다. /사진=이지혜 디자인기자

PART 1. 2025년 세계경제 주요 이슈

미국이 만드는 첨단 무기는 수출이 불가능 하지만, 한국이 만드는 무기는 전 세계 수출이 가능하다.

한국은 북한과 휴전이 70년 동안 지속되면서 끊임없이 실전에 활용 될 수 있는 무기를 만들고 연구해왔다. 한국 정부는 트럼프와 해리스 후보 등 누가 당선 되느냐와 상관없이 경제와 안보에 있어서 더욱 철저히 대비해야 한다.

트럼프 후보는 민주당의 전기자동차, 친환경 중심 정책에서 전통산업과 석유화학으로 전환 할 것이다. 또한 미국 우선주의 정책을 실시 할 것이다.

미국 평균 관세율은 2%다. 그러나 트럼프는 중국에는 최고 100~200%, 한국을 포함한 우방국에는 10%관세를 올리겠다고 선언했다.

한국 기업과 개인은 교역축소에 철저하게 대비해야 한다.

대한민국은 무역의존도 75%로 전 세계에서 두 번째로 높다. 한국은 수출과 수입 교역으로 먹고 사는 나라다. 트럼프 대통령의 재집권 등에 대비해야 한다.

민주당 해리스 후보가 당선된다면 정상적인 미국을 지향할 것이다. 바이든 정책을 상당부분 이어받아 전기자동차와 환경 분야 확대가 기대된다.

세계경제는 트럼프 당선 시 "미국 우선주의, 자국 방어는 스스로 해라" 등 방위비 100% 인상 등을 요구할 것이다.

한국 방위산업은 더 큰 기회다. 현대로템, 한화에어로스페이스, LIG넥스원 방위산업은 더욱 매출이 증가할 것이다. 2025년 수주된 방위산업 총 매출액은 100조가 넘는다.

트럼프 당선은 한국과 전 세계 방위산업에게는 기회. 방위산업은 평화산업이다. 철저한 방위가 오히려 평화를 가져오기 때문이다.

한국은 해리스와 트럼프 누가 당선되든 철저하게 대비해야 한다.

03 미국 기준금리 인하

미국 기준금리 인하 추이

미국 연방준비은행 기준금리 목표치

2024년 5.5%->4.6%, 2025년 3.6%,2026년 2.6%.

- 세계경기 장기불황 진입(2024년까지 경기침체) 2024년 미국
- 美 CPI 경기침체로 2024년 중반 3%대 도달

경제지표 가격변수	국가·항목	2020	2021	2022 E	2023 E	2024 E
GDP성장률 (% 전년비)	미국	-3.4	5.9	0.1	-1.0	1.3
	유로존	-6.4	4.5	1.0	-1.5	1.0
	중국	2.3	8.0	3.0	3.3	4.0
	한국	-0.9	4.1	2.2	1.3	2.0
미국 소비자물가 (% 전년비)	미국 CPI	1.3	7.0	7.3	4.1	2.7
	미국 근원CPI	1.6	4.9	5.5	3.7	2.7
한국 소비자물가 (% 전년비)	한국 CPI	0.6	3.7	5.2	3.9	3.0
기준금리 (연말 %)	미국	0.25	0.25	4.50	5.00	4.25
	한국	0.50	1.00	3.25	3.75	3.25
시장금리 (연말 %)	미국 (국채10년)	0.91	1.51	3.70	3.00	2.80
	한국 (국고10년)	1.72	2.26	4.30	3.50	3.00
국제유가 (달러/배럴 연말)	WTI	48.5	75.2	72.0	65.0	60.0
환율 (연말)	원/달러	1,086.5	1,189.9	1,470.0	1,310.0	1,250.0
	원/100엔	1,051.8	1,033.8	980.0	985.0	976.6
	달러/유로	1.22	1.14	0.94	1.04	1.10
	엔/달러	103.3	115.1	150.0	133.0	128.0
	달러 (DXY)	89.9	95.7	119.0	104.0	100.0

<미국 물가는 2024년 8월 2.9%로 낮아졌다. 미국이 드디어 2024년 9월 기준금리를 인하한다. 미국 연준의 물가 목표는 2%다. 앞으로 매년 미국 기준금리는 1%씩 내린다>

미국 2024년 9월 기준금리 인하 확률 100%

2025년 미국 소비자물가지수, 인플레이션율 목표 2% 달성

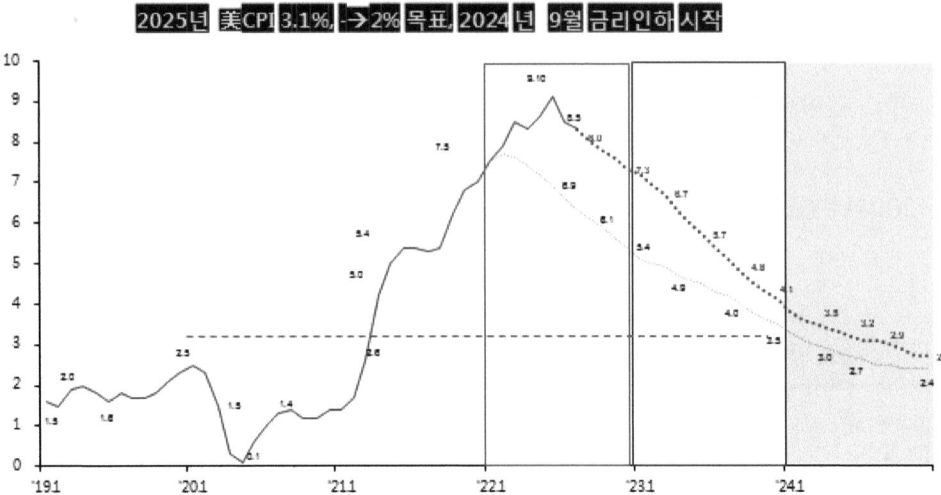

<미국 물가는 2024년 8월 2.9%로 낮아졌다. 미국이 드디어 2024년 기준금리를 인하한다. 미국 연준의 물가 목표는 2%다. 앞으로 매년 미국 기준금리는 내린다>

미국 기준금리 인하는 세계경제를 더욱 성장 시킬 것이다.

한국은 무역의존도가 75%로 세계2위다. 세계경제가 정상화되고 교역이 확대되면 한국이 가장 큰 수혜를 입는다.

미국 연방준비은행은 2024년 9월부터 기준금리를 내리겠다고 예고했다. 미국 물가가 2024년 8월 2.9%로 충분히 안정됐고, 2024년 12월경에는 2%로 낮아 질 것이다.

따라서 미국 연방준비은행은 2024년 9월부터 기준금리를 인하한다. 100%확률로 기준금리 인하가 확정적이다.

미국 연준의 기준금리 인하 목표는 2024년 5.5%에서 4.6%다. 2025년 3.6%,

2026년 2.6%다. 지속적으로 기준금리를 1%대로 낮추겠다는 것이다. 앞으로 매년 1% 기준금리가 내린다.

앞으로 수년간 미국 기준금리는 90%확률로 우하향하면서 인하된다. 미국 은행이자가 1~2% 예전 수준으로 낮아진다.

2024년 미국 8% 고금리로 서민경제가 매우 어렵다. 그러나 2024년 9월부터 기준금리가 내린다.

트럼프를 지지하는 미국 백인 중산층과 서민들은 8%~9%가 넘는 대출금리로 고통 받고 있다. 2025년 미국은 기준금리를 1% 추가 인하한다.

2024년 유럽과 캐나다는 기준금리를 두 번까지 인하했다. 미국 기준금리 인하는 전 세계 기준금리 인하로 이어진다. 기업투자가 확대되면서 세계경제가 반등한다.

주식시장은 금리와 경기의 6개월 선행지수다. 이미 미국 주식시장은 2024년 초부터 급등하기 시작했다. 그러나 건설시장과 부동산시장은 경기동행지수다.

금리인하와 함께 미국과 한국 등 전 세계 자산시장은 급등한다. 2024년~2025년 서울 아파트 가격이 1년 이상 오르는 이유다. 개인과 기업은 투자를 확대해야 한다.

앞으로 미국 기준금리는 과거 수준인 1%대까지 낮아진다. 미국 기준금리는 90% 확률로 우하향이다.

대한민국 금융통화운영위원회도 미국이 기준금리를 인하하면 동반하여 내린다. 2025년 한국 물가는 미국과 비슷한 3.1%다.

경제학에서 물가가 오르는 이유는 시중에 유동성이 너무 많기 때문이다. 코로나를 극복하기 위하여 정부와 금융 기관들이 많은 돈을 풀었다. 시중에 돈이 많으면 물건을 사려는 욕구를 자극하여 물가가 오른다.

2022년 미국은 코로나를 극복하기 위하여 약 6조 달러를 풀었고 물가가 9%까지 올랐다. 2024년 코로나가 극복된 후 물가를 안정시키기 위하여 미국은 기준금리를 0%에서 5.5%까지 급속하게 올렸다.

대한민국도 기준금리를 3.5%까지 인상하여 시중 유동성을 흡수했다. 고금리로 태영건설 등 워크아웃으로 상업용 부동산 등 일부는 어려운 상황이다.

What are the stages of the economic cycle?

<경기 4사이클이다. 2025년 세계경제는 미국과 유럽 기준금리 인하로 저점을 통과하여 활황장세가 시작된다.>

한국 경제상황과 부동산경기를 고려한다면 기준금리를 내려야 한다. 그러나 여전히 한국 물가가 3.1%로 높아 한국은행은 기준금리는 3.5%로 동결했다. 2025년 한국도 기준금리를 미국과 함께 인하한다.

한국은행은 미국금리 인하로 2024년 10월경 인하 할 것이다.

한국은행은 2025년 지속적으로 금리를 내린다.

중동전쟁이 확대되고 있다. 이스라엘·하마스 전쟁이 1년 이상 지속되고 있다. 예멘과 이란에 상황도 악화되고 있다. 한국은행은 더욱 치밀하게 기준금리를 조절해야 한다.

모든 정부의 경제정책은 재정정책과 금융정책 두 가지다.

재정정책은 국가 예산 660조원을 통하여 예산을 집행하는 것이다. 금융정책은 기준금리를 조절하여 물가를 잡고, 통화정책과 금융정책을 실시하는 것이다.

기준금리 인하는 시중에 유동성을 공급하기에 장·단점이 있다.

금리인하의 가장 큰 단점은 물가 인상이다. 한국은행은 물가를 2%로 잡는 것이 최고의 목표다.

기준금리 인하 장점은 경기를 부양과 부동산투자를 활성화다. 부동산은 기준금리와 마이너스0.8로 반대로 움직이는 역의 상관관계가 있다.

기준금리 인하는 부동산상승으로 이어진다. 은행이자 하락은 기업투자로 확대로 경기가 호전된다. 기준금리 인하의 좋은 점은 경기부양과 기업투자 증가다.

한국은행은 치밀하고 정교한 금융정책을 통하여 기준금리를 잘 조절해야 한다. 물가도 잡으면서 경기를 부양해 두 마리 토끼를 잡아야 한다.

세계경제는 미국 기준금리 인하로 3%대 성장한다. 개인과 기업은 이자와 원금을 감당할 수 있는 범위 내에서 투자를 확대해야 한다.

04 우크라이나, 중동전쟁 언제 종식되나?

우크라이나와 러시아 전쟁은 국지전 형식으로 소모전이 될 것이다. 그러나 2025년 미국 대통령 당선자중 하나인 트럼프와 해리스는 전쟁 종식과 변화를 시도할 것이다. 2025년 하반기 종식될 것으로 전망한다. 조기 종식이 안되면 국지전 형태로 긴 전쟁이 된다.

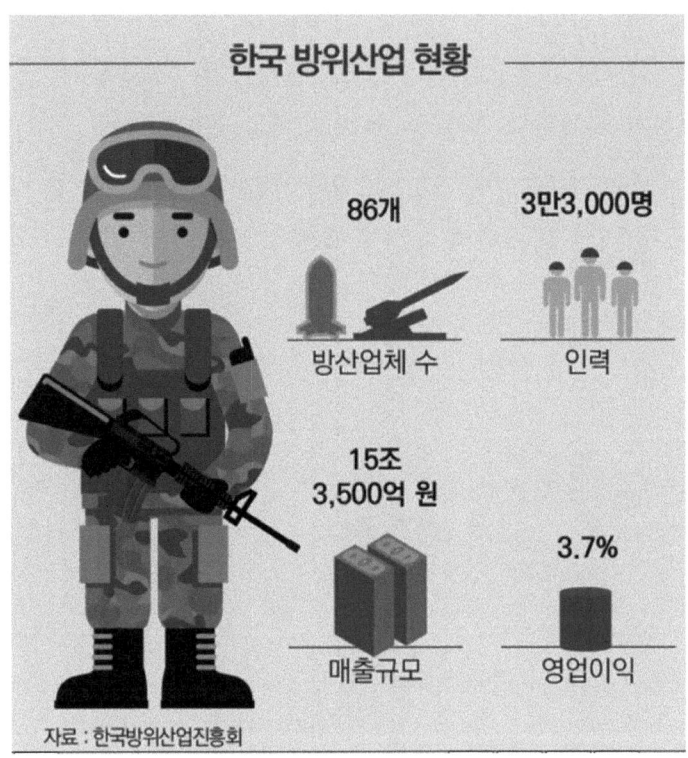

중동전쟁도 계속되고 있다.

2025년 중동전쟁도 휴전할 것이다. 그러나 양 국가의 테러는 계속 발생할 것이다.

하마스 기습공격으로 이스라엘 국민 1400여명이 사망했다. 이스라엘은 이미 10배가 넘는 보복공격을 했다. 이스라엘은 하마스가 다시는 공격을 못하도록 완벽히 제거한다는 것이 목표다.

팔레스타인도 강경한 정권보다는 이스라엘과 협력하고 우호적인 정권을 수립할 필요가 있다. 중동전쟁은 마무리 되더라도 반복하여 테러가 발생할 것이다.

우크라이나 전쟁

우크라이나와 러시아 전쟁이 3년 넘게 이어지고 있다. 전쟁으로 인한 피해는 말로 표현할 수 없을 정도로 크다.

우크라이나는 한국보다 영토가 다섯 배나 크고, 인구는 4,400만 명이다. 과거 우크라이나는 핵무기 1,700개와 ICBM를 보유한 세계 3위의 핵 강국이었다.

1994년 12월 5일 헝가리에서 미국, 러시아, 영국은 우크라이나가 핵무기를 모두 폐기하더라도 '독립과 안전을 보장하겠다'는 부다페스트 양해각서에 서명했다. 우크라이나는 서방과 러시아의 약속을 믿으면서, 단 하나의 핵무기도 남기지 아니하고 핵무기를 모두 없앴다.

그러나 2022년 2월 푸틴은 러시아 세력 확장을 위하여 우크라이나를 침략했다. 우크라이나가 단 하나의 핵무기만 있었다면 이 전쟁을 일어나지 않았을 것이다.

전쟁으로 가장 큰 피해를 보는 것은 여자와 어린이로 사회적인 약자다. 우리나라도 언제나 전쟁의 위험이 있는 국가이다. 자주 국방은 한국을 지키고 보위하는 데 가장 중요하다. 한국, 미국, 일본과 북한, 러시아, 중국이 대치하고 있다.

북한은 특히 100여개 정도 핵무기가 있다. 재래식 무기가 아무리 강력하더라도 성능은 핵무기 1만분의 1이다. 2025년 유럽에 배치된 미국 핵무기는 나토와 함께 운영하는 것으로 협의됐다.

한국은 핵을 가질 수 없는 상황이기에 미국과 핵 공동 운용 등 긴밀한 관계가 필요하다. 핵을 가진 북한에 대응하기 위해서는 동등한 성능을 가진 한미 핵 공동 운용이 필요하다.

한국은 강대국 미국과의 군사적인 협력은 필수다. 그러나 더 중요한 것은 자국의 영토를 지키겠다는 확고한 신념이다. 스스로 국가를 지키는 자주 국방이 가장 중요하다 것을 우리는 항상 명심해야 한다.

한국은 충분히 자력으로 지킬 정도로 국력을 키워야 한다. 또한 핵공격에 대해서도 버틸수 있을 만큼 충분한 방공호를 만들어야 한다.

서울 지하철과 터널 등이 방공호로 이용될 것이다.

▣ 대한민국은 우크라이나 전쟁에서 세 가지를 배웠다.

첫 번째 자주 국방

두 번째 한·미 관계 강화

세 번째 군수산업이다.

우리나라는 지난 2000년 동안 가장 많은 침입을 받은 나라였다. 그러나 2025년 기준 한국 5,000년 역사 중 가장 강력한 군사력을 가진 나라가 됐다.

필자는 조국을 위하여 목숨을 바친 호국영령들에게 감사하기 위하여 현충원을 자주 방문한다. 삶이 힘들고 지칠 때 마다 현충원을 방문하여 삶의 의지를 되새긴다.

작가 안정효의 하얀전쟁에서 "자살을 하려는 젊은이를 전쟁터로 보내라. 살아남기 위해 치열하게 다투는 전쟁터에서는 살고자 하는 의욕이 생길 것이다"라는 글이 있다. 저자가 직접 베트남전쟁을 경험하면서 이 책을 저술했다.

3년 넘게 지속되는 우크라이나 전쟁을 보면서 조국이 얼마나 소중한지 우리는 뼈저리게 느끼고 있다. 이 전쟁으로 인하여 일반 국민 105만 명, 어린이 수 만명, 군인 100만 명 이상 사망했다.

전쟁으로 인한 경제적·인적 피해는 말로 표현할 수 없을 만큼 크다.

한국은 전쟁의 위험이 상존해 있는 국가다. 6자 회담은 한국, 미국, 일본, 북한, 러시아 그리고 중국 6개국이 한반도 평화를 위하여 협상한다.

한 국가가 타국으로부터 침략을 받는 이유는 힘이 약하기 때문이다. 초등학교 역사시간에 대한민국은 평화를 사랑하는 백의민족이고, 그 어떤 나라도 침략하지 않았다고 자랑스럽게 배웠다.

그러나 평화를 사랑하는 것보다 더 중요한 것은 한국이 자국을 보호할 수 있도록 강력한 군사력을 가지는 것이다. 어떤 나라도 한국을 넘보지 못할 정도로 강력한 국방력을 유지해야 한다.

한국경제는 GDP 규모로 세계 9위다. 군사력도 세계 5위다. 대한민국이 강력한 전쟁 억제력을 가지려면 굳건한 국방력이 뒷받침돼야 한다.

강력한 군사력을 유지하고 언제든 전쟁을 불사하는 의지를 가져야만 전쟁을 막을 수 있다. 정부는 미국이 주도하는 쿼드와 IPEF 등 자유시장 경제체제에 편입하여 강력한 동맹을 맺어야 한다.

한국은 강력한 군사력으로 단 한 발의 총알이라도 국경을 넘어왔을 때 그 10배를 갚는다는 각오가 있어야 한다. 과거 2차 세계대전은 전쟁을 두려워하여 충분하게 대비하지 못했기 때문에 발생했다. 히틀러의 공격에 대하여 영국 처칠 수상은 온 국민의 일치단결과 전쟁을 각오했기에 승리했다.

전 국민이 목숨을 바쳐서 강력하게 대응한다는 마음이 있어야만 나라를 지킬 수 있다.

처칠은 "전쟁을 두려워해서는 절대로 전쟁을 막을 수 없다"고 말했다.

한국은 강력한 군사력으로 북한의 도발은 폭망에 이른다는 것을 상기시켜야만 전쟁이 일어나지 않는다.

정부의 가장 중요한 업무는 국가를 보위다. 이 전쟁에서 세가지 교훈을 얻었다.

첫 번째 자주국방이다. 우리나라는 혈맹관계인 한미관계를 복원하는 것과 함께 강력한 자주국방을 해야 한다. 한국은 동북아시아 최북단에 있다. 한반도 위에는 북한, 중국, 러시아가 있다. 주한미군은 한국을 지키는 것과 동시에 아시아 세력균형에 가장 중요한 역할을 한다.

한국은 스스로 국가를 지킬 수 있는 역량을 키워야 한다. 그 어떤 나라도 자국에 도움이 안 된다면 한국을 돕지 않을 것이다. 한국은 내 힘으로 조국을 지킬 수 있도록 자주 국방력을 키워야 한다.

두 번째 한-미 관계 강화이다.

북한은 100여개 정도 핵무기가 있다. 재래식 무기가 아무리 강력하더라도 위력은 핵무기의 1만분의 1이다. 유럽에 배치된 미국의 핵무기는 나토와 함께 운영하는 것으로 협의됐다. 한국은 핵을 가질 수 없는 상황이다. 따라서 한국은 핵을 가진 북한에 대응하기 위해서는 동등한 성능을 가진 한미 핵 공동 운용 등 긴밀한 협력이 필요하다.

세 번째는 군수산업이다.

한국은 제조업 세계5위의 국가이다. 한국은 폴란드, 카타르 등 많은 나라에 이미 방산산업과 군사훈련을 전수하고 있다. 방위산업 발전은 자주국방이 되면서 동시에 경제발전에도 큰 도움이 된다. 방위산업을 발전시켜 국방력 강화와 국가성장에 기여해야 한다.

미국을 포함한 강대국과의 군사적인 협력은 매우 긴요하다. 그러나 더 중요한 것은 자국의 영토를 스스로 지키겠다는 확고한 신념과 자주국방이다.

05 2025년 중국경제 5% 전망

🗂️ 시진핑 30년 집권시작,

중국 시장경제에서 계획경제, 개방경제-->폐쇄경제

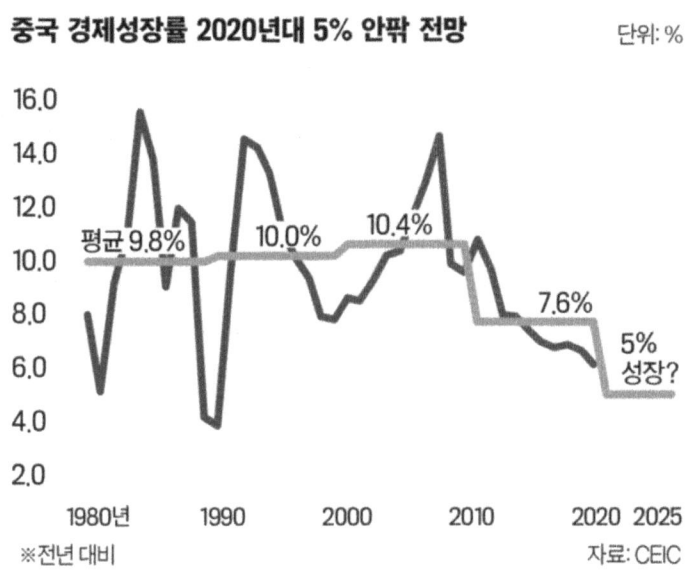

<월간중앙>

2025년 중국 경제는 5%성장한다. 과거처럼 7%가 넘는 고도성장을 못할 것이다.

2025년 중국 청년실업률은 21%로 매우 어렵다. 부동산 불황 등으로 경기가 활력을 잃고 있다. 중국 경제가 세계 공장 역할을 했지만, 시진핑 장기 집권 30년 진행되면서 과거로 회귀하고 있다.

한국은 중국에 대한 의존도를 낮추면서 베트남, 인도네시아, 인도 등 신흥국 중심으로 시장을 다 변화하고 다원화해야 한다.

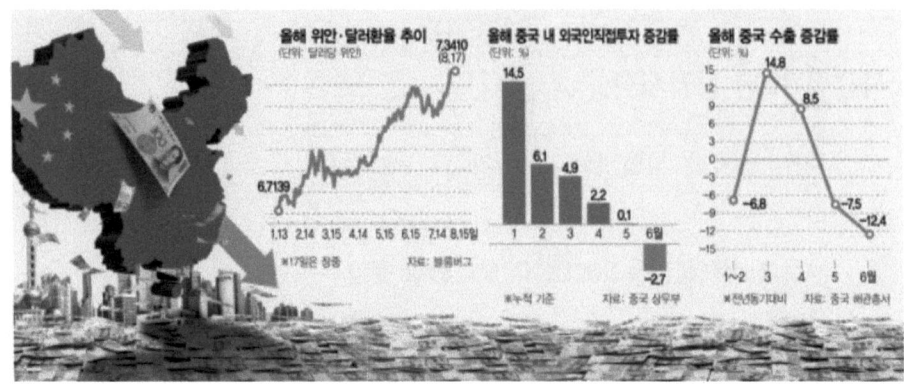

<서울경제 2024>

2024년 8월 파리올림픽에서는 중국 제품이 많이 사용됐다. 대체불가이기 때문이다. 값싸고 대량으로 생산할 수 있는 곳은 중국뿐이다. 파리올림픽에서 중국산 탁구공, 고무바닥, 의류 등이다.

중국 진출 현대자동차 공장 90%가 폐쇄됐다. 신세계와 롯데와 완전 철수했다.

2025년도 중국경제는 어려운 한해가 될 것이다. 2024년 외국인 투자90% 급감하고 외국인 관광객 95%가 줄었다.

중국은 간첩법이 발동되면서 시장경제에서 후퇴하고 있다. 세계경제는 미국과 유럽 등 자유시장 경제체제 중심으로 전환하고 있다. 한국 기업도 중국에서 출구전략을 준비해야 한다.

14억 인구를 보고 진출한 한국기업은 이제 중국에서 발을 빼고 있다.

중국은 2100년경 인구가 9억으로 급감한다. 한 자녀 낳기 운동의 부작용이다.

황금알은 낳는 중국이 아니다. 전세계가 중국에 대한 의존도를 낮춰야 한다.

2025년 기준 미국GDP 26조 달러, 중국GDP 17달러다. 중국이 미국GDP 70%까지 추격해오자 미국은 중국에 대한 본격적인 봉쇄에 들어갔다. 미국은 더 이상 중국의 추격을 용인하지 않겠다는 것이다.

한국이 2.7% 저 성장 극복 대안은 중국의존도를 낮추고 다변화다. 2025년 한국이 4% 경제성장률을 달성하려면 중국의존도를 낮추고 무역국을 다변화하고, 수출 품목을 다양화해야 한다.

한국은 중국의 변화에 대하여 발 빠르게 대응해야 한다. 우리나라는 2024년 까지 안보는 미국에, 경제는 중국에 의존해 왔다. 그러나 이제는 안보와 경제를 모두 미국 중심으로 변신해야 한다.

한국 경제성장률이 낮아진 가장 큰 이유는 중국에 대한 의존도가 너무 크기 때문이다. 한국은 전체 수출의 33%가 중국과 홍콩이다.

중국은 개방경제에서 폐쇄경제로 전환하고 있다. 시장경제에서 계획경제로 변화하면서 과거로 회귀한다.

대한민국은 수출과 수입으로 먹고사는 나라다. 무역의존도 75%로 세계2위다. 2022년부터 한국은 중국교역에서 적자로 반전됐다.

한국 전체 수출을 국가별 비중으로 보면 중국26%, 미국15%, 홍콩7%, 일본 6%다.

2025년 미국 대통령 당선자와 중국과의 경제전쟁이 확대되면 한국이 가장 큰 피해자다.

한국이 중국에 투자한 반도체 시설은 70조원이다. 삼성전자 시안공장 투자금액만 35조원이다. 삼성과 하이닉스는 미국을 설득하여 중국에는 인공지능 반도체 등 최신형 반도체를 공급하지 않겠다고 양해를 구해야 한다.

2024년 미국은 한국에 최신형 반도체 중국 공급중단을 요청했다. 중국은 이에 대응하여 갈륨과 게르마늄 등 희귀금속 수출을 통제했다.

전 세계 90%를 독점하고 있는 중국이 희귀금속 공급을 줄일 것이다.

정부는 미국과 중국의 패권전쟁을 슬기롭게 대응해야 한다. 2024년 미국 재닛 앨런 재무부 장관이 중국을 방문하여 협력을 지속하기로 하는 등 강온전략을 추진하고 있다.

미국 반도체기업 마이크로테크놀러지는 중국의 반도체 수입금지에 대응하여 오히려 중국투자를 확대하기로 했다.

2024년 한국은 미중 무역전쟁과 에너지 가격 70% 폭등, 반도체 수출 43% 급감 등으로 어려움을 겪었다.

2025년 한국 경제성장률은 2.6%다. 한국은 제조업 수출액 세계 5위 경제 강국이다. 그러나 우크라이나 전쟁지속, 미중 패권전쟁 확대, 반도체 4개국 동맹, 중국의 희토류 수출 제한 등으로 세계경제가 정상화되지 못했다.

반도체는 한국 전체수출 20%이며, 반도체 수출 60%는 중국이다. 2025년 중국에서 무역적자가 확대되면서 한국 수출 시장도 어렵다.

세계 수출시장에서 중국비중은 13%다. 한국은 중국의존도를 낮추면서 수출과 수입시장을 다변화, 다원화해야 한다. 한국 주요 수출 품목은 반도체, 석유화학, 철강, 자동차, 기계, 방산, 컨텐츠 등이다.

2025년 한국은 세계경제가 회복되면 가장 빠르게 수출이 확대된다. 한국은 삼성전자와 같은 세계적인 기업육성과 용인반도체 클러스터 투자 300조원 등으로 위기를 극복해야 한다.

2025년 한국은 4차 산업혁명 유니콘 기업 23개를 100여개로 육성하면서 신산업 육성으로 경제에 활력을 줘야 한다.

2025년 중국 알리와 테무 시장점유율 확대된다.

세계 안전기준을 중국은 지켜야 한다.

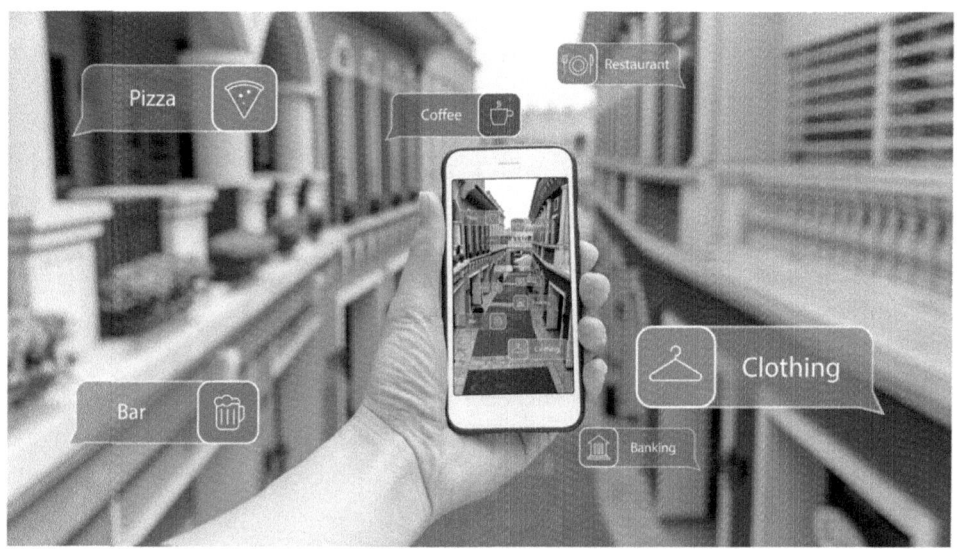

중국산 저가제품 25%가 한국 중금속 기준을 초과하여 많은 피해를 줬다. 중국은 자국 제품이 한국인을 포함한 세계인 건강을 해치지 못하도록 철저하게 관리해야 한다.

중국 플랫폼 기업 알리, 테무 등이 기준치를 초과한 제품을 판매할 경우 수출금지와 판매 금지시켜야 한다. 중국 스스로가 세계적인 기준을 지켜야 한다.

2025년 중국 알리와 테무가 한국에서 플랫폼 이용율 3~4위에 올랐다. 쿠팡을 제외하고 한국 온라인쇼핑 플랫폼을 이기고 이미 1000만 명 정도 이용자수가 도달했다.

그러나 중국산 제품은 한국 중금속 기준치 60배가 넘는 제품이 발견됐다.

전 세계에서 철저하게 금지하고 있는 카드뮴, 납 등이 발견 된 것이다. 카드뮴과 납은 인체에 치명적인 영향을 준다. 특히 어린아이가 입안에 넣는 치발기의 경우

제품이 망가지면 기도를 막을 수 있다. 카드뮴과 납, 중금속은 아주 위험한 물질로 생리불순을 가져오고 임신을 막는다.

전 세계안전 기준을 중국은 지켜야한다. 중국 정부는 스스로 세계표준 기준치를 초과하는 목걸이, 반지, 치발기 등 모든 제품에 대하여 철저히 감독해야 한다.

2025년 기준 한국 소매업 총액은 650조원이다. 이 중 41%가 온라인 쇼핑으로 이루어진다. 온라인쇼핑은 향후 전체 소매액 65%까지 증가 할 것이다.

대한민국은 국토가 좁고, 통신인프라가 발달돼 있어, 온라인쇼핑이 발달하기에 가장 좋은 나라다. 한국 온라인쇼핑이 전 세계 플랫폼 모델이 되고 있다.

한국 쿠팡은 대만처럼 국토가 좁고 온라인쇼핑이 발달한 나라에 진출해 성공을 거두고 있다.

한국인이 직접 중국 제품을 구매하는 경우에는 위험성이 더 높다. 한국의 기준검사 없이 직수입되기 때문이다. 미국과 한국 등 전 세계인은 직구제품은 더욱 조심해야 한다.

알리와 태무 등에서 한국인이 가입한 개인정보 불법 사용이 문제가 되고 있다. 한국 플랫폼 기업은 개인정보를 철저하게 관리하고 있는 반면, 중국 플랫폼은 이름, 주민번호, 연락처, 주소 등 개인 정보가 유출 되는 것이 큰 우려가 된다. 미국이 중국 플랫폼을 철저하게 관리하는 이유는 미국인 개인정보 유출 때문이다.

전 세계는 온라인기업이 개인정보를 보안기준에 맞춰 관리하는지 지켜봐야 한다.

각국 정부와 기업은 중국산 저가제품에 대하여 중금속 기준을 철저히 관리하여, 국민건강에 위협이 되지 않도록 해야 한다. 또한 환불이나 교환 등도 가능하게 하여 국민들이 피해가 없도록 해야 한다.

중국 플랫폼 기업 피해자 30%는 그냥 넘어 가는 경우가 많다. 개인적으로 항의를 하거나 교환을 요청할 경우 번거롭고 힘들기 때문이다.

한국에 진출한 알리와 태무 등 중국산 플랫폼은 건강과 안전에 대한 기준을 거쳐야만 한다.

정부가 해야 할 일은 국민의 생명과 안전을 지키는 것이다. 정부와 기업은 우리나라 기준이 부적합한 저가제품은 판매를 중단시켜야 한다.

✅ 2025년 한국기업은 중국 수출 현상유지 전략 필요하다.

장기적으로 비중을 줄여야 한다.

중국은 대한민국의 최대 교역국이다. 한국 전체 수출 26% 중국, 7% 홍콩이다. 둘을 합하면 33%정도다. 2025년 대한민국은 중국과의 수출을 현 수준을 유지하면서, 점차 비중을 줄이는 전략이 필요하다.

한국은 중국으로부터 저가 반도체 30%와 전기자동차와 2차 전지원료의 70%를 수입한다.

우리나라는 중국 흑자국이다. 지난 30년간 수출이 수입보다 많았다.

대한민국은 수출품목 1위가 반도체로서 전체 수출 20%를 차지한다. 전체 반도체 수출 60%가 중국이다.

중국 경제가 활성화되면 반도체 수출이 증가될 것이다. 2025년은 반도체 수출이 다시 증가한다. 2024와 2024년 중국 무역적자가 한국적자의 가장 큰 원인이었다.

2025년 대한민국이 무역 흑자국이 되려면 중국에 대한 수출이 증가해야 한다. 반도체를 비롯한 첨단산업분야에서 우리가 중국에 대한 우위를 지켜나가야만 한다.

2025년 중국은 한국과의 첨단산업에 대한 기술격차 1~2년 정도 밖에 되지 않는다. 중국은 반도체를 비롯한 첨단산업에서 한국의 경쟁력과 거의 비슷한 수준까지 따라왔다.

디스플레이, 전기자동차, 배터리 등은 중국이 이미 상당한 경쟁력을 가지고 있다. 대한민국이 중국에 대한 중간재 수출과 경쟁력을 확보하기 위해서는 고부가가치 산업으로 꾸준한 기술력을 확보해야만 한다.

한국은 중국에 대한 중간재 수출과 반도체, 첨단산업의 수출이 증가해야만 무역흑자를 이어갈 수 있다. 대한민국은 900조원을 수출하고 800조원을 수입해 매년 100조원 이상 흑자다.

그러나 2022년부터 중국에 대한 수출이 감소하고, 오히려 수입이 증가하면서 적자로 반전됐다. 2025년은 한국 수출이 증가하면서 100조원 가까이 흑자다.

경상수지 적자는 "수출- 수입"에서 수입이 많다는 의미다. 한국 수입이 수출을 초과한다는 의미로 바람직하지 못하다. 1997년 외환위기는 경상수지 적자가 지속되면서 발생했다.

한국은 지난 20년 가까이 중국에 대하여 무역흑자를 이어왔지만, 2022년부터 오히려 중국에서 수입이 더 크게 증가하고 있다.

2025년 중국에 현재 수준 정도로 수출이 지속되도록 해야 한다. 미국의 반도체 보조금을 받게 되면 10년간 중국에 대한 반도체 시설을 업그레이드하지 못한다. 2024년 미국과의 협상에서 반도체 시설 5%만 개선 허가를 받았다.

미국에 대하여 중국에서 생산되는 반도체는 순수한 산업용이며, 첨단 반도체는 생산하지 않겠다는 확신을 줘야 한다. 중국에 설립한 한국반도체 직접 생산시설이 무려 70조 원이다.

장기적으로 한국은 중국에서 출구 전략을 준비해야만 한다. 중국이 전 세계 수출에서 차지한 비중은 13% 정도다. 따라서 한국은 중국에 대한 수출의존도를 33%에서 13%까지 낮춰야 한다. 한국 모든 기업은 향후 중국의존도를 낮춰야 한다.

결론은 한국은 중국과의 경쟁에서 고부가가치 산업에 대하여 경쟁력을 확보해야한다. 한국 기업은 중국 수출을 유지하면서 출구 전략을 준비해야 한다.

06 2025년 반도체 산업 전망. 미국에서 반도체 생산한다

세계 반도체 시장 연구 방향과 전망

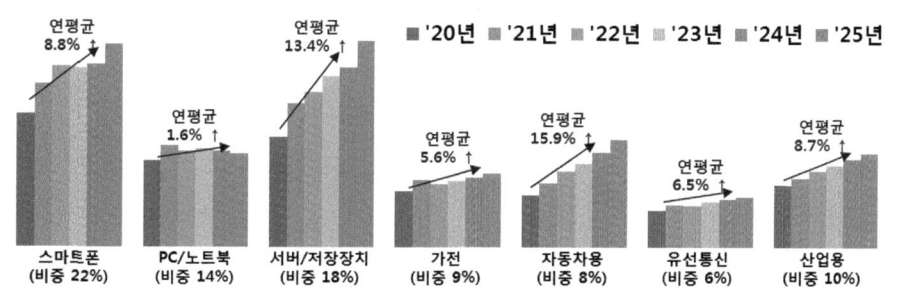

<한국반도체 협회>

2025년은 그 어느 때보다 치열한 반도체 전쟁이 벌어지고 있다. 엔비디어 인공지능 반도체는 품귀현상을 보이고 있으며 한 개당 5천만 원이 넘는다.

2024년 8월 엔비디어는 4500조원으로 세계 시가총액 1위에 잠시 올랐다가 3위다.

2025년 인공지능 반도체, 메모리와 비메모리 반도체는 호황을 누릴 것이다. 미국이 기준금리를 인하하면 빅테크 기업들은 투자를 확대한다. 반도체가 가장 기본 투자가 된다.

4차 산업혁명 핵심 분야인 인공지능에 과다투자가 과소투자보다 낫다. 한국도 세계적인 인공지능 투자와 반도체 투자를 이어가야 한다.

전체 반도체중 65%는 비메모리 반도체다. 메모리반도체는 35%정도다. 한국은 전 세계 메모리반도체 80%를 공급한다. 그러나 한국이 강점을 가지고 있는 메모리보다 비메모리가 더 중요하다.

대만은 전 세계 비메모리 반도체 90%를 독점한다.

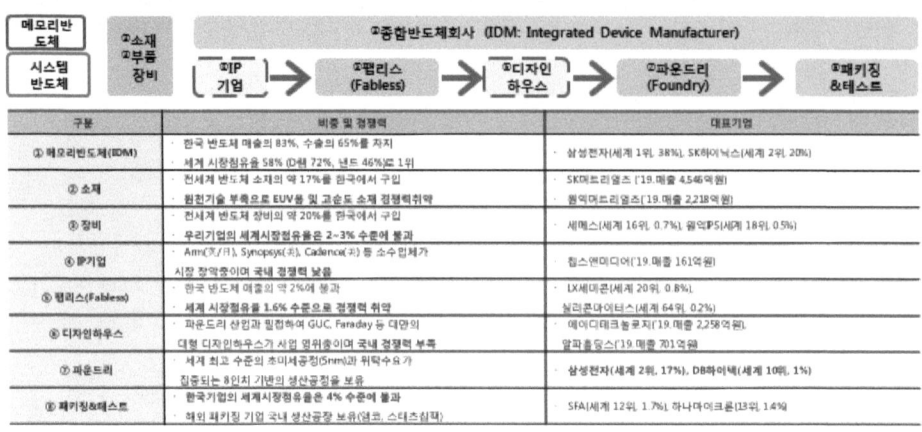

대만 TSMC가 전 세계 비메모리 반도체 최대 생산기업이다. 시스템 반도체는 21세기 문명의 진로를 규정할 가장 중요한 툴이다. 팹리스의 추진 동력은 연구능력이 우수한 대학과 기업에 최대한 의존한다.

⑧ K-반도체 시설 및 R&D 투자

- 제재혜택, 기반시설 지원 등을 통해 "반도체 하기 좋은 국가"로 전환
- 반도체협회 조사에 따르면 반도체 업계의 '30년까지 누적 투자 계획은 약 510조원+α

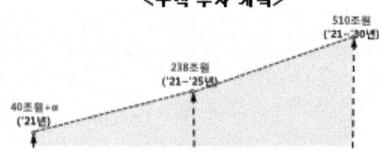

- 특히, 삼성전자, SK하이닉스는 AI, IoT 등 4차 산업혁명에 따른 시장 급성장 및 중국의 추격에 대응하고자 생산·기술 격차 확대를 위해 대규모 투자 진행 중

[삼성전자] 시스템반도체 분야 연구개발 및 생산시설 확충에 2030년까지 133조원을 투자 계획 ('19.4월 시스템반도체 비전 선포)

[SK하이닉스] 경기도 용인에 반도체 팹 4개와 국내외 소재·장비 협력업체 50여개가 함께 입주하는 「반도체 특화 클러스터」 조성 추진

2025년 정부와 기업은 시스템 반도체 분야를 육성하여 한국이 전 세계 반도체를 시장을 주도해야 한다. 한국 시스템반도체는 새로운 획을 긋고 우리나라가 G2가 돼야 한다.

메모리 반도체 시장보다 약 25배 이상 큰 시장 규모를 가지고 있는 시스템반도체에서 한국경쟁력은 글로벌 점유율 3%다. 한국이 종합 반도체 강국을 위해 시스템반도체 경쟁력 확보가 중요하다.

2025년은 첨단 기술 중심의 연구와 인력양성이 중요하다. 정부와 기업은 차세대 인공지능 반도체 기술을 육성해야 한다. 딥 러닝 등 지식기반 학습을 이용한 인공지능에 적용할 수 있는 AI반도체연구에 집중해야 한다.

2025년은 가정용로봇과 무인시스템에 적용 할 수 있는 혁신적인 게임체인저 인공지능 시스템반도체를 만들어야 한다.

2025년 시스템반도체 분야에서 경쟁력을 갖추기 위해서 IC설계에 대한 교육과 팹리스 기업 발전이 중요하다.

세계는 초고속 데이터통신 연구, 사물인터넷(IoT) IC설계, 인공지능반도체 등에 대해 연구하고 있다. 전 세계 반도체 시장은 앞으로 양자컴퓨팅 연구도 활발히 수행할 것이다.

2025년 트랜지스터 소형화를 지칭하는 무어의 법칙이 한계에 이르렀다. 이를 극복하기 위해 패키징 기술에 기반한 시스템 소형화와 이종접합, 3차원 집적이 제안되고 있다.

패키징 기술이란 다양한 공정으로 제작된 칩, 칩렛, 소자들을 연결하는 것이다. 전자, 재료, 기계 등 다양한 분야의 기술이 필요하다. 패키징 기술의 대표적 어려움이 설계 복잡성이다.

2025년에는 설계와 분석 자동화 기법개발, 칩-패키지 동시 설계 방법론, 어드밴스드 패키지 개발, 패키지 아키텍처 등이 핵심적인 개발 과제다.

미국 반도체 70조원 지원, 반도체 미국에서 직접 생산한다.

2025년 미국은 2024년에 이어서 반도체기업에 총 70조 원 이상을 지원한다. 한국도 반도체에 대한 지원을 확대해야 한다. 미국 정부가 한국과 대만 반도체 기업을 유치하기 위해 큰 투자를 활용한다.

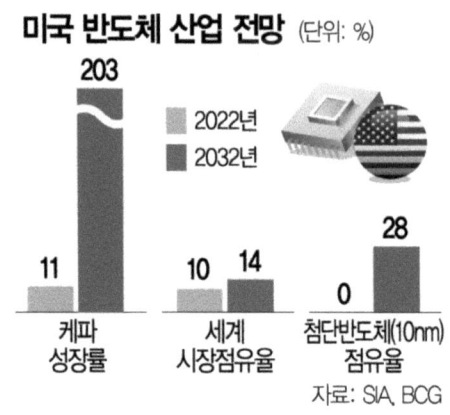

2025년 인텔 26조원, 삼성전자 7조원, TSMC 6조원을 지원키로 했다. 총 70조원을 미국과 해외기업에 지원한다. 미국은 해외기업이 미국 본토에 공장을 짓는 경우에 한정하여 지원한다.

미국은 인텔에 26조원을 투자하며, 사상최대 금액을 갱신했다. 과거 미국 인텔은 전 세계 1위 IT기업이었다. 그 영광을 다시 이어가겠다는 전략이다.

삼성전자도 한국 11배가 넘는 규모로 텍사스에 반도체 생산시설을 짓고 있다. 미국은 삼성전자, TSMC 등 반도체 분야 세계 최고 기업을 유치하면서 파격적인 지원을 하고 있다.

한국도 반도체 등 해외기업을 유치해야 한다. 용인반도체 투자클러스터 조성도 서둘러야 한다. 정부와 기업은 용인반도체 클러스터에 300조를 투자하기로 했다. 그러나 5년 전 하이닉스가 용인 공장 신설을 발표했지만, 환경과 용수 등 여러

가지 문제로 시작도 못했다. 2024년 8월 민간전력회사를 설립하여 전기 공급을 하기로 했다.

미국을 포함한 전 세계가 해외기업을 유치하기 위하여 발 벗고 나섰다. 2022년 한국의 외국인 직접투자 유출액(FDI)이 유입액의 4배가 넘는다. 삼성전자, 현대자동차, LG전자 등 대기업들이 국내에 공장을 짓지 않고, 모두 미국과 베트남 등으로 공장을 옮기고 있다.

2024년에도 외국인 투자 한국 유입액 보다 한국기업 유출된 것이 2배가 넘는다. 정부와 국회가 기업하기 좋은 나라를 만들어 한국기업 유출을 막아야 한다.

2025년 한국 대학생 청년취업률은 45%다. 국내 일자리가 급감하고 있다. 미국 등 해외 국가들이 한국을 포함한 다국적기업을 자국에 유치하는 가장 큰 이유는 바로 일자리 문제 해결이다.

해외기업이 한국에 공장을 짓고 고용하는 것을 외국인직접투자(FDI)라고 한다. 장기간 투자가 이루어지고, 고용이 확대된다. 국내경제가 성장하고 동시에 전쟁 위험을 크게 낮춘다.

한국 주식과 채권투자를 외국인 간접투자(FII)라고 한다. 삼성전자 45%, 국민은행 75%등 주식과 채권에 대한 투자다. 외국인간접투자는 단기간 투자가 많으며, 재무적 이익을 얻기 위한 투자다.

미국은 삼성전자에 7조원 이상을 지원한다. 미국에 양질의 좋은 일자리를 만들고, 안정적으로 미국에 반도체를 공급하기 위함이다.

한국은 전 세계에서 법인세가 가장 높은 26%다. 미국과 OECD 평균 21%, 싱가포르 17%, 아일랜드 12%다. 한국은 전 세계에서 가장 높은 법인세와 소득세를 부과하면서, 국내기업이 한국에 공장을 짓기를 희망해서는 안 된다. 정부는 먼저 기업하기 좋은 환경을 만들어야 한다.

국내기업이 이탈하면서 한국에 일자리가 귀해졌다. 대학생 청년 취업률이 45%다.

한국은 반도체를 포함한 모든 분야에서 해외기업을 유치해야 한다. 미국 수준으로 지원액을 파격적으로 올려야 한다.

K 반도체를 지키기 위해서는 법인세 인하 등 기업하기 좋은 환경을 만들어야 한다. 반도체는 한국이 전 세계에서 최고의 경쟁력을 가지고 있다. 정부의 적극적이고 혁신적인 기업 지원이 필요하다.

결론은 미국은 대만과 한국에서 전쟁이 발생하더라도 안정적인 반도체를 공급받게 됐다. 미국에서 직접 삼성전자와 TSMC가 반도체를 생산하기 때문이다.

4차 산업혁명에서 가장 핵심 산업인 반도체를 육성하기 전 세계 모든 국가가 사활을 걸고 있다.

이미 중국은 저 사양 반도체를 생산하여 한국과 미국 등에 수출하고 있다. 미국과 한국은 철저히 대비해야 한다.

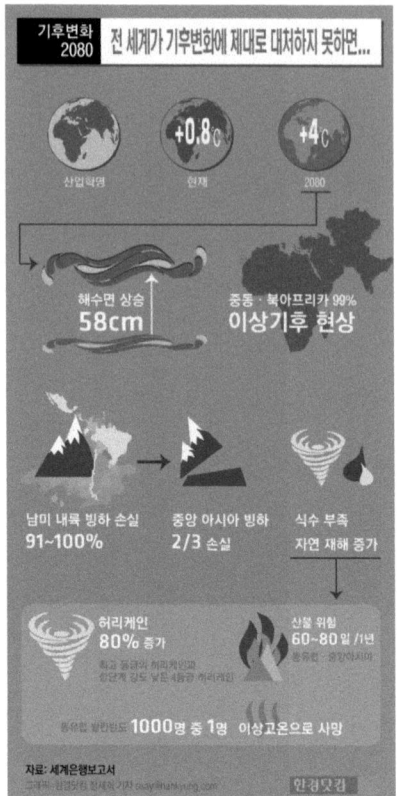

07 기후변화와 세계 물가인상 도미노

한국아열대화 된다

기후 변화 문제가 한국에도 심각한 영향을 주고 있다.

우리나라는 아열대 기후지역으로 변화하며 온도가 2도 이상 상승했다. 한국도 기후변화에 대응하여 중장기 대책을 세워야 한다. 全세계적인 에너지 문제가 바로 기후변화 때문이다.

우리나라는 1인당 전기소비량이 세계 1위다. 제조업 기준으로 한국은 수출액 기준 세계 5위다. 한국의 경제구조가 중학공업 중심이다. 이런 이유로 석유 100%를 수입하는 한국은 에너지문제에 국가생존이 달려있다.

한국의 미리 먹거리는 기후변화와 대체에너지 분야에서 찾는 것이 좋다. 기후변화는 30년을 두고 강수량, 기온 등이 변화되는 것을 말한다. 즉 30년 미래를 내다보는 것이 바로 기후변화다.

기후변화와 관련하여 가장 큰 문제가 바로 CO_2 감축과 관련되어 있다. 기후변화는 기온, 강수량, 어업, 임업, 농업 등 모든 것을 포함하여 최종적으로는 생태계에 큰 영향을 준다.

2015년 파리 협약에서는 198개국이 참여 했다. 과거 교토의정서는 선진국만의 기후협약이었지만, 파리 협약에서는 대부분의 국가가 가입했다. 파리협약을 기점으로 기후 변화는 에너지 시장에 큰 영향을 준다.

이산화탄소(CO_2)를 배출하는 화석연료를 줄이는 것이기에 에너지 시장에 큰 변화를 가져온다.

2025년 우리나라는 전체 전기발전량 중에서 화력 65%, 원자력 25%, 수력과 태양열 등 신재생에너지 비중이다. 사람의 몸으로 본다면 대동맥과 정맥은 화력과 원자력이다. 태양열과 수력은 우리 몸의 실핏줄과 같은 것으로 보충적인 역할만 한다.

　향후 동남아시아와 중남미 등에서는 향후 수백조 원에 이르는 큰 에너지시장이 열릴 것이다.

　2025년 이들 나라도 이산화탄소를 감축하기 위하여 화력발전을 줄여야 한다. 위 국가들은 화력발전을 축소하고 대안으로 수력발전시장을 개척해야만 한다.

　이들 나라의 수력발전은 30%만 개발되어 있다. 한국은 위 국가에서 수력발전 가능성이 큰 70%를 개발한다면 큰 경제적 가치를 얻을 수 있다. 대한민국의 미래 먹거리는 개발 도상국가들의 수력발전을 지원하고 함께 개발하는 것이다.

　수력발전은 이산화탄소를 크게 줄이는 친환경 에너지다.

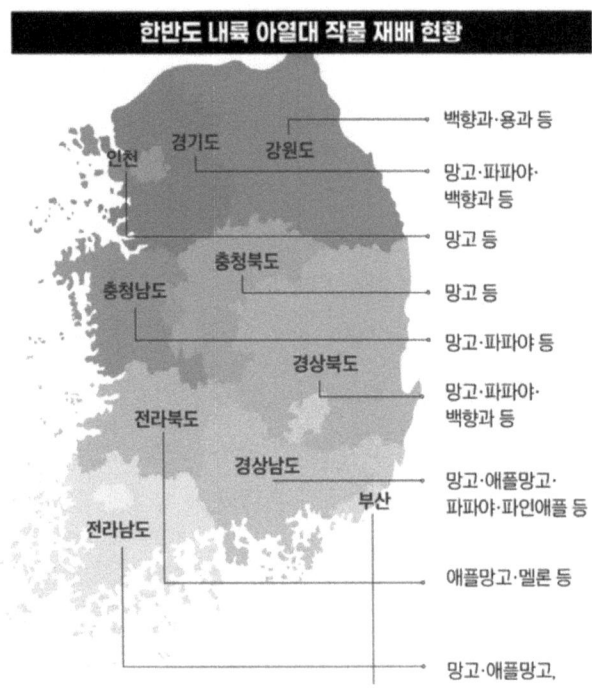

<농림부>

이미 많은 개발도상 국가들이 이산화탄소를 축소하는 계획을 발표했다. 한국은 에너지 시장의 큰 변화를 가져올 동남아시아와 남미지역 등으로 진출하는 것이 가장 좋은 대안이다. 파리협약 198개 국가들이 이산화탄소를 줄이기 위하여 원자력과 수력발전을 해야 한다.

한국의 태양열과 수력은 보조적인 수단이다. 아시아, 아프리카, 중남미에 위치한 개발도상 국가들은 한국을 비롯한 선진국에서 자금 지원만 해준다면 대규모로 수력발전이 가능하다. 한국의 미래 먹거리는 해외 수력시장으로 진출하는 것이 좋은 대안이다.

08 공급망 재편과 인구 세계 1위 인도를 잡아라

◻️ 중국 수출 의존도를 낮추고, 인도와 교역을 확대해야 한다. 인도가 대안이다.

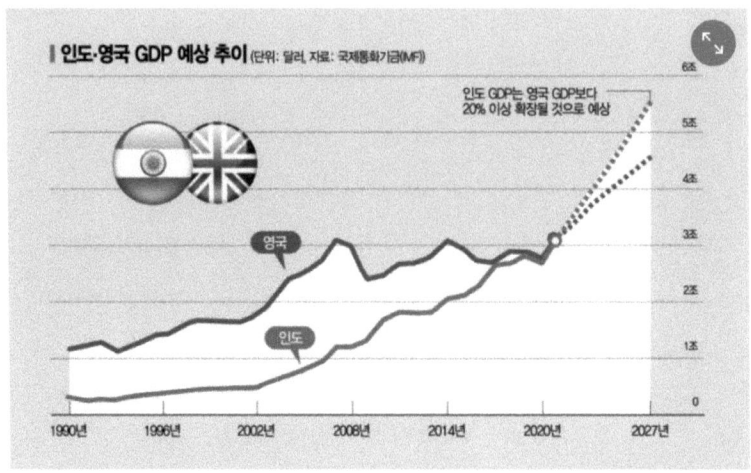

<국제통화기금 IMF>

2025년 기업은 중국에 대한 무역의존도를 낮추고, 수출 다변화로 위기를 극복해야 한다.

2024년 2분기 중국 경제 성장률이 6%로 나타났다. 중국은 미국과 패권전쟁 등으로 수출과 소비 모두에서 부진했다. 중국에 대한 외국인 직접투자도 2분기 약 90% 감소했다.

한국 전체 수출의 26%가 중국이다. 미국 15%, 홍콩 7%, 일본 6%다.

한국은 전체 무역 33%를 중국에 의존하고 있다. 중국이 세계시장에서 차지하는 비중 13% 정도로 한국은 중국 의존도를 줄여야 한다.

한국은 중국 수출의존도를 줄이면서, 베트남 인도 등 아시아를 공략해야 한다.

2025년 인도는 인구 14억 명을 넘어서면서 세계 1위가 됐다. 애플, 테슬라 등 세계적인 기업이 인도에 공장을 건설하고 있다.

2025년 중국은 개방경제에서 폐쇄경제로, 시장경제에서 계획경제로 회귀하고 있다. 중국 청년실업률이 21%이며, 물가도 약 5% 하락하면서 디플레이션까지 발생했다.

중국 경기 침체를 보면서 한국은 對중국 출구전략을 준비해야 한다. 한국은 2025년 삼성과 하이닉스가 각각 35 조원, 총 70조원 반도체 시설을 중국에 가지고 있다. 全세계 단일 공장으로 가장 큰 것이 중국 시안 삼성반도체다.

미국은 한국에 중국기업에는 최신형 반도체 등을 공급중단을 얘기하고 있다.

2025년 GDP 기준으로 미국26조 달러, 중국 17조 달러다. 중국 GDP가 미국에 70%까지 따라 오자 미국이 견제를 시작한 것이다

한국은 중국에 대하여 교역을 최대한 유지하면서, 그 대안을 준비해야 한다. 새로운 대안이 베트남, 인도, 태국 등을 포함한 아시아다.

2025년 한국, 일본, 대만은 반도체와 제조업에 대한 기술과 자본을 가지고 있다. 싱가포르는 아시아 금융본부 80%를 유치하면서 금융허브다.

싱가포르 인접국인 베트남, 인도, 남아시아 등이 새로운 시장으로 떠오르고 있다. 한국은 중국에 대한 의존도를 낮추면서 수출 시장을 다변화, 다원화해야 한다

한국 전체 수출 20%는 반도체다. 반도체 수출 60%는 중국이다. 그러나 중국이 과거와 다르게 계획경제와 폐쇄경제로 선회하고 있다. 한국은 위기를 기회로 삼아야 한다.

대한민국은 900조원 수출, 800조원 수입, 100조원 흑자국가다. 2010년 이후 매년 한국은 약 50조원 흑자를 중국에서 얻었다. 그러나 2022년부터 한국은 대중국

교역이 적자로 돌아섰다.

결론은 대한민국은 중국에 대한 무역의존도를 낮추면서 미국, 베트남, 인도 등으로 교역을 확대해야 한다. 수출 품목과 교역국을 확대하여 수출 대국을 이어가야 한다. 한국은 무역의존도 75%로 세계2위다. 수출 확대만이 살 길이다.

2025년 미국 대통령 당선자가 누가 되든 한국은 교역확대를 추구해야 한다. 미국과 중국의 무역전쟁은 더욱 치열해 진다. 한국은 다자협약 등 무역확대가 생존전략이다

09 인공지능 시대와 엔비디어 등장

세계 시가총액 2위 엔비디어, 인공지능 도입해야 생존가능하다.

2025년 인공지능으로 혁신하라

2025년은 인공지능 시대다. 인공지능을 도입한 기업만 살아남는다. 인공지능을 도입하지 않는 기업은 도태되고 망할 것이다.

CES 2025 최고의 화두는 인공지능이다. 2025년 1월 CES가 미국 라스베가스에서 개최된다.

전 세계에서 가장 혁신적인 미국과 한국, 중국, 일본 기업들이 참가하고 한다. 특히 한국의 삼성전자, LG전자, 현대자동차 등 국내기업 약 400개가 진출한다.

대한민국은 CES 2024에서 380여개 한국기업이 혁신상을 수상했다. 특히 많은 기업들이 인공지능을 탑재한 제품을 출시하면서 세계적인 조명을 받았다. 이번 2025년 박람회에서는 인공지능이 최고 이슈다.

출처: 키움증권(2024. 8. 26)

4차 산업혁명에서 가장 중요한 것은 바로 인공지능이다.

전 세계에서 벤처투자를 가장 투자를 많이 하는 일본 소프트뱅크 손정의 회장은

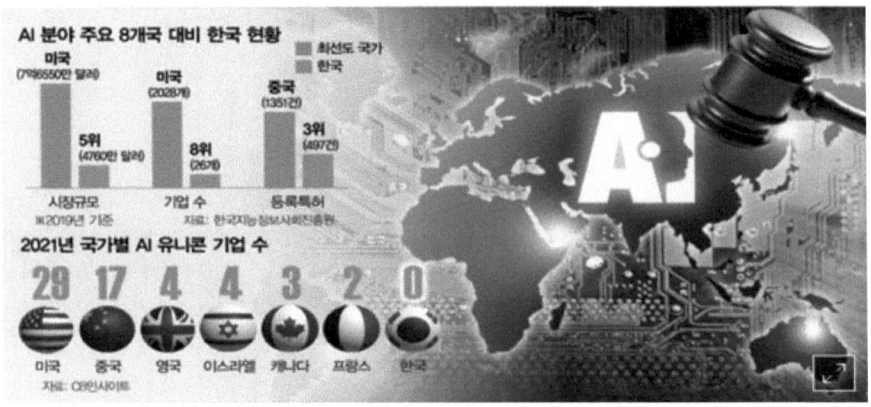

첫째 4차 산업혁명에서 인공지능이 가장 중요하다고 말했다.

그는 두 번째 중요한 것 무엇인가 라는 질문에도 '인공지능'이라고 말했다.

그는 세 번째 4차 산업혁명에서 중요한 것도 인공지능이라고 말하며, 앞으로 모든 기업은 인공지능을 도입해야만 살아남을 수 있다고 했다.

2025년 인공지능을 자사 제품에 탑재한 기업은 살아남을 것이고, 인공지능을 수용하지 못한 기업은 소멸 될 것이다.

삼성전자는 자동 번역되는 인공지능 스마트폰을 출시했다. 한국말로 얘기를 하면 상대방에게 해당 국가 언어로 자동번역이 된다. 애플보다 선제적으로 인공지능을 탑재한 것이다.

삼성전자는 인공지능 스마트폰을 가장 먼저 출시하면서, 세계 스마트폰 시장을 주도하고 있다.

현대자동차는 축구장 크기의 부스에 자동차와 인공지능을 융합한 새로운 자동차를 보여주고 있다.

LG전자는 인공지능을 활용하여 노인과 함께하는 로봇을 선보였다. 전 세계에서 가장 크고 선명한 TV도 출품했다.

인공지능은 이제 우리의 생활과 함께하고 있다.

1876년 개화기 때 세상에 큰 흐름을 따라가지 못하여 한국이 고초를 격었다. 한국이 쇄국하면서 과학문명을 거부하고 세상의 큰 변화에 함께 하지 못하여, 일본의 36년 지배를 받았다.

2025년 한국이 디지털문화와 인공지능으로 일본을 이기고 있다. 일본국민은 한국 네이버 라인을 이용하면서 삼성스마트폰을 쓴다. 자부심을 가지자.

2025년 대한민국은 인공지능을 모든 산업에 적용하면서 세계 경제를 주도하고 있다. 가전제품, 자동차, 등 모든 사물에 인공지능을 탑재하고 응용해야만 한다

인공지능은 멀리 있는 것이 아니라 이제 우리 실생활에 직접 응용되고 있다.

미국의 시가총액 1위 기업은 애플이다. 애플 시가총액은 약 3조 3천억 달러로 원화로 4,500 조원에 육박한다.

그러나 오픈AI, 챗GPT 등을 가장 먼저 수용하고 투자한 것은 마이크로소프트다. Microsoft는 과거 스마트폰 기업 인수 등 잘못된 정책을 수정하고, 인공지능 도입으로 혁신하고 있다.

2025년에는 애플, 마이크로소프트, 엔비디어가 미국 시가총액 1위 경쟁을 치열하게 펼칠 것이다.

챗GPT 등에 적극적인 투자를 하면서 마이크로소프트는 검색엔진 BING을 만들어 냈고, 인공지능 검색으로 확대하고 있다.

이와 같이 인공지능을 수용한 기업은 생존하고, 인공지능을 도입하지 못한 기업은 소멸 될 것이다.

대한민국은 전 세계 4차 산업혁명을 선도하고 있다. 하루 빨리 대한민국도 우버, 에어비앤비, 타다 등을 수용하고 허용해야 한다.

스마트폰 보급률 세계 1등인 대한민국이 2025년 우버가 금지돼 있다.

정부는 서둘러 우버 등 4차 산업혁명 기업을 허용해야 한다. 국회는 대한민국이 인공지능으로 혁신할 수 있도록, 4차 산업혁명 변화를 수용해야 한다.

한국 삼성전자, LG전자, 현대자동차 국내기업들이 인공지능을 탑재하여 세계 경제를 주도 할 수 있도록 정부도 적극 지원해야 한다.

국회가 한국기업 발목을 잡아서는 절대 안 된다. 국민의 생명과 안전을 해치는 것이 아니면 모든 산업을 허용하는 네거티브 제도를 도입해야 한다.

미국은 국민의 생명과 안전을 해치는 것이 아니면 모든 사업을 허용하는 네거티브 제도다. 미국에서 우버, 에어비엔비가 탄생한 배경이다.

미국은 모든 산업을 허용하고 전 세계 유능한 유학생을 받아들이면서 혁신하고 있다. 혁신적인 아이디어는 곧바로 산업으로 이어져 새로운 시가총액 1조원 유니콘 기업이 탄생한다.

대한민국도 4차 산업혁명에서 새로운 유니콘 기업이 탄생하고 성장할 수 있도록 해야 한다.

2025년 한국 유니콘 기업은 여기어때, 야놀자, 무신사 등 23개 정도다. 한국 모든 산업에서 인공지능과 4차 산업혁명을 도입한 혁신이 이루어져야 한다.

21세기는 인공지능을 수용하고 사용하는 기업만이 생존 할 수 있다.

10　2025년 석유가격 전망

중동사태와 석유가격 전망

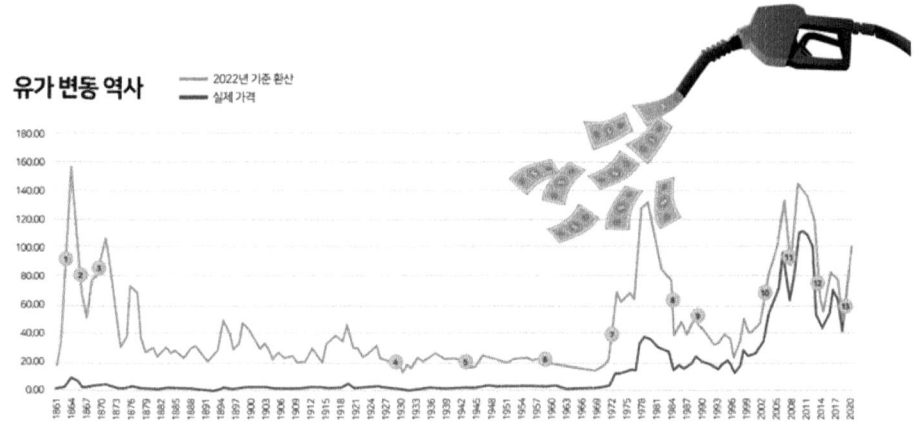

<한국경제신문: 유가전망>

　2025년 석유가격이 요동칠 가능성이 매우 높아졌다. 배럴당 80달러에서 120달러 내외가 될 것이다. 한국 정부와 기업은 유가인상을 대비해야 한다.

　이스라엘이 이란 수도 테헤란에서 하마스 최고지도자 하니예를 암살했다. 이에 이란은 전면 보복을 선언했다. 8월 이란은 이스라엘을 전면 공격할 것으로 보인다.

　미국과 이스라엘 등 전 세계가 긴장하고 있다. 대한민국은 에너지를 100% 수입한다. 한국은 원유를 수입하여 그것을 가공하여 다시 전 세계에 수출한다.

　한국 원유는 중동에서 70%를 수입한다. 중동전쟁 확대는 한국에 위기다. 유가는 선반영되어 상승추세다.

　한국은 반도체 다음으로 석유화학이 수출품목 2위다. 한국경제발전과 성장동력에 에너지가 가장 중요하다. 2024년 9월 기준 배럴당 80달러 정도다. 그러나 중동 전쟁이 악화되고, 세계 경제가 불확실해지면 석유가격은 급등할 것이다.

유가 급등의 가장 큰 원인은 수요증가다. 중국경제가 정상화되고 수요가 증가하면 석유가격은 급등할 것이다.

2025년에는 석유가격이 80달러에서 최고120달러까지 상승할 것이다.

한국은 석유와 가스 등 에너지를 100% 수입한다. 에너지 수입 국가를 분산해야 하고, 에너지원을 다양화하여 대비해야 한다.

정부와 기업은 석유 수입을 미국과 남미 등으로 일부 늘였다.

1970년대 OPEC가 석유공급을 줄여 석유가격을 5배 가까이 올렸을 때 에너지 절약 운동을 벌여 위기를 넘겼다. 가격인상이 예상되고 장기간에 걸쳐 발생할 때는 석유수요 가격탄력성이 낮다. 그 이유는 모든 나라가 대중교통을 이용하게 하고, 캠페인을 통해 수요를 줄이기 때문이다.

2024년 9월 세계 석유생산 1위는 미국 20%다. 사우디아라비아 11%, 러시아 10% 순이다.

미국은 전 세계에서 가장 많은 석유를 생산하는 국가가 됐다. 바로 쉐일가스 덕분이다. 쉐일가스는 모래와 자갈이 섞여 있는 석유를 말한다.

미국은 석유정제기술을 개발하여 석유생산 1위가 됐다. 당초 석유는 수십 년 안에 고갈 될 것으로 예상했으나, 2024년 9월 100년 이상은 더 충분 할 것으로 보고 있다.

한국도 동해에서 석유탐사가 진행 중이다. 100% 에너지를 수입하는 한국 입장으로 서는 산유국의 꿈이 매우 크다.

한국은 전체 석유 수입 1위가 미국이다. 한국은 석유를 수입하여 그것을 가공하여 항공유, 휘발유, 등유 등으로 분해하여 다시 역수출한다. 호주는 한국에서 만든 항공유에 의존하고 있다. 한국은 석유는 한 방울도 나지 않지만 석유 정재시설은 세계 최고수준이다.

정부와 기업은 중동 발 석유가격 인상에 대비해야 한다.

2025년 세계경제가 정상화되고 기준금리가 인하되면 경기활성화는 더욱 확대된다. 중국경제 확대와 중국 공장이 정상 작동하면 석유가격은 급등한다.

코로나 시기인 2021년 석유가 배럴당 마이너스 20달러까지 폭락했다. 석유를 구매하지 않으면 송유관이 굳어버리기 때문에 미국에서는 석유구입자에게 배럴당 20달러까지 운반비를 지원했다. 2010년경에는 석유는 180달러까지 이르렀다.

2024년 하반기와 2025년 전 세계 경제가 정상화되고 석유수요가 증가하면 석유는 200달러까지 오를 것이다. 석유 가격은 10배 가까이 올랐다가 하락하면서 급등락한다. 대한민국은 중동사태 악화, 중국 석유 수요 증가, 미국 석유생산 1위 등을 감안하여 에너지 위기에 대비해야 한다.

정부와 기업에 다음과 같이 제언한다.

첫째 에너지 수입을 다각화 하라. 미국, 남미 등으로 수입원을 다양화해야 한다. 중동 의존도를 벗어나 수입 지역을 다각화해야 한다.

둘째 석유 수입에 대한 캠페인을 벌여 에너지 절약운동을 강화해야 한다. 대중교통 이용, 자가용 운전 축소, 에너지 가격 인상 등으로 석유수요를 줄일 수 있다. 우리나라 휘발유 가격은 2500원에 까지 인상 된 적이 있다. 석유 가격의 인상은 자연스럽게 에너지 수요 감소로 이어진다.

셋째 원자력 에너지를 확대해야 한다.

2024년 전기자동차는 전체 자동차 10% 정도다. 전기자동차가 50%까지 늘어나고, AI 등 인공지능이 확대되면 전기 수요는 5배 이상 늘어난다. 원자력 발전소를 100기 정도 지어야 전기수요에 대비할 수 있다.

한국의 산업용 전기가격이 오르면 우리나라에 유입되는 외국인투자도 감소한다. 신재생에너지의 발전 단가는 기존 화력 발전단가의 세배 이상이다. 태양열 등 신재생에너지의 발전 단가 등을 시장경제 원칙에 맡겨야 한다. 모든 경제 정책은 수요와 공급으로 결정되는 시장경제 원칙이 최고다.

    정부와 기업은 격화되고 있는 중동사태에 대비하여 에너지 수급에 문제가 없도록 만전을 기해야 한다.

PART 2
2025년 한국경제 핵심 이슈 10개

01. 2025년 한국경제 2.6% 성장 전망
02. 2025년 부동산 전망
03. 2025년 한국 금융시장 전망과 금리인하
04. 4차 산업혁명 기술인재 확대 전략과 전망
05. 2025년 윤석열 정부 경제정책 핵심내용
06. 2025년 한국 주식시장 전망, 3300 돌파할 것이다.
07. 국민연금 개혁
08. 국내 모든 기업 4차 산업혁명 혁신해야 생존한다.
09. 경기부양에 도움되는 건설업 육성 필요하다
10. 노동시장 혁신

01 2025년 한국경제 2.6% 성장 전망

◻ 2025년 한국경제 성장률 2.6% 전망, 한국경제 3%성장 전략

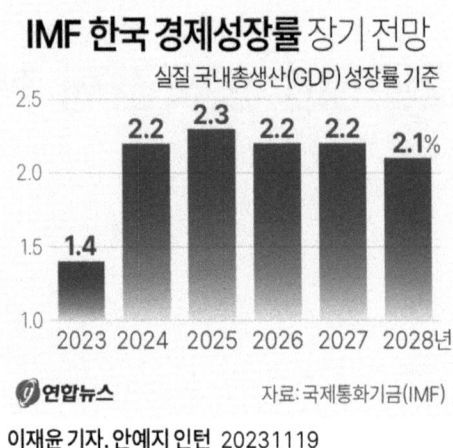

이재윤 기자. 안예지 인턴 20231119

◻ 요 약

2025년 한국경제성장률은 2.6%로 예측된다. 대한민국은 무역의존도 75%로 세계에서 두 번째로 높다. 2025년에는 미국 기준금리 인하, 석유가격 100달러 돌파, 중국 경제침체, 우크라이나 전쟁지속, 그리고 아르헨티나 12번째 외환위기 등 대외변수가 많다.

2025년 정부와 기업은 내수 경제활성화와 해외관광객 1,000만명 유치 등으로 위기를 극복해야 한다. 한국은 신흥국 국제금융 위기와 환율인상을 극복해야한다.

대외경제가 개선되면 한국경제성장률은 2024년 2.7%보다 높은 2025년 2.6%로 예측된다.

한국 수출 20%는 반도체다. 반도체 수출 60%는 중국이다. 중국경제가 부동산 기업 파산으로 정상화 되지 못 할 것으로 전망된다. 그러나 중국내 한국 반도체 생산시설 5% 증설허용으로 최악의 상황은 면했다.

한국 경제 SWOT

강 점	기 회
세계 최고 교육, 우수한 인재, 대학진학80%	모바일(90%), 인터넷(제조업),구독경제
세계 최상 IT, 통신 인프라, 스마트폰 1위	**반도체, SW인재 양성,**
지정학적 위치(중국, 일본)	시가총액: 미국60%,한국1.5%, 부동산90%상승
2024년 제조업 세계5위, 경제 9위, 금융30위,	**4차 산업혁명, IT 융합, 벤처 육성**
신속한 의사결정, 정확성, 창의성	우수한 기술과 브랜드(한류, BTS, 오징어겜)
약 점	위 험
고임금, 고물가, 고환율(24년 1300~1,400원)	미 기준(23년5.5%, 24년 5.0%)
국제금융 30위권, 에너지 99%수입	미 연준 물가목표 9%→2%
포지티브(허가)→네거티브(불법외 허용)	외환위기, 금융위기: 한미, 한일 통화스와프
규제: 법인세26%, 소득세(45%), 상속세(60%)	중국 봉쇄, 북핵, 우크라 전쟁지속- 방위산업
해외직접(FDI):유출 5배>유입, 청년취업율45%	미중 패권전쟁, 인구 71년 105만명→27만명

메모리반도체와 (HBM)고대역반도체 등 한국 반도체 수출이 다시 증가하고 있다.

2025년 한국경제는 2024년보다 대외수출이 증가하면서 성장할 것이다. 한국경제는 반도체, 석유화학, 건설, 자동차, 철강 등이 주요한 경제성장 동력이다.

미국 기준금리는 2024년 9월부터 0.25%인하한다.

2025년 미국 소비자물가(CPI)가 2%로 낮아지면서 기준금리를 내린다. 2024년 미국 기준금리 인하로 유동성이 풍부해지면서 세계경제는 활력을 찾을 것이다.

한국도 2024년 12월부터 미국과 함께 기준금리 인하에 동참한다. 커플링 현상이다. 미국과 한국은 함께 움직이는 구조다. 동조화현상이라고도 한다.

건설경기도 2025년부터 다시 활성화 될 것이다.

2024년 건축비 인상으로 신규건축은 감소했고 건축 허가 역시 사상최저를 기록했다. 그러나 2025년부터는 미국 기준금리 하락과 함께 건설경기도 회복 될 것이다.

Ⅰ. 서론

2025년 한국경제는 국내와 해외 양쪽에서 어려운 상황이다. 한국은 수출과 수입으로 먹고 사는 나라다.

<한국, 미국, 중국 경제성장률 추이>

연도	2012	2013	2014	2015	2016	2017	2018	2019	2020	2021	2022	2024	2024	2025
한국	2.4	3.2	3.2	2.8	2.9	3.2	2.9	2.2	-0.7	4.3	2.6	1.4	2.1	2.6
중국	7.9	7.8	7.4	7	6.8	6.9	6.7	6.1	2.1	2.5	3	5.4	5.2	5.1
미국	2.3	1.8	2.3	2.7	1.7	2.2	2.9	2.3	-2.8	5.9	2.1	1.7	1.8	2.6

*출처: 한국은행

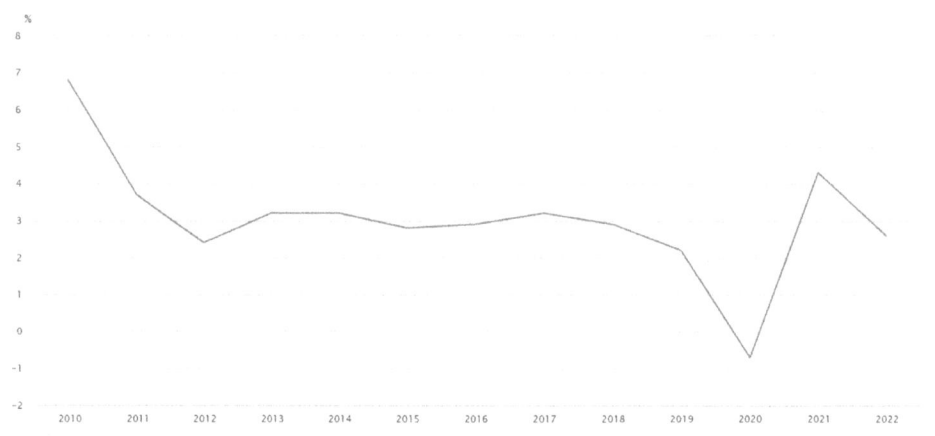

<한국경제성장률>

*출처: 한국은행

2025년 이전까지 한국은 매년 900조 원을 수출하고 800조 원을 수입하면서 100조원 흑자였다. 그러나 2024년부터 중국경제 침체, 우크라이나 전쟁, 미국 기준금리 인상 등으로 전 세계 교역이 축소되면서 무역의존도가 높은 한국이 가장 큰 어려움에 겪었다.

독일은 무역의존도 80%로 세계 1위다. 독일과 한국이 중국에 대한 높은 무역의존도를 가지고 있다. 양국이 세계 무역이 감소하면서 큰 어려움을 격고 있다.

한국 전체 수출을 국가별로 보면 중국26%, 미국15%, 홍콩7%, 일본6%다. 한국은 전체수출 33%를 중국과 홍콩에 의존한다.

그러나 중국 부동산기업 헝다와 비구위안이 미국에서 파산을 신청하면서 매우 어려운 환경에 있다.

중국 GDP 25%는 부동산이다. 건설업의 불황으로 중국 경제가 어렵다.

2025년 중국 청년실업률은 30%다. 시진핑 주석 30년 집권이 2023년 시작됐다. 중국은 개방경제에서 폐쇄경제로, 시장경제에서 계획경제로 가고 있다.

2024년 중국에 대한 외국인투자가 90% 급감했다. 간첩법 시행 등으로 외국인 관광객도 95% 급감했다.

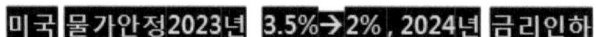

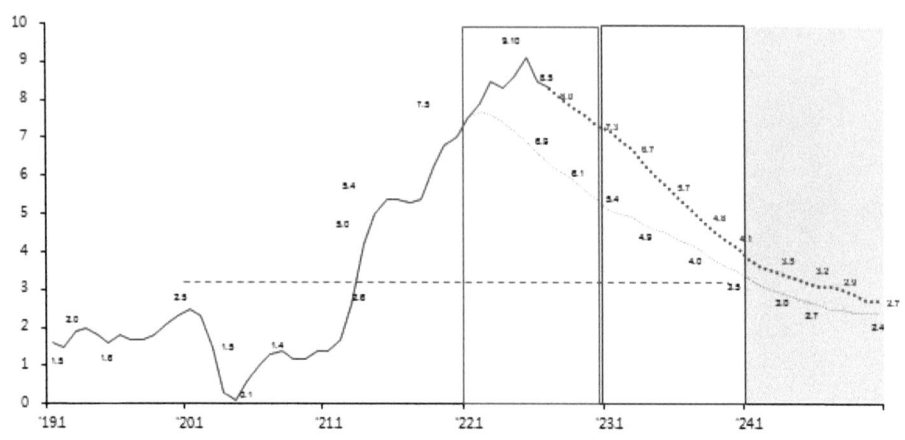

미국 경제성장률은 2025년 2.7%대로 예측된다.

미국 연방준비은행은 2024년 기준금리를 5.5%까지 올렸다. 연방준비은행은 물가 수준 2%가 될 때까지 기준금리를 계속 인상했다.

미국 연준은 2024년 9월부터 5.5%에서 4.75%까지 인하한다. 2025년 3.6%, 2026년 2.6%까지 기준금리를 내릴 것이다.

아르헨티나는 2025년 12번째 IMF 외환위기를 겪고 있다. 아르헨티나 기준금리는 120%로 국민들은 IMF 외환위기 고통에 놓여 있다.

국민 40%가 빈곤층으로 하락했고 고물가, 고금리 등으로 매우 어려운 상황이다.

튀르키예도 기준금리가 30%까지 오르면서 어렵다. 2025년 스리랑카, 파키스탄, 바레인, 이집트 등이 외환위기를 맞았다.

미국이 킹 달러를 유지하고 기준금리 5.5%를 유지하면 저신용 국가는 국제금융위기를 겪고 있다. 한국도 예외적인 상황이 아니다.

한국 외환보유고 2024년 9월 4,100억 달러는 GDP대비 21%로 충분치 않다. 한국 환율도 2024년 1,400원 가까이 올랐다. 2025년에는 1200~1400원 정도에서 계속 상승할 것으로 보인다.

Ⅱ. 한국경제 주요 변수

1) 미국 기준금리 방향

미국 기준금리는 2024년 5.5%, 한국 기준금리는 3.5%다. 한국과 미국의 기준금리가 20년 만에 2% 격차로 벌어졌다. 미국은 물가수준 2%를 목표로 하여 기준금리를 인상했다.

미국이 기준금리를 낮추는 것은 2024년 9월부터 내릴 것이다. 미국의 연방준비은행 최고 목적은 물가를 잡는 것이다.

미국 기준금리 최고치는 1981년 21%였다. 미국은 물가를 잡기 위하여 통화 정책을 운용한다. 1981년 미국 물가는 15%, 기준금리 21%다. 미국 경제가 성장하고 물가가 잡히면서 미국은 기준금리를 2022년 코로나 때 0%까지 낮췄다.

2023년 코로나가 극복되고 물가가 9%까지 오르면서 미국 기준금리 인상이 시작됐다. 미국 연방준비은행이 목표로 하는 물가는 2%다. 2024년 8월 물가 수준이 2.9%로 FOMC(연방준비은행) 목표 물가 2%에 도달하지 못 했다. 2024년 9월 기준금리를 내린다.

2) 중국경제 부진

중국 경제가 부진하다. 한국은 중국에 대한 의존도를 낮추면서 다원화해야 한다 한국 전체 수출의 33%가 중국이다. 그러나 전 세계 수출시장에서 중국이 차지하는 비중은 13%다.

한국이 중국에 대한 수출의존도가 세계 평균의 두 배 이상이다. 한국은 중국에 대한 의존도를 낮추면서 다변화, 다원화해야 위기를 극복 할 수 있다.

2025년 중국과 교역을 현상 유지해야 한다. 그러나 장기적으로는 중국에 대한 의존도를 낮춰야 한다. 중국은 2025년 부동산 기업 부실로 인하여 크게 회복되지는 못 할 것이다. 그러나 중국 저력은 무시할 수 없다. 중국은 14억 인구로 세계 2위다. 중국은 과거처럼 경제성장을 위해서는 개방경제를 지향해야 한다.

중국은 시장경제를 도입하고 해외투자 유치로 성공했다. 그러나 2025년 중국은 시장경제에서 계획경제로, 개방경제에서 폐쇄경제로 회귀하면서 외국인 투자가 90% 급감했다. 현대자동차 중국 공장 90%가 문을 닫았다.

한국 신세계와 롯데가 중국에 진출했지만 사드 사태를 기점으로 대부분 철수했다. 중국 14억 인구만 보고 투자한 기업들이 모두 철수했다. 2025년 중국 경제는 빠르게 회복 하지 못 할 것이다.

한국은 반도체 수출 60%를 중국에 의존하고 있다. 미국과 중국의 패권전쟁이 지속되고 있다. GDP 기준으로 미국 22조 달러, 중국 16조 달러다. 중국 GDP가 미국의 70%에 육박하자, 미국은 본격적으로 중국을 견제하기 시작했다.

미국정부와 기업은 향후 10년 간 중국에 대한 반도체 공장 증설을 5%만 허락했다. 삼성전자 중국에 35 조원, 하이닉스도 35조원 한국 반도체 공장이 70조원이 중국에 투자 돼 있다. 반도체가 성장하지 못하면 한국경제는 어려워진다.

한국은 중국과 교역을 최대한으로 유지하면서 그 대안으로 세계 인구 1위 인도, 인도네시아, 동남아시아, 그리고 베트남 등으로 진출해야 한다.

특히 오일머니로 자금이 풍부한 중동 국가를 공략하는 것도 필요하다. 과거 오일위기를 극복한 것은 중동 건설 붐이었다. 따라서 한국은 중국에 대한 의존도를 낮추면서 인도, 중동에 진출하여 수출국 다변화를 추구해야 한다.

3) 2025년 석유가격 80~120달러

2024년 국제유가가 85달러를 넘었다. 2025년에도 국제유가가 한국경제에 아주 중요한 역할을 한다. 대한민국은 에너지를 100% 수입하는 국가다.

한국전력은 200조원 부채를 가지고 있다. 2024년 약 20조원 적자다. 2025년에는 전기요금이 인상 될 것이다. 석유가격은 마이너스 20달러에서 최고 180달러까지 인상됐다. 유가 변동 폭은 매우 높다.

코로나 때는 석유를 사가면 운반비를 지원하면서 마이너스 20달러까지 내려갔다. 석유를 운송하지 않으면 송유관이 굳어 버리기 때문에 운반비를 지원했다. 석유가격은 경기와 밀접한 관련을 가지고 있다.

2024년 5월경 사우디아라비아와 러시아가 석유를 감산하면서 유가가 100달러를 돌파했다. 유가가 100달러 이상 오르면서 한국 예산과 물가 등에 큰 영향을 악영향을 주고 있다. 정부와 기업은 유가 100달러를 감안하여 2025년 경제성장률을 예측해야 한다.

4) 한국 무역의존도 75%, 세계2위

대한민국은 무역의존도가 75%로 세계2위다. 2025년 두 개의 전쟁과 미국 대통령선거, 미국 5.5% 고금리로 전 세계경제가 교역이 축소되면서, 한국경제는 어려워졌다.

한국은 에너지를 100% 수입하고 그것을 가공하여 경제를 성장시켰다. 석유를 100% 수입하여 항공유, 휘발유, 석유 등으로 정제하여 수출했다. 석유화학은 한국 수출순위 2위다.

한국은 내수경제도 성장을 시켜야 한다. 수출고 내수가 균형을 맞춰야 한다. 2025년에는 경제가 정상화되고 전 세계 교역이 활발해 질 것이다. 그러나 우크라이나 전쟁이 종식 되지 않는 한, 과거처럼 높은 무역의존도를 가질 수 없다.

한국은 내수를 촉진하고 국내 소비시장도 함께 성장시켜야 한다. 미국 무역의존도는 20%다. 인구 3억 3천만 명 내수경제가 미국 경제를 이끌고 있다.

일본은 무역의존도 25%, 내수의존도가 75%로 탄탄한 경제를 지탱한다. 한국보다 내수에 의지한다.

한국은 일본과 반대로 무역의존도75%, 내수는 25%다. 한국은 해외교역이 축소될 때 내수경제와 해외 관광객 유치로 위기를 극복해야한다

5) 우크라이나 전쟁

우크라이나 전쟁이 2025년에도 지속 될 것으로 보인다. 전쟁이 지속되면서 한국은 폴란드 동남아시아 등에 약 50 조원 무기를 수출했다.

한국 K2-전차, K9-자주포, FA50- 경비행기 등이 유럽과 동남아시아를 지키고 있다. 우크라이나 전쟁이 조기에 종식돼야만 전 세계 물가가 안정된다.

옥수수, 밀 등 세계 식량시장에서 아주 중요한 역할을 하는 것이 바로 우크라이나 곡창지대. 우크라이나 전쟁 지속으로 세계경제는 안정화되지 못 하고 있다. 특히 식품물가가 크게 오르면서 식탁물가를 위협한다.

우크라이나 전쟁이 조직 조기에 종식되는 것이 세계경제에도 중요하다. 한국은 방위산업 수출이 큰 역할을 했다.

전 세계에서 재래식 무기를 가장 빨리 생산 할 수 있는 곳이 한국이다. 한국은 북한과 대치하면서 실전을 경험한 무기를 생산하고 있다. 전차, 자주포 등이 폴란드 등에서 인정받으면서 매년 30조원 이상을 수출하고 있다. 2025년에도 방위산업이 수출의 큰 역할을 할 것이다.

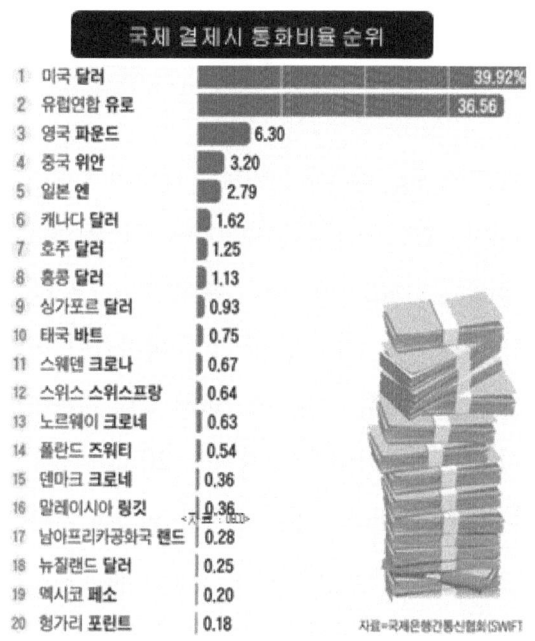

<원화의 국제금융 결제비율은 0.1%로 35위 정도다. 한국은 원화 국제금융경쟁력을 키워야 한다.>

6) 2025년 환율상승과 국제금융 위기

2025년 환율: 1200~1400 급등과 급등락 반복한다.

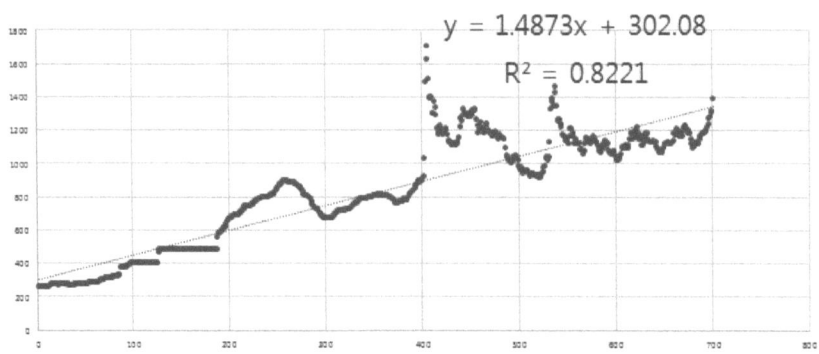

<원 달러 환율은 82%확률로 계속오른다. 지난 60년간 환율은 상승추세다. 2025년은 1400원 정도가 될 것이다>

한국은 환율상승과 국제금융 위기에 철저하게 대비해야 한다. 한국 환율은 2024년 1,400원 가까이 올랐다. 한국은 외환보유고가 GDP 21%다.

한국은 국제금융 순위가 35위로, 원-달러 환율이 급등락을 한다. 2025년 아르헨티나를 포함해 스리랑카, 파키스탄, 바레인 등 신흥국가들이 국가 파산했다.

특히 아르헨티나는 12번째 외환위기를 겪으면서 국민 절반이 빈곤층으로 하락했다. 국제금융 위기는 미국이 기준금리를 하락하는 2025년까지 지속될 것이다.

미국은 물가를 안정시키고, 미국 경쟁력 회복을 위하여 기준금리를 계속 인상했다.

2025년 미국은 기준금리를 0.25% 네번에 걸쳐 1% 내린다. 한국 환율은 1400원에서 상승할 것이다.

달러가 국제금융시장에서 결제되는 비율은 60%다. 한국 원-달러 환율은 82%확률로 상승한다. 82%는 결정계수다. 지난 60년간 원-달러 환율은 계속 상승중이다.

원-달러 환율에 대비하여 개인은 미국주식을 사야한다. 미국 1등주식이 애플이 환율방어에 가장 좋다. 미국 시가총액 1~3위 애플, MS 마이크로소프트, 엔비디어가 좋다.

신흥국 브라질, 인도네시아, 남아프리카공화국 등이 국제금융 위기에 놓여있다. 한국 정부와 기업은 국제결제은행(BIS)가 제안처럼 외환보유고를 GDP 대비 70%까지 올려야 한다. 한국 환율상승은 에너지를 100% 수입하는 우리나라에 물가인상으로 이어진다. 정부와 기업은 환율인상과 국제 금융 위기에 대비하여 철저하게 대비해야 한다.

미국이 고금리를 유지하고 킹 달러를 유지한다면 가장 크게 위협을 받는 나라가 달러가 부족한 신흥국과 후진국이다. 대한민국은 1997년 IMF를 겪었다. 따라서 국제금융 위기는 남의 일이 아니다.

한국 정부와 기업, 개인도 철저하게 대비해야 한다. 미국의 고금리 정책은 2024년 8월까지다.

미국 연방준비은행은 물가수준 2%가 될 때까지 긴축정책을 유지 할 것으로 보인다. 그러나 2024년 9월부터 기준금리는 인하한다

한국 환율은 2025년 1200~1500원으로 예측된다. 전 세계가 국제금융 위기에 철저하게 대비하고 있다. 홍콩, 싱가포르, 스위스는 GDP 100%가 넘는 외환보유고를 비축하면서 위기에 대비하고 있다.

한국과 경제 구조가 비슷한 대만은 GDP 70%를 비축하면서 환율 안정을 유지하고 있다. 따라서 무역의존도가 높고 에너지 100%를 수입하는 대한민국은 달러가 부족하다.

외환보유고 중 당장 동원 할 수 있는 현금 비중은 3%다. 정부가 환율을 안정시키려 해도 동원할 현금이 없다.

2023년 7월 정부는 한일통화스와프 100억 달러를 맺었다. 2008년 세계금융 위기

때는 한미통화스와프 600억 달러, 한일통화스와프 700억 달러가 있었다.

그러나 2025년 외환위기를 방어 할 두 개의 방어막이 없다. 정부는 환율 방어와 국제금융 위기를 방어하기 위해 한미통화스와프도 맺어야 한다.

한일통화스와프도 700억 달러를 다시 체결해야 한다. 정부는 외환보유고를 GDP대비 70% 1조 달러까지 비축해야 한다. 정부와 기업은 향후 경상수지 흑자가 발생할 때마다 외환보유고를 비축해야한다.

정부와 기업 그리고 한국은행은 철저하게 대비해야 한다.

III 정부와 기업 대책

한국은 2025년 4% 경제성장률을 돌파하고 선진국이 돼야한다. 대한민국이 강대국이 되기 위해서는 낡은 규제혁파, 기업하기 좋은 환경 구축, 4차 산업혁명 집중 육성, 금융육성 등 변화와 혁신이 필요하다.

정부와 기업은 한국 경제성장률을 4%대로 올리도록 적극 노력해야한다. 2025년 GDP기준 미국 26조 달러, 중국 17조 달러, 일본 5조 달러, 한국 1.6조 달러다. 한국은 제조업 수출액 기준 세계5위, GDP 세계 9위다.

한국은 우크라이나 전쟁지속, 중국의 경제침체, 미국 신용등급하락과 패권전쟁 지속 등으로 교역축소로 한국이 가장 큰 피해를 입었다.

한국 경제성장률을 올리고 국부를 증대해야 한다.

첫째 기업하기 좋은 환경을 만들어야 한다.

2025년 대한민국 법인세는 26%다. 미국과 OECD 평균 21%다. 한국 경쟁국인 싱가포르는 법인세 17%, 배당세, 소득세 등 주식관련 세금이 하나도 없다.

싱가포르는 홍콩에서 떠나는 아시아 금융본부 70%를 유치하면서 아시아 금융허브가 됐다. 한국이 기업하기 좋은 환경을 만들려면 법인세부터 미국과 OECD 평균

21%로 낮춰야 한다.

2022년 정부의 법인세 인하 제안에 야당은 대기업 특혜라며 겨우 1% 낮췄다. 외국인직접투자(FDI) 유출액이 유입액 보다 거의 4배 많다. 2025년 한국 대학생 청년취업률은 45%다. 2025년 외국인직접투자 유입액보다 유출액이 두 배 이상 될 것이다.

둘째 노동정책 개선과 노사혁신이다.

코로나 때 미국 메리어트호텔은 직원 90%를 해고를 했다. 2022년 코로나가 종식되자 이번에는 100% 채용했다. 미국은 언제든지 해고와 채용이 자유롭다.

정규직과 비정규직 구분이 당연히 없다. 한국은 정규직으로 채용되면 경영상의 이유가 아니면 해고가 불가능하다. 한국기업은 미래의 불확실성으로 인하여 근로자의 50%을 비정규직으로 뽑고 있다.

전 세계 노동정책에서 대체근로가 금지된 나라는 한국이 유일하다. 외국인이 한국에 투자를 가장 꺼리는 이유도 강력한 노조 때문이다.

GM은 흑자에도 불구하고 호주와 한국 군산 등에서 폐업했다. 내연기관에서 전기자동차로 변신하기 위해서다. 한국노사는 상생과 혁신으로 변해야 한다.

셋째 한국은 4차 산업혁명으로 혁신해야 한다.

국민의 생명과 안전을 해치는 것이 아니라면 모든 분야에서 신산업을 허용하는 네거티브(Negative) 제도를 도입해야 한다.

2025년 한국은 파지티브(Positive)정책으로 정부가 허락한 분야만 사업 할 수 있다. 우리나라는 우버, 에어비앤비, 타다를 금지시켰다.

스마트폰 보급률95%, 전자정부, 통신인프라 등 세계 1위다. 4차 산업혁명을 하기에 가장 좋은 나라가 한국임에도 불구하고, 국회는 여·야 합의로 타다 등 신산업을 금지했다.

호주는 우버를 허용하면서 우버 수입 10%를 택시업계 발전에 사용하는 것으로 상생을 선택했다. 한국도 기존 산업과 신산업이 상생하도록 혁신해야 한다.

한국 카카오와 네이버 시가총액은 20조원으로 구글 시가총액 2,000조원 1% 정도다. 정부와 기업은 4차 산업혁명 플랫폼 기업 규제를 줄이고 해외로 진출하도록 독려해야 한다.

삼성전자는 전체 매출중 해외비중이 80%다. 온라인기업은 회원 한명의 가치가 10~20만 원 정도다. 페이스북, 아마존, 애플 등은 전 세계 82억 인구를 대상으로 영업한다. 한국기업도 해외로 진출하도록 정부가 적극 지원해야 한다.

넷째 2025년 한국 외환보유고 4,100억 달러를 두 배 증액하고, 국제금융시장에서 경쟁력을 올려야 한다. 원화가 국제금융에서 결제되는 비중은 0.1%로 세계 35위다.

정부가 제조업만 육성하고 금융을 육성하지 않았다. 선진국이 되려면 제조업과 함께 금융을 육성해야 한다. 사람 몸의 피와 같은 존재가 금융이다.

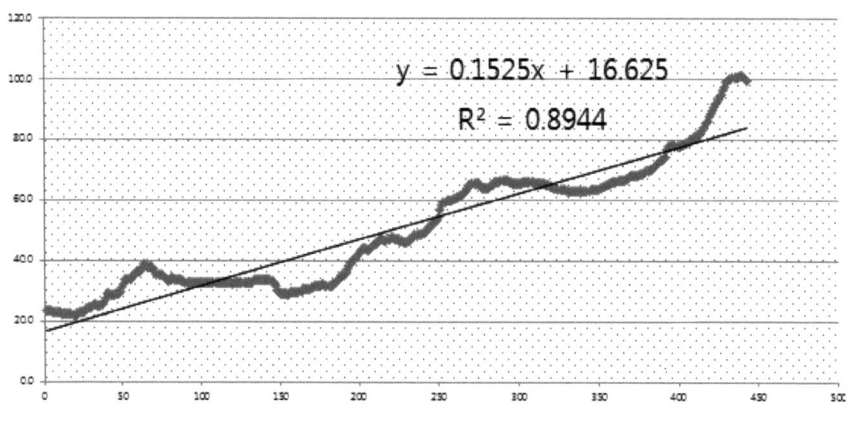

*출처: KB부동산 시세.

<한국 부동산시장은 지난 40년간 90%확률로 성장했다. 서울 수도권 아파트는 장기적으로 계속 상승추세다. 10년간은 상승한다>

외환보유고 확대는 모건스탠리 선진국지수(MSCI) 편입 등 한국 금융시장을 크게 향상 시킬 것이다. 한국은 기업하기 좋은 환경 조성, 4차 산업혁명 혁신, 노사정책 상생과 혁신, 그리고 국제금융 육성으로 선진국이 돼야 한다.

다섯째 정부와 기업은 내수를 촉진하고 해외관광을 유치해야 한다. 대한민국은 수출에 의존해 한국경제를 이끌고 왔다. 그러나 중국경제 침체, 미국 신용등급 하락 등으로 인하여 가장 큰 피해를 입는 곳이 한국이다. 정부와 기업은 1,000만 명 해외관광객을 유치하고, 국내 관광을 적극 독려해야 한다. 국내에서 숙박을 하고 재래시장 등에서 소비를 촉진해야만 한국경제를 살릴 수 있다.

한국 기준금리 3.5%와 미국 5.5%다. 격차가 2%이상 벌어지면 한국은 국제 금융위기에 더 많이 노출된다. 한국 전체 주식에 투자돼 있는 외국인 비중은 약 32%다. 2025년 아르헨티나, 스리랑카 등 세계 22개국이 IMF 구제금융을 받고 있다.

한국은 내수시장을 살려서 경제를 안정시켜야 한다. 중국이 어려워지면서 한국경제는 큰 위기에 직면했다. 한국은 중국에 의존도를 낮추면서 내수경제 활성화로 위기를 극복해야 한다.

Ⅳ. 결론

2025년 한국이 2.6% 성장률을 극복하고 4% 고도성장을 하기 위해서는 기업하기 좋은 환경을 만들어야 한다. 법인세를 세계 평균 21% 이하로 낮추고 4차 산업혁명으로 혁신해야한다.

노사혁신과 신산업을 허용해야만 한국경제는 성장 할 수 있다. 우리나라는 무역의존도가 가장 높은 국가이므로 수출을 적극 독려하고, 이와 함께 내수경제도 함께 성장시켜야 한다.

국내에서 가장 일자리를 많이 만들어 내는 것이 건설경기다. 내수 경제 활성화를 위해 건설도 함께 육성해야 한다. 한국이 직면한 고환율·고물가·고금리 복합위기를 극복하는 방법은 수출확대와 해외관광객 유치다.

한국은 석유가격 70% 인상, 중국경제 침체, 반도체 수출 급감으로 큰 위기를 겪었다. 대한민국은 제조업 수출액 기준으로 세계 5위, GDP 세계 9위 경제 강국이다. 2023년 우크라이나 전쟁지속, 중국의 경제 재개, 미국과 중국 패권전쟁 등 대외 위험요소가 많다.

한국은 교역국을 다변화·다원화하여 위기를 극복해야 한다. 우리나라는 중국에 대한 의존도를 낮추면서 아세안, 중동, 남미 등으로 교역국을 확대해야 한다. 한국과 미국 기준금리 격차와 국제금융 위기를 방어할 수 있는 최고의 방법은 수출 확대다.

2025년 세계 경제가 회복한다면 한국이 가장 빠르게 수출이 확대된다. 정부와 기업은 수출 확대를 이어갈 수 있도록 적극적으로 추진해야 한다.

대한민국은 민관이 모두 힘을 합하여 수출을 적극 확대해야 한다. 우리는 1997년 외환위기와 2008년 금융위기를 극복한 경험이 있다. 대한민국은 4차 산업혁명을 하기에 가장 좋은 환경을 가지고 있다.

한국 방위산업과 K-콘텐츠도 좋은 수출품목이다. 2025년 한국 방위산업이 수주를 받아서 수출 예정인 금액은 100조원이다. 대한민국은 제조업이 강한 국가다.

미국 다음으로 재래식 무기를 가장 신속하게 생산과 보급이 가능한 나라다. 한국의 방위 산업은 세계 5위 정도다. 향후 세계 4위의 무기수출국이 될 것이다.

한국은 반도체, 방위산업, 자동차, 철강, 석유화학 등 수출을 적극 확대하고, 해외관광객 1,000만명 유치로 복합위기를 극복하자. 정부와 민관이 힘을 합친다면 2025년 한국경제성장률은 2.6%이상 초과 달성할 수 있다.

2025년 한국경제 성장률 전망

2025년 한국경제 전망 2.6% 성장

2025년 경제성장률이 오르고 기준금리가 인하된다. 정부와 기업은 무역을 확대하고 기업하기 좋은 환경을 만들어야 한다. 기업은 대외변수에 대비해야 한다.

우크라이나 전쟁이 종식된다면 건설, 화학 등 재건산업 위주로 크게 성장한다. 방위산업을 중심으로 한 현대로템, 한화에어로스페이스, LIG넥스원 등 방위기업도 크게 성장할 것이다.

이제 유럽과 전 세계는 자국 방어를 위해 스스로 준비해야 한다. 국가예산 10%정도를 국방비에 지출해야 한다. 유럽과 한국, 일본, 대만 등은 모두 미국 의존도를 낮춰야 한다.

대한민국은 전 세계에서 무역의존도가 75%로 세계 2위다. 한국은 에너지를 100% 수입하고 이를 가공하여 다시 수출한다.

한국 주력 수출 품목은 반도체, 석유화학, 자동차, 철강이다. 대한민국 전체교역 대상국은 중국, 미국, 홍콩, 일본 순이다.

한국은 전체 무역량의 33%를 중국과 홍콩에 의존해왔다. 2024년 9월에는 미국으로 수출과 교역이 확대되면서 중국에 대한 의존도를 낮추고 있다.

대한민국 경제성장을 위하여 다음과 같이 정부와 기업에 제언한다.

국가명	GDP(억달러)	외환보유액 (억달러)	외환보유액 /GDP 비중
스위스	8,129	9,491	117%
홍콩	3,681	4,318	117%
대만	7,749	5,455	70%
사우디	8,335	4,566	55%
러시아	17,758	5,657	32%
한국	18,102	4,209	23%
인도	31,734	5,604	18%
브라질	16,090	3,397	21%

○국(외환보유액/ GDP) 비중 -(2024.8월) 한국은행, 통계청

<한국 외환보유고는 충분치 않다. 대만수준으로 올려야 한다. 9300억달러까지 외환보유고를 늘여야 한다. 한국 원-달러 환율은 93% 확률로 계속오른다. 개인과 기업은 환율상승에 대비해야 한다. 미국 시가총액 1등 주식매입이 대안중 하나다.>

원-달러 회귀 분석 (1964~2024)

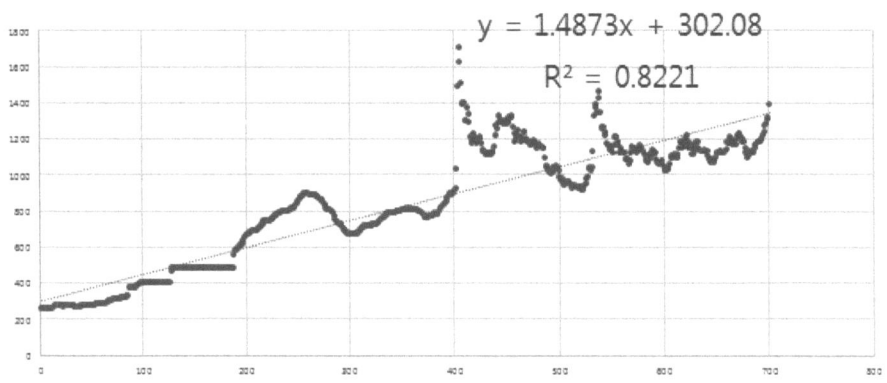

$y = 1.4873x + 302.08$
$R^2 = 0.8221$

<지난 60년간 환율은 83% 확률로 상승했다. 2025년에도 환율은 1200~1400원까지 급등락할 것이다>

첫째 무역을 확대해야 한다. 대한민국은 교역으로 먹고사는 나라이다. 수출과 수입이 한국경제의 필수적인 조건이다. 한국경제는 무역의존도 75%, 내수의존도는 25%다. 일본은 무역의존도 28%, 내수가 72%다. 미국의 무역의존도는 20%, 내수가 80%다. 무역의존도 1위 국가는 독일이며 80%다.

한국은 대외지향적이며 무역을 해야만 국가가 생존한다.

한국은 중국이 주도한 RCEP에는 가입되어 있지만, 일본이 주도한 CPTPP에는 가입하지 않았다. 이에 정부와 기업은 한일FTA 효과를 가져오는 CPTPP에 가입해야 한다. 한국은 다자교역에 적극 가입하고 무역을 확대해야 한다.

둘째 미국 기준금리는 2024년 9월 0.25% 인하된다.

미국 연방준비은행은 금년에 1회 내지 2회 정도 기준금리를 내릴 것이다.

미국 기준금리는 5.5%, 한국 기준금리는 3.5%다. 역대 사상 최초로 한미기준금리가 2% 격차다.

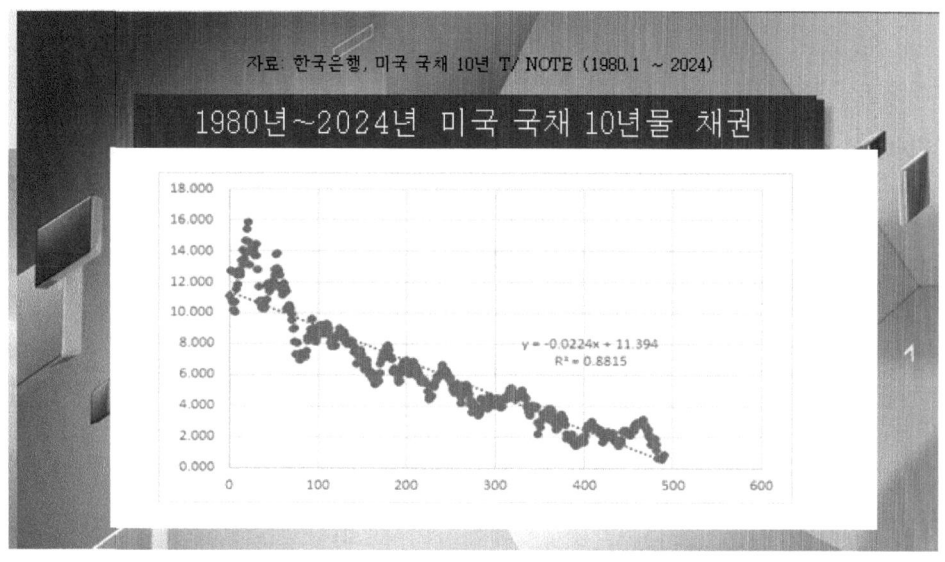

<미국 기준금리는 장기적으로 50년간 우하향이다. 88% 확률로 인하된다>

미국 물가는 2024년 8월 2.90%까지 떨어졌다. 미국은 9월 실업율이 4.3%로 증가하면서, 9월 기준금리 인하가능성이 100%확률로 높아졌다.

적정 외환보유고 이론 네가지

발표기관	내용	적정외환	발표시기
IMF 신제안	유동외채 30%+ 외국인주식자금 15%+ M2 5% + 상품수출 5% (100~150%)	6,810억 달러	2013
기도티 그린스펀	3개월 경상지급액+ 유동외채(3000억$)	4,500억 달러	1999
BIS (국제결제은행)	3개월경상지급+유동외채+외국인주식투자액1/3(4000억$) + 거주자 외화예금(1000억$) + 현지 금융잔액	9,200억 달러	2004

미국은 5.5% 고금리가 유지되면서 물가가 2.9%로 안정됐다. 미국 연준의 하반기 물가목표는 2%다. 2024년 12월 2%에 거의 도달할 예정이므로, 미국은 기준금리를 인하할 것이다.

정부와 기업은 기준금리가 인하되는 2024년 12월까지 소상공인과 중소기업을 적극 지원해야한다. 2024년 9월 정부가 소상공인에 대한 대출을 연장해 준 것은 아주 바람직하다.

한국 전체근로자의 88%가 중소기업과 소상공인이다. 소상공인들과 중소기업이 어려움을 극복하도록 적극 지원해야 한다.

셋째 정부의 경제정책은 시장경제 원칙이 가장 바람직하다.

정부는 DSR규제를 9월부터 적용하여 대출을 줄이겠다고 선언했다. 강제적인 정부

규제 확대는 부동산경기를 냉각시킨다.

국가 GDP가 성장함에 따라 자연스럽게 가계대출은 증가한다. 한국 가계대출은 부동산 담보대출이 대부분이며, 전체 집값의 40%로 낮다. 따라서 가계부채 총액은 증가했지만 은행 연체율은 0.4%로 매우 낮다.

정부가 금융기관 대출까지 강제로 개입하는 것은 바람직하지 않다. 한국에서 집을 가진 사람과 무주택자 비율이 각각 50% 정도다. 집 없는 서민은 대출을 통하여 자가를 마련해야 한다. 정부 경제정책은 규제확대보다 시장경제에 맡기는 것이 가장 좋다.

한국은행 외화자산 구성(2024)

상품	비중(%)
정부채	36.9
정부기관채	21.0
회사채	14.8
자산유동화채(MBS)	13.1
주식	7.7
예치금	3
계	100.0

넷째 2024년 8월 삼성전자 노조가 파업을 3일간 했다. 반도체 생산직 근로자 30%가 동참했다. 반도체는 한국 전체수출 20%를 차지하고 있다. 삼성전자는 적극적인 노사관리를 해야 한다.

오늘날 MZ 근로자들은 많은 급여보다 여가를 중시한다. 또한 성과급과 보상에 대하여 명확하고 분명한 것을 바란다.

삼성전자는 과거의 무노조 노동정책에서 변화하여 MZ 세대에 맞는 노사정책을 펼쳐야 한다. 근로자들도 더 많은 성과급을 바라는 것은 국민 정서에 맞지 않다. 삼성전자 근로자 평균 급여는 1억2천만 원 정도다.

대한민국 4인 가족 평균 소득이 5천만 원 정도를 감안하면 많은 급여를 받고 있다. 경제학에서는 효율임금이론이 있다. 많은 급여를 주는 대신에 많은 노력을 요구하는 것이다. 과거 포드가 효율임금이론을 첫 적용했다.

삼성전자도 일반 직장인 1.5배 급여를 준다. 삼성전자는 근로자와 혁신으로 성장했다. 삼성전자 노조는 파업보다, HBM반도체와 비메모리 반도체 등 더 많은 노력을 해야 한다.

정부와 기업은 미국 기준금리 인하, 무역 확대정책, 반도체시장 회복 등을 감안하여 하반기 경제정책을 펼쳐야 한다.

정부와 기업은 하반기 경제정책을 점검하고 기업하기 좋은 나라를 만들어야 한다.

대한민국이 선진국으로 가는 길은 기업인을 우대하는 것이다.

02 2025년 부동산 전망

🏠 서울 수도권 아파트 가격은 10년 상승한다.

서울 아파트 가격이 1년 이상 상승하고 있다. 집값과 함께 전세가격도 인상되자, 집 없는 서민들이 주택구입을 위해 대출이 증가하고 있다. 지난 6월 기준 아파트 거래량은 6,000건이 넘는다. 서울에서 아파트 거래가 가장 많을 때는 월 1만 건으로, 거래량이 회복되고 있다. 서울 부동산 가격은 최고점 대비 95%까지 상승했다.

강남 등에서는 신고가가 갱신되고 있다. 앞으로 아파트 가격은 10년 정도 상승할 것으로 보인다.

우리나라 전체 가구의 주거 형태는 아파트 66%, 주택과 빌라 25%다. 국민들은 아파트가 치안과 안전성, 환금성이 높아 선호한다. 서울 부동산 가격 상승 근거와 앞으로 전망은 다음과 같다.

서울시 주택매매 월별 추이 (1986~2024)
'『데이터허브』에서 KB부동산 통계, 89% 상승

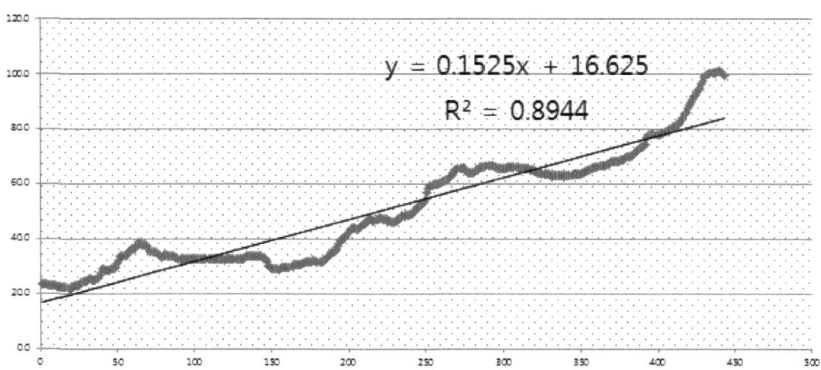

<1986년~2025년, <KB부동산 통계> 서울 주택매매 분석에서 2025년 기준으로 평균 매월 0.15% 올랐다. 서울 집값은 89% 확률로 상승했다. 전국 주택가격도 매월 0.13% 상승했으며, 91% 확률로 올랐다.>

첫째 기준금리 인하다. 2024년 9월부터 미국은 기준금리 0.25%를 금년에 1~2번 정도 내릴 예정이다. 9월 기준금리 인하는 70% 확률로 높다. 2024년 8월 5.5%기준금리 인하는 미국 물가가 안정됐기 때문이다. 미국은 코로나 시기, 전 세계에 6조 달러가 넘는 돈을 공급했다. 인플레이션은 지속적인 물가상승을 말한다.

주가 주요변수 상관관계 분석

	전국집값	종합주가	cd금리	서울집값	외환보유액	경기동행	대출총액	물가지수	평균환율	경상수지
전국집값	1									
종합주가지수	0.9280711	1								
cd금리	-0.8242313	-0.7762525	1							
서울집값	0.97955623	0.90597575	-0.773966	1						
외환보유액	0.9628501	0.95528262	-0.8618177	0.92352384	1					
경기동행지수	0.97417035	0.92697273	-0.8687678	0.93443925	0.98420481	1				
대출총액	0.982249073	0.91163933	-0.850487	0.95994236	0.9615612	0.98688233	1			
물가지수	0.96974961	0.92913134	-0.8633725	0.92785206	0.98406822	0.98743887	0.96700605	1		
평균환율	0.05085425	-0.1721922	-0.1164479	0.05449762	-0.1047102	0.03451835	0.1068888	0.02990595	1	
경상수지	0.57818089	0.58940438	-0.7211307	0.4822515	0.659504	0.64805224	0.61122388	0.64744803	0.02468483	1

<부동산은 은행 기준금리와 -0.8로 역 상관관계가 있다. 기준금리가 인하되면 부동산은 다시 상승한다. 미국 연방준비은행 기준금리 목표는 2024년 4.6%, 2025년 3.6%, 2026년 2.6%로매년 1%정도 내릴 예정이다>

미국 물가는 2023년 9%까지 올랐지만 2024년 8월 3.3%로 안정됐다. 연방준비은행은 물가를 2%로 낮추기 위하여 기준금리를 0%에서 5.5%까지 올렸다. 미 연준의 5.5% 고금리 유지로 소비자 물가는 목표치 2%에 근접하도록 낮아졌다. 물가가 안정됐기에 9월 기준금리를 인하한다. 기준금리가 인하되면 부동산은 다시 상승한다.

집값과 이자율 상관관계는 -0.8로 반대로 움직인다. 지난 50년 동안 한국 부동산가격에 가장 큰 영향을 준 것은 이자율이다. 집 담보 대출금리가 7~8%를 넘어서면 집값이 내리지만, 7%이하가 되면 부동산은 상승한다. 기준금리가 인하되면 대출 이자도 내리면서 부동산이 오른다. 2024년 9월 1년 째 아파트가격이 오르는 이유는 금리인하와 수요증가다.

둘째 아파트 수요가 계속 증가하고 있다.

한국에서 주택소유자와 무주택자 비율은 각각 50%다. 우리나라 전체 국민 5,200만 명 중 2,500만 명이 수도권에 모여 있다. 특히 서울에는 주요대학 40개가 있다. 1인 단독세대주가 2024년 9월 40%에서 향후 60%까지 증가 될 것이다. 국민 평균 수명도 의학발달로 90세까지 증가한다. 이처럼 단독세대주 증가, 수도권 인구 유입 등으로 인하여 서울과 수도권 부동산 상승확률은 98%정도다.

셋째 아파트는 공급탄력성이 매우 낮다.

공급탄력성이 낮다는 것은 공급하는데 시간이 많이 걸린다는 의미다. 공산품은 1일이면 제조할 수 있다. 그러나 아파트는 5년에서 10년 정도 걸린다. 서울 은마아파트가 재건축이 허용됐지만 입주까지는 10년 이상 걸린다. 아파트 공급에 시간이 많이 소요되기에 부동산은 장기적 관점에서 정책을 펼쳐야 한다. 빌라는 6개월이면 짓지만, 국민들이 선호하는 아파트는 긴 시간이 필요하다. 공급탄력성이 낮은 아파트 특성을 감안해, 정부와 기업은 장기적 주택공급 계획을 수립해야 한다.

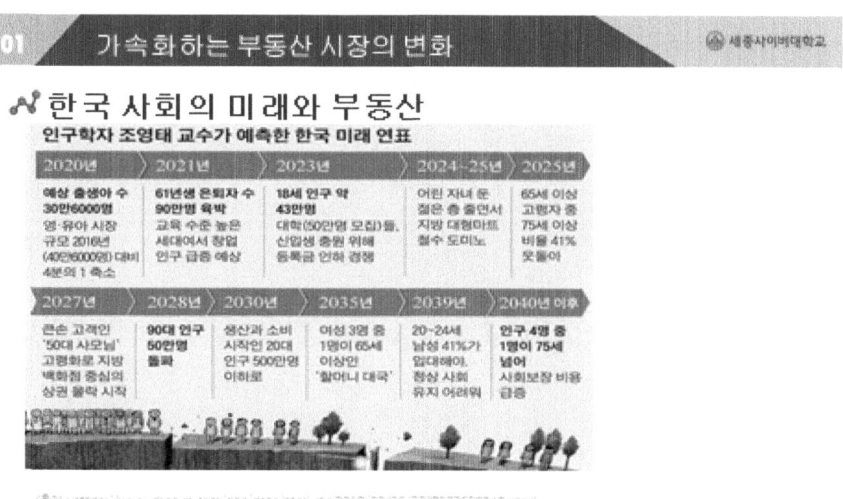

앞으로 서울과 수도권은 아파트 선호 현상, 금리인하 등으로 10년 정도 부동산 가격이 오를 것이다. 필자는 한강이남 아파트 분양, 지하철과 버스 종점 지역에 투자하라고 권한다.

강북보다는 강남이 발전 가능성이 높다. 건설업은 10억 원 매출이 일어나면 13명 정도 일자리를 만든다. 경기부양에 가장 좋은 것이 건설업이다.

아파트 값 상승의 가장 큰 복병은 대출규제다. 정부와 기업은 올 초 신생아 특례보금자리론 등으로 대출을 허용했다. 그러나 정부는 2024년 9월부터 DSR규제를 실시하겠다고 밝혔다. 스트레스 DSR 규제는 대출액을 1억 원 이상 크게 줄인다.

국민은 집 값 50% 정도를 대출 받아 집을 산다. 정부의 대출 규제는 부동산 경기를 위축시킨다. 정부는 강제적인 대출규제보다는 시장경제에 맡기는 것이 좋다. 시중은행 연체율은 0.4%로 낮다. 한국은 집 담보대출이 많기에 가계대출 부실화율이 낮다. 무주택자 내 집 마련을 도와야한다.

정부와 기업은 국민이 자가 소유로 행복한 삶을 이어 갈 수 있도록 지원해야 한다.

2025년 부동산 위기는 오히려 기회다

가점항목	가점상한	가점구분	점수	가점구분	점수
① 무주택 기간	32점	1년 미만	2	8년 이상~9년 미만	18
		1년 이상~2년 미만	4	9년 이상~10년 미만	20
		2년 이상~3년 미만	6	10년 이상~11년 미만	22
		3년 이상~4년 미만	8	11년 이상~12년 미만	24
		4년 이상~5년 미만	10	12년 이상~13년 미만	26
		5년 이상~6년 미만	12	13년 이상~14년 미만	28
		6년 이상~7년 미만	14	14년 이상~15년 미만	30
		7년 이상~8년 미만	16	15년 이상	32
② 부양 가족 수	35점	0명	5	4명	25
		1명	10	5명	30
		2명	15	6명이상	35
		3명	20		
③ 청약 통장 가입 기간	17점	6월 미만	1	8년 이상~9년 미만	10
		6월 이상~1년 미만	2	9년 이상~10년 미만	11
		1년 이상~2년 미만	3	10년 이상~11년 미만	12
		2년 이상~3년 미만	4	11년 이상~12년 미만	13
		3년 이상~4년 미만	5	12년 이상~13년 미만	14
		4년 이상~5년 미만	6	13년 이상~14년 미만	15
		5년 이상~6년 미만	7	14년 이상~15년 미만	16
		6년 이상~7년 미만	8	15년 이상	17
		7년 이상~8년 미만	9		
		84점			

아파트 청약가점 배점표 / 국토교통부

부동산 위기를 잘 대처하면 기회가 된다. 태영건설이 워커아웃을 신청하여 수용됐다. 2002년부터 2024년 9월까지 워크아웃을 신청한 기업 가운데 46%가 성공했다.

2025년 국내 2위 기업 하이닉스는 2002년 하이닉스반도체가 워크아웃을 신청했다. 하이닉스반도체는 비메모리 반도체를 매각하면서 성장의 발판을 마련했다. 2011년 SK에 인수 된 후 대한민국을 대표하는 반도체기업으로 성장했다. 현대건설, 금호건설 등이 워크아웃을 통하여 건실한 기업으로 전환됐다.

정부와 기업은 기업구조가 튼튼하고 미래 발전가능성이 있는 기업에 대해서는 적극적으로 지원해야 한다. 정부 정책자금과 산업은행을 통하여 일시적 유동성 부족기업을 도와야 한다.

2024년 9월부터 미국이 기준금리 인하 예정이다. 미국은 0.25%씩 기준금리를 세 번 내리겠다고 발표했다. 따라서 한국 기준금리도 미국과 함께 내릴 가능성이 높다. 기준금리가 인하되면 경기가 부양되며, 부동산을 포함한 IT기업 등 전체적으로 투자가 증가한다.

건설업은 지난 50년간 우상향하면서 성장했다. 대한민국은 5,200만 명이 모여 살고, 국토가 좁기 때문이다. 1997년과 2009년 등 위기 때 부동산은 일시적으로 하락은 했지만 장기적으로 우상향이다.

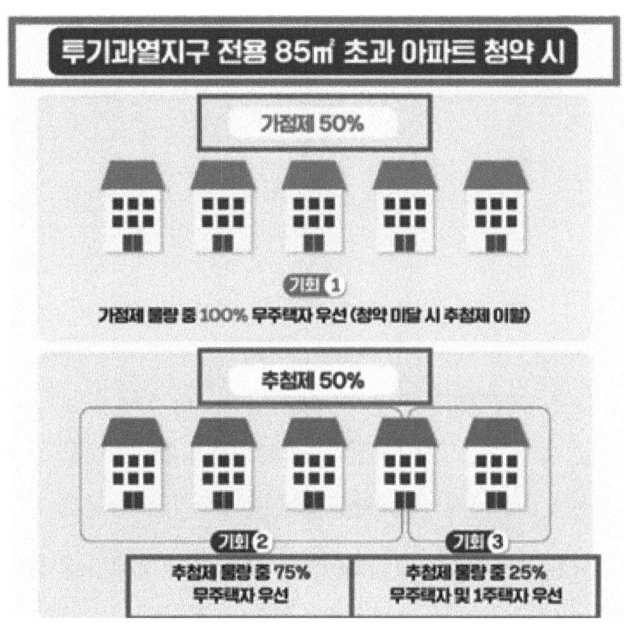

태영건설 워크아웃은 여러 가지가 이유가 있다. 태영건설은 시행과 시공을 함께 했다. 시행과 시공을 모두하면 경기활황 때는 큰 이익을 남길 수 있다. 그러나 고금리, 고환율, 고물가 시대인 2024년 위기가 왔다. 태영을 포함한 우량한 건설기업도 자금이 경색되고 경기악화 때는 위험하다.

그러나 2025년 미국 기준금리가 인하되면, 장기적으로 한국 건설업은 다시 성장할 것이다. 다음과 같이 정부와 기업에 제언한다.

첫째 일시적 유동성을 겪는 기업에게는 정부가 적극적으로 지원해야 한다. 기업이 생존해야 근로자 일자리가 있다. 경제가 정상화됐을 때 함께 성장해야 한다. 한국에서 워크아웃을 통해서 46%가 성공적으로 워크아웃을 졸업했다.

둘째 건설업은 가장 많은 일자리를 만들어낸다. 10억 원 매출이 발생하면 건설업은 12명 정도 고용을 창출한다. 서민 경제와 가장 직결되는 것이 바로 건설과 부동산이다. 경기에 가장 민감한 업종이며 서민일자리를 많이 만든다. 정부와 기업은 서민 경제 활성화를 위해서는 건설업을 살려야 한다.

셋째 대규모 간척사업으로 부동산 경기를 살려야 한다. 필자 소속 대학에서 2024년 8월 가덕도 신공항 수정안을 제안했다. 가덕도를 중심으로 대규모 간척 사업을 한다면 203조원 이익이 발생한다.

가덕도와 다대포 사이를 간척 하는 것이다. 새만금은 우리나라 대규모 간척사업으로 국토 면적을 넓혔다. 싱가포르 창이공항은 100% 간척을 한 것이며, 싱가포르 전체

면적 30%간척을 했다. 네덜란드는 국토 25%를 간척했다. 가덕도 간척을 통하여 부산 면적을 넓히면 약 100만 명 정도 인구를 유입할 수 있다.

또한 가덕도 간척을 위하여 낙동강 하구에서 문경까지 준설을 한다면 27억 톤 정도 물그릇을 키우게 된다. 소양강 댐이 29억 톤이므로 낙동강 준설은 가뭄과 홍수를 예방할 수 있다. 2024년 국가부채가 1,134조원 정도다.

낙동강 준설을 통하여 골재를 매각하면, 가덕도 신공항 건설비 14조원에도 큰 보탬이 된다. 가덕도 간척시 평지면적은 여의도 28배로 늘어난다. 토지를 매각하면 총 203조원 이익이 발생하여 국가부채에도 큰 기여를 한다.

낙동강 준설은 대구 경북이 내륙항이 된다. 대구까지 10만톤 배가 입항을 하게 되면 획기적으로 발전한다. 함부르크, 앤트호프 등은 모두 내륙항이다.

부산에서 대구까지는 100KM정도다. 함부르크는 150KM정도로 대구보다 더 내륙 지역에 있다.

2025년 가뭄과 홍수를 예방하기 위해서는 국내 물그릇을 키워야 한다. 2025년 평균 3M내외의 강을 10M까지 준설하면 모든 자연재해를 예방할수 있다.

미국 라스베가스는 사막에 세계 최고의 신도시를 건설했다. 2024년 CES가 라스베가스에서 매년 개최된다. 가덕도 신공항 수정안으로 부산을 아시아 최고의 물류항구로 만들어야 한다.

넷째 우크라이나 전쟁이 종식되면 건설업이 가장 크게 성장한다. 2024년 두 개의 전쟁이 벌어지고 있다. 이스라엘과 우크라이나 전쟁이다. 8월에는 예멘 후티반군과 이란까지 중동전쟁이 확전양상이다.

위기는 기회다. 전쟁이 종식 된다면 한국 건설업은 해외 진출이 더욱 원활하게 된다. 기업들은 스스로 리스크를 관리하면서 위기에 대비해야 한다.

정부와 기업은 현명한 판단으로 위기를 기회로 전환해야 한다.

2025 부동산시장 大전망

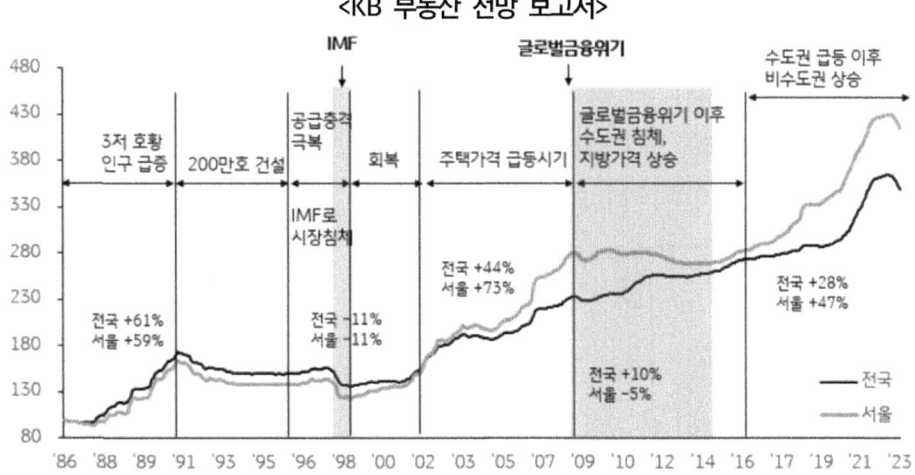

<KB 부동산 전망 보고서>

　국민 자산의 80%는 부동산이다. 정부와 기업은 주택가격 급락을 막고, 연착륙을 유도해야 한다. 부동산가격 상승도 안되지만, 하락은 금융기관 부실로 이어지기에 현상유지가 좋다.

　정부는 분양가 12억 이상 대출금지, 투기지역 해제, 종부세 폐지, 세대원 아파트 청약 등 규제를 완화했다. 과거에도 신규 분양주택에 대해 5년간 양도세 면제 등 다양한 부양정책이 있었다.

　미국의 기준금리 인상은 2026년까지 계속된다. 미국은 9% 물가 수준을 2%로 낮추기 위하여, 2024년 기준금리를 5.5%까지 인상했다. 그러나 2024년 9월 기준금리 인하가 시작됐다.

　한국은 2025년 부동산 가격이 상승할 것이다. 대출금리가 7~8% 이하로 내려오면 집값 상승이 이자보다 많아지면서 부동산 가격이 오른다.

　2024년 세계적인 경기불황으로 한국 담보 대출금리가 8%까지 올랐다.

　2008년 금융위기 때는 2012년까지 5년간 부동산 가격이 하락했다. 정부는 부동산

가격하락 방지를 위하여 부양책을 실시했다.

다행히 미국 기준금리는 2024년 9월부터 하락한다. 장기적으로 금리는 우하향이다. 금리 하락 변곡점이 좋은 부동산 매수 신호다.

1986년~2024년, <KB부동산 통계> 서울 주택매매 분석에서 2024년 기준으로 평균 매월 0.15% 올랐다. 서울 집값은 89% 확률로 상승했다. 전국 주택가격도 매월 0.13% 상승했으며, 91% 확률로 올랐다.

무주택자는 대출금리가 다시 7%로 낮아지는 시점이 내 집 마련 시기다. 장기적으로 아파트가 가장 좋은 재테크 수단이다.

2024년 8월 아파트 가격이 급락 후 16개월째 상승하고 있다.

위 그래프에서 보듯이 한국은 40년 90% 확률로 상승했다. 한국은 주택 소유자와 무주택 비율은 5대5이다.

상위1% 부자는 순자산 기준 30억 원이며, 평균 55억 원이다. 2025년 단독세대주는 40%이며, 2040년 60%까지 증가할 것이다. 서울과 수도권에서는 세대주 증가가 예상되기에 아파트 투자는 좋다.

국민 66%는 아파트에 거주한다. 아파트가 가장 좋은 부동산 투자 대상이다. 재건축 아파트는 공급하는데 10년 걸린다. 무주택자는 한강이남 아파트 청약이 좋다. 정부는 정교한 금융정책과 규제완화로 부동산 시장을 안정시켜야 한다.

우리나라 가계부채는 2025년 2000조원이 넘는다.

2025년 서울 평균 아파트 가격이 13억 원이다. 건설사와 금융기관이 자율적으로 잘 관리한다. 중도금 대출규제도 풀렸다.

모든 정부는 부동산 가격이 상승하는 것을 원하지 않는다. 그러나 집값 하락은 더 위험한 상황이다. 왜냐하면 집값 하락은 은행 부실화로 이어지기 때문이다.

2025년은 부동산이 다시 크게 상승한다. 내 집 마련을 해야 한다.

2025년 상가부동산 연착륙 시켜라

IMF '연착륙 기대에도 美상업용 부동산 위험 지속'

정선영 기자　입력 2024.01.24 07:34　수정 2024.01.24 07:35

(뉴욕=연합인포맥스) 정선영 특파원 = 미국 경제 연착륙 기대가 일고 있지만 상업용 부동산의 위험은 여전히 지속되고 있다고 국제통화기금(IMF)이 분석했다.

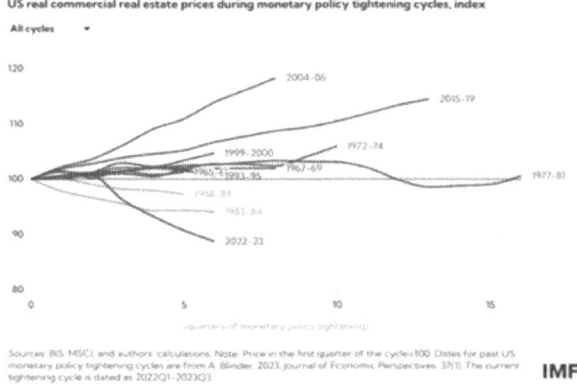

미국 긴축 사이클과 상업용 부동산 가격 흐름
출처: IMF 블로그 'US Commercial Real Estate Remains a Risk Despite Investor Hopes for Soft Landing' 보고서

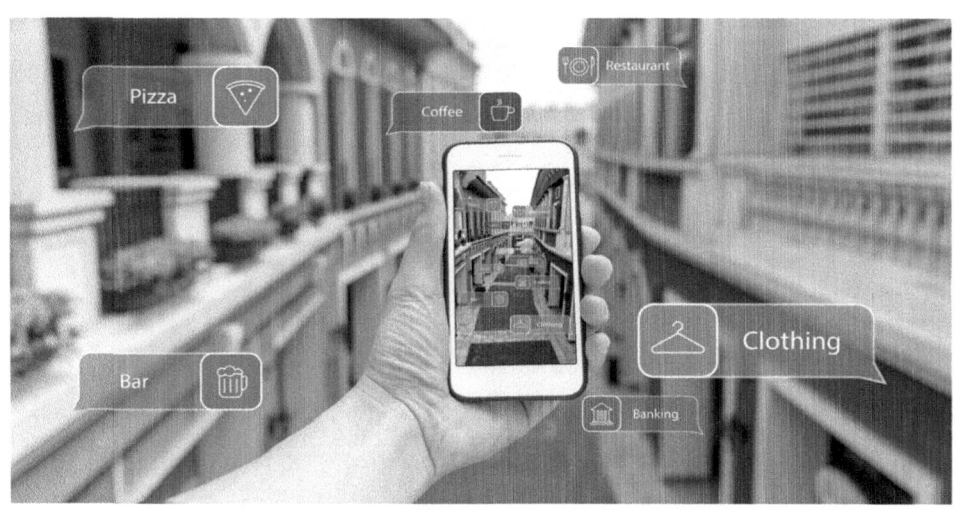

PART 2. 2025년 한국경제 핵심 이슈 10개

2025년 상가부동산을 정부와 기업은 연착륙시켜야 한다. 온라인쇼핑이 전체 소매액의 41%다. 앞으로 65%까지 증가한다.

이런 이유로 상가부동산이 어렵다.

지방 백화점, 대형마트 등은 지속적으로 문을 닫고 있다. 국내 대형 유통기업은 사람을 모으는 장소가 돼야 한다.

윤석열 정부가 과거 정부 부동산 규제를 대부분 없앴다. 부동산시장 연착륙을 위하여 바람직한 방향이다.

분양가 12억 이상 대출허용, 투기지역 해제, 종부세와 취득세 개정 등 많은 규제완화로 부동산시장은 일부 안정됐다.

그러나 8%까지 오른 대출금리 상승으로 부동산 하락은 막을 수 없다. 정부와 기업은 부동산 가격이 서서히 하락하면서 부드럽게 안정되는 연착륙을 유도해야 한다.

정부와 기업은 인천, 수도권, 지방 50% 하락 등 부동산발 금융위기를 막기 위해 다음과 같은 연착륙 정책이 필요하다.

첫째 미국 기준금리는 2024년 8월까지 5.5%다.

미국은 9% 물가를 2%로 낮추기 위하여 금리를 계속 인상했다. 2021년 코로나 위기를 극복하기 위해 미국은 6조 달러를 공급했다. 달러 공급으로 인한 인플레이션을 잡기 위하여 미국은 긴축정책을 유지했다. 2025년 미국은 기준금리를 계속 인하한다.

둘째 우리나라 국민 자산 80%는 부동산이다.

주택가격 급락은 한국 중산층의 붕괴를 의미한다. 서울아파트는 2024년 1월부터 상승했다.

정부와 기업은 부동산 가격이 상승하고 연착륙을 유도해야만 중산층이 생존할 수 있다. 경제가 어려울 때 기업과 국민이 함께 위기를 극복해야 한다. 경제가 정상화될 때 중소기업과 중산층이 있어야만 경제성장에 기여를 하기 때문이다.

셋째 부동산 하락은 금융기관 부실로 이어진다.

우리나라는 집값의 50%를 대출했다. 정부는 생애최초 구입자에게 90%까지 대출을 했다. 집값이 10%이상 하락한다면 은행 부실로 이어진다.

2024년 지방 미분양주택은 6만 채에 가깝다. 2008년 금융위기 당시에는 10만 채에 육박하면서 부동산 하락이 수년간 지속됐다.

2024년 대출금리가 7%를 넘어서면 집값 상승보다 이자가 더 많아지면서 부동산 가격이 내렸다.

2025년 집 담보 대출금리가 내린다. 2008년 금융위기 때는 L자형으로 2012년까지 5년간 부동산 가격이 하락했다. 금융기관은 대출을 잘 관리하기에 자율에 맡겨야 한다.

넷째 건설경기가 일자리를 만든다.

건설경기 악화로 서민들이 실직을 하면서 가장 큰 타격을 입는다. 건설업은 일자리 창출효과가 가장 높은 업종이다. 10억 원 매출이 발생하면 건설업은 평균 12명 고용한다. 일반 제조업이 취업유발 효과가 8명에 비해, 건설업이 압도적으로 높다.

은행 대출금리 상승으로 상장기업 30%가 이자를 못 낸다. 중소기업 50%이상이 생존위기에 놓여있다. 9988 용어가 있다. 기업수 99% 중소기업, 근로자 88%가 중소기업 근로자. 건설 경기악화는 서민들과 중소기업 근로자에게 가장 큰 악영향을 주기에 건설업을 살려야 한다.

우리나라 주택소유자와 무주택 비율은 5대5이다. 2025년 단독세대주는 35%이며, 2040년 50%까지 증가할 것이다.

서울과 수도권에서 세대주 증가가 예상되기에 꾸준한 임대아파트와 공공아파트가 필요하다. 무주택자는 대출금리가 다시 7%로 낮아지는 시점이 내 집 마련 시기다.

2024~2025년 주택가격이 급등하고 있다.

1986년부터 2024년까지 지난 40년간 부동산가격 추이를 분석했더니 서울 아파트는

90% 확률로 상승했다. 국민 자산 80%가 부동산이다. 장기적으로 부동산은 상승한다.

주거형태에서 66% 아파트, 빌라와 주택 26%, 오피스텔과 상가주택 10% 등이다. 안전과 편리성 등으로 한국인이 가장 선호하는 것은 아파트다.

무주택 개인은 2025년 내 집을 마련해야 한다. 한강이남 아파트 분양, 지하철과 버스 종점 투자가 좋다.

부동산 정책은 시장경제에 맡겨야 한다

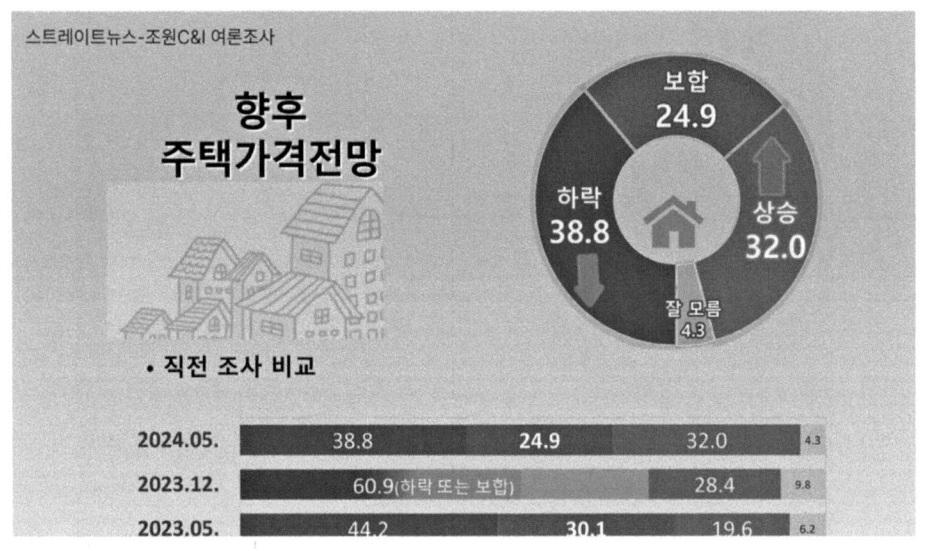

<출처 스트레이트 뉴스 >

부동산 정책은 시장경제에 맡겨야 한다. 정부가 DSR규제를 2024년 9월부터 시작하기로 했다. 3단계 시행은 2025년 하반기로 연기됐다.

부동산 정책은 일관성과 예측가능성이 중요하다. 정부가 대출 규제를 확대하기보다는 수요와 공급에 의해 대부시장이 형성되도록 해야 한다.

2025년 우리나라 가계 부채 역시 정부규제 보다는 시장경제에 맡기는 것이 좋다.

한국 부동산대출은 집값의 40%로 낮은 편이다.

과거 일본은 집값의 120%까지 대출했다. 일본은 향후 오를 것까지 포함해서 대출해줬지만, 한국은 대출비율이 낮아서 안정돼 있다.

은행대출 연체율은 0.4%로 낮다 국민들의 가계대출은 대부분 부동산 담보대출로 부실비율이 낮다. 정부가 DSR규제 확대는 부동산 경기를 위축시킨다.

한국에서 집이 있는 사람과 없는 사람 비중은 각각 50%다. 집 없는 서민들은 주택 가격 50% 정도를 대출 받는다. 대출규제 확대는 집 없는 서민의 내 집 마련 꿈을 잃게 만든다.

따라서 대출시장을 시장경제 원칙에 맡겨서 은행과 국민들이 자기 소득 범위 안에서 대출받고 상환하게 하는 것이 좋다.

2024년 미국 부동산 가격이 올랐을 때, 미국 연방정부는 시장경제 맡기고 부동산 시장에 개입하지 않겠다고 선언했다. 이와 같이 정부 정책은 일관성과 예측가능성을 가지고 시장경제에 맡기는 것이 가장 바람직하다.

한국정부는 2024년 연초 생애최초 주택구입자와 전세자금대출 등에서 대출을 확대했다. 그러나 가계부채 증가를 이유로 정부는 2024년 9월부터 DSR 규제를 확대하겠다는 것이다.

보금자리주택 구입자와 전세입자에게는 대출을 완화하고, 일반 주택 담보대출에만 규제를 확대 하는 것은 모순이다. 대출시장과 부동산시장 등 모든 경제정책은 시장경제에 맡기는 것이 좋다.

부동산과 건설시장은 한국경제에서 가장 많은 일자리를 만든다. 건설업은 10억 원 매출이 일어나면 13명 정도 고용을 창출한다. 경기부양에 가장 좋은 정책이다. 따라서 한국의 부동산 시장이 침체되면서 많은 서민들이 어려움을 겪게 된다.

1929년 미국 대공황이 왔을 때 SOC와 대규모 건설프로젝트로 경기를 부양시켰다.

미국은 2024년 9월부터 기준금리를 0.25%인하한다.

부동산은 은행 기준금리와 -0.8로 역 상관관계가 있다. 기준금리가 인하되면 부동산은 다시 상승한다. 미국 연방준비은행 기준금리 목표는 2024년 4.6%, 2025년 3.6%, 2026년 2.6%로매년 1%정도 내릴 예정이다.

지난 50년 동안 미국 기준금리는 계속 우하향 했다. 일시적인 금리상승은 있었지만, 장기적으로 미국 기준금리는 내린다. 한국 부동산가격은 지난 50년간 88% 확률로 상승했다. 따라서 집 없는 서민들도 적절한 대출을 통해 자가를 마련하는 것이 필요하다.

한국은행은 미국 기준금리 이후 하반기에 기준금리를 내릴 것이다. 정부는 부동산 시장 규제 확대보다는 시장경제에 맡기는 것이 가장 바람직하다.

2025년 부동산 PF 연착륙이 필요하다

정부와 기업은 부동산 프로젝트파이낸싱(PF)을 철저히 관리하여 연착륙시켜야 한다. 프로젝트파이낸싱은 한국 경제의 복병이 될 수 있다. 정부와 금융기관이 PF연착륙을 위한 회의를 개최했다. 이 회의에서 한국경제의 뇌관을 극복하고 전체 건설업의 발전을 위하여 혜안을 찾아야 한다.

2025년 전체 프로젝트파이낸싱 대출액은 230조원 정도다. 프로젝트 파이낸싱이 확대되면서 전체 연체율은 2.3% 정도다. 증권사 연체율은 특히 높아서 13%, 저축은행 7%, 상호금융은 3%정도다. 정부와 기업은 전체 프로젝트파이낸싱을 철저하게 심의하여 옥석가리기를 해야 한다. 건전한 구조조정을 통하여 한국경제의 뇌관을 없애야 한다.

프로젝트파이낸싱는 10%내외 작은 돈으로 대출을 통하여 큰 이익을 남기는 것이다. 프로젝트파이낸싱은 긍정과 부정이라는 양면성을 가지고 있다. 정부와 금융기관은 전체 프로젝트파이낸싱을 점검하고 옥석가리기를 통하여 올바른 방향으로 구조조정을 해야 한다.

경제학의 목적은 공정성과 효율성이다. 공정하고 투명하게 지원해야 한다. 예산이 한정되어 있으므로 효율적으로 지원해야 한다. 부실을 방치하면 PF연체율과 부실율이 올라간다.

부동산은 한국경제에 큰 기여를 하고 있다. 일반 제조업이 10억 원 매출시 5명 정도를 고용한다. 그러나 건설업은 10억 원 매출시 13명 정도 일자리를 만들어 내면서, 서민경제에 큰 역할을 한다.

이런 이유로 부동산은 항상 경기를 활성화시키고, 일자리를 만들어 낼 때 사용됐다. 미국은 기준금리를 9월부터 0.25% 인하 할 예정이다.

미국의 2024년 목표 기준금리는 4.6%, 2025년 3.6%, 2026년 2.6%다. 이와 같이 미국은 향후 3년 정도 매년 기준금리를 1% 인하하면서 경제를 활성화 할 예정이다.

한국은행은 2024년 12월 기준금리를 0.25%인하하여 미국과 함께 기준금리를 인하할 예정이다. 기준금리 인하는 은행대출 금리인하로 이어져 부동산 경기에 긍정적인 영향을 준다.

대한민국 국민은 전체 자산 70%가 부동산이다. 따라서 부동산 경기가 하락하게 되면 국민 자산이 하락하게 되고, 우리 경제가 악화된다. 우리나라 국민 전체 세대 중 40%가 단독세대주다. 향후 10년 단독세대주는 계속 증가하면서 서울 주택은 부족하다.

지난 50년 기준으로 서울부동산은 90% 확률로 상승했다. 왜냐하면 단독세대주 증가와 평균 연령이 90세로 증가하기 때문이다.

정부와 기업은 부동산 프로젝트파이낸싱 연착륙을 위하여 최선을 다해야 한다. 부동산 경기를 위축시키는 것은 국내 일자리와 한국경제에 바람직하지 않다. 서민들에게 가장 많은 일자리를 공급하고 경기를 활성화시키는 것이 건설업이다. 한국경제 지속적인 발전을 위하여 금융기관과 정부가 혜안을 찾아야 한다.

아파트 공급탄력성이 낮다. 2025년 아파트 오른다.

서울 마포구에 있는 한 아파트 전경. 사진=한경DB

정부와 기업은 아파트를 지속적으로 공급하고 시장경제에 맡겨야 한다. 경제학의 목적은 공정성과 효율성이다. 정부정책은 일관성과 예측가능성이 있어야 한다.

서울 은마아파트가 재건축이 허락됐지만 실제로 아파트 입주까지는 15년 이상 걸린다. 재건축은 이사와 철거 과정이 있다. 지하주차장부터 한층 올릴 때마다 시멘트가 굳는 '양생과정'이 필수다.

2024년 8월 정부와 기업은 1년째 오르는 서울 아파트 급등 응급조치로 "김포신도시 신설과 오피스텔 1가구 1주택을 면제 정책"을 발표했다.

미국 연방정부는 주거용 부동산 가격이 급등하자, 시장경제에 맡기겠다고 선언했다. 미국처럼 한국도 부동산 정책을 시장경제에 맡기는 것이 가장 좋다.

아파트는 일반 공산품과 다르게 공급하는데 시간에 많이 걸린다. 자동차, 스마트폰 등은 밤새워 만들 수 있다.

그러나 국민이 가장 선호하는 아파트는 대지에 건축하는데도 5년 이상 걸린다. 경제학에서는 이것을 "공급탄력성이 낮다"고 말한다. 아무리 빨리 공급하고 싶어도 많은 시간이 걸리는 특수한 재화다.

공산품은 '공급탄력성'이 높다. 즉 공급하기가 쉽다는 의미. 수요증가로 가격이 급등하면 24시간 공장을 가동하면 된다. 과거 국토부 장관이 "아파트가 빵이라면 밤새워 굽겠다"고 국회에서 답변하며 공급 어려움을 토로했다.

국민 주거형태를 보면 아파트 66%, 빌라와 주택 25%, 기타 10%다. 정부의 부동산 정책은 규제를 줄이고, 수요와 공급에 맡겨야 한다. 아파트는 꾸준한 공급이 이뤄져야만 가격이 안정된다.

2024년 7월 29일 동탄 무순위 청약에는 1백만 명 이상이 몰렸다. 30일 서초구 아파트 청약에는 500대 1에 육박하는 1순위 청약자가 몰렸다.

아파트 한 채 시세차액이 25억 원이 넘는다. 강남아파트에 당첨되면 평생 벌 돈이 생긴다. 정부가 시장경제 맡기지 않고 가격규제를 하기에 일어나는 기현상이다.

시장경제란 가격이 오르면 공급업자들이 생산을 늘려 가격을 안정화 시킨다. 반대로 가격이 하락하면 생산을 줄여 가격이 안정된다. 주택은 '3대 필수품 衣食住' 중 하나다. 다음과 같이 정부에 제언한다.

첫째 아파트 공급을 꾸준히 해야 한다. 한국 단독세대주는 계속 증가하여 40% 정도다. 우리나라 단독세대주 비율은 앞으로 60%에 육박할 것이다.

외국인 유입 인구가 매년 30만 명 정도며, 2024년 9월 2백만 명이 넘는다. 한국 전체 인구는 5200만 명에 육박한다. 출산율이 0.6명으로 급락했지만 외국인 유입, 단독세대주 증가, 90세까지 늘어난 평균연령을 고려하면 주택이 부족하다.

둘째 부동산 정책은 시장경제에 맡기자. 정부는 DSR규제를 계속 추진하고 있다. 우리나라 무주택 세대주가 전체 세대주의 절반이다. 국민들이 집을 살 때는 집값의

40%를 대출 받아서 산다. 국민들의 평생 꿈은 내 집 마련이다.

정부가 강제적으로 대출규제를 확대하면 내 집 마련 꿈은 요원하다. 우리나라 은행연체율은 0.5%로 매우 낮다. 개인 은행 대출은 대부분 집 담보대출이므로 부실비율이 미미하다. 우리나라에서 기업을 상대로 한 장기신용은행 등은 부실로 청산됐지만, 개인을 상대로 한 소매금융은 살아남았다.

셋째 정부정책은 예측가능성이 있어야 한다. 국민들은 안전하고 깨끗한 아파트를 선호한다. 문재인 정부 때는 재건축 불허와 공급감소로 집값이 100% 올랐다. 집권여당인 보수정권에서는 시장경제 원리에 맡겨 꾸준한 주택공급이 이뤄져야 한다. 재건축을 허락하면 일시적으로 집값은 오르지만, 꾸준한 아파트공급으로 가격은 안정된다.

2024년 미국 상업용 부동산은 최고 70%까지 하락했다. 미국 온라인쇼핑 확대와 재택근무 등이 원인이다. 한국도 온라인쇼핑이 2024년 전체 소매액 650조원의 41%이며, 앞으로 65%까지 증가한다.

정부와 기업은 부동산 규제를 줄이고, 아파트 공급은 수요와 공급에 의해 결정되는 시장경제 원리에 맡겨야 한다.

건축비 상승과 인허가 감소 등으로 내년 아파트공급이 급감한다. 정부의 부동산 정책은 일관성이 있어야 국민들이 대비 할 수 있다. 정부의 부동산 정책 개편이 국민 모두에게 도움이 되길 바란다.

2025년 공시가격 현실화 폐지 바람직하다

2025년 부동산 조세 등은 과거 정부보다 낮게 유지한다. 종부세를 포함한 세금인하 정책은 바람직하다.

경제학의 목적은 공정성과 효율성이다.

급급한 보유세 인상은 부동산 시장의 공급을 위축시키고 국민에게 큰 부담을 줬다.

집값을 잡는다고 공시가격을 급격하게 올린 것은 과거 정부 때 일이다. 보유세 등 각종 세금 부과의 기준이 되는 공시가격을 최고 집값의 90%까지 올리는 정책이었다.

정부는 "공시가격 현실화 하겠다"는 앞 정부의 계획을 폐지한 것이다. 공시가격은 건강보험, 종합부동산세, 보유세 등 67가지 각종 부과금 기준이다.

정부는 2024년 공시가격을 1.5%정도 인상하여 국민부담을 낮췄다. 앞 정부 때 "공시가격을 집 값 90%까지 올리겠다"면서 급격하게 인상하여 국민들의 조세 부담율이 크게 올랐다.

집값보다 공시가격이 더 높아지는 역전현상이 일어나기도 했다. 공시가격은 원래 집 값 70% 정도를 반영하겠다는 것이 당초 계획이었다.

그러나 집값보다 공시가격이 더 급등하게 되면서 역전현상까지 벌어진 것이다. 국민 조세저항이 커지면서 부동산 정책이 문재인 정부 큰 실책이 됐다.

한국인 자산 70%는 부동산이다. 문재인 정부가 서민들을 돕겠다는 정책으로 부동산 재건축을 허락하지 않으면서 오히려 집값은 100% 급등했다. 집 없는 서민들을 돕겠다고 수요억제와 공급축소, 재건축 불허 등으로 전세가격도 90% 급등했다. 부동산과 조세정책은 일관성과 예측가능성을 가져야 한다.

서울과 수도권 단독세대주 비율은 40%다. 앞으로 10년 정도 단독세대주가 최고 50%까지 증가 할 것이다. 서울과 수도권에서 꾸준한 부동산 공급이 이루어져야 한다.

과거 정부는 재건축 불허로 집값을 잡고자 했지만, 오히려 집값은 100% 급등했다. 공시가격도 문재인 정부 때 급격하게 인상됐다. 서민들은 보유세가 급등하고 종부세는 최고 수 억 원까지 올랐다. 국민들은 종부세를 내기 위하여 대출을 받기도 했다.

정부 정책은 공정성과 효율성을 가져야 한다. 공정하지 못하고 비효율적인 방법으로 조세만 급등시켰기 때문에 국민의 큰 원성을 샀다.

윤 정부에서 공시가격 현실화 정책을 폐지한 것은 아주 바람직하다. 조세의 전가를 막은 것이다. 집 주인에게 세금을 부담시키면 집주인들은, 세금을 전세나 월세입자에게

전가시킨다.

이것을 조세의 전가라고 한다. 적정한 세율과 물가 수준 정도로 보유세, 종부세 등 세금을 올려야 한다.

급격한 보유세 부담은 큰 부작용을 가져왔다. 윤 정부가 공시가격 현실화 정책을 폐지함으로써 국민들의 보유세 부담은 줄었다.

정부는 2% 내외의 물가수준 정도로 조세 정책을 유지한다. 정부와 기업은 국민 모두를 위한 정책을 만들어야 한다. 정부의 공식 가격 현실화 폐지는 매우 타당하다.

개인과 기업은 정부 대응에 맞춰 준비해야 한다. 2025년 아파트 가격은 오른다. 무주택자는 아파트를 분양받아라. 한강 이남이 좋다.

03 2025년 한국 금융시장 전망과 금리인하

한국 국제금융 경쟁력 향상하라

한국 경제 SWOT

강 점	기 회
세계 최고 교육, 우수한 인재, 대학진학80%	모바일(95%), 인터넷(제조업),구독경제
세계 최상 IT, 통신 인프라, 스마트폰 1위	반도체, SW인재 양성,
지정학적 위치(중국, 일본, 미국, 러시아)	시가총액: 미국60%,한국1.5%, 환율90%상승
제조업 세계5위, GDP 9위,	4차 산업혁명, IT 융합, 벤처 육성
신속한 의사결정, 정확성, 창의성	우수한 기술과 브랜드(한류)
약 점	위 험
고임금, 고물가, 고환율(24년 1380~1,400원)	미 기준 인하(24년 5.5%-→3.75%)
국제금융 35위권, 에너지 99%수입	미 연준 물가목표 9%→2%
4차산업(Positive허가)->네거티브(불법외 허용)	외환위기, 금융위기: 한미, 한일 통화스와프
규제: 법인세26%, 소득세(45%), 상속세(60%)	중국 위기, 북핵, 우크라, 중동 전쟁→ 방위산업
해외직접(FDI):유출 4배>유입, 청년취업율45%	미중 무역전쟁, 인구 71년 105만명-→25만명

한국 기준금리는 2025년에도 계속 내릴 것이다. 미국과 동조화되어 있다. 미국은 2025년 3.6%, 2026년 2.6%까지 기준금리를 내린다.

2025년 한국도 기준금리를 1% 정도 내린다. 은행, 증권사, 저축은행 등 금융기관은 금리인하에 대비하여 정책을 준비해야 한다.

2025년 정부가 해야 할 가장 중요한 업무는 환율안정과 한국 국제금융경쟁력을 올리는 것이다. 정부는 서둘러 한미와 한일통화스와프를 체결하여 위기에 대비해야 한다.

한국은 싱가포르 수준으로 국제금융시장을 육성해야 한다. 싱가포르는 법인세

17%, 양도세·배당세 등 금융시장에서 세금이 없다. 증권거래세는 우리보다 낮은 0.2%이다. 상장기업의 35%가 외국기업이다.

미국은 2025년 기준금리를 인하한다. 한국 정부는 우크라이나 전쟁으로 인한 유가폭등과 물가인상, 중국봉쇄, 미국의 달러 환수에 철저하게 대비해야 한다.

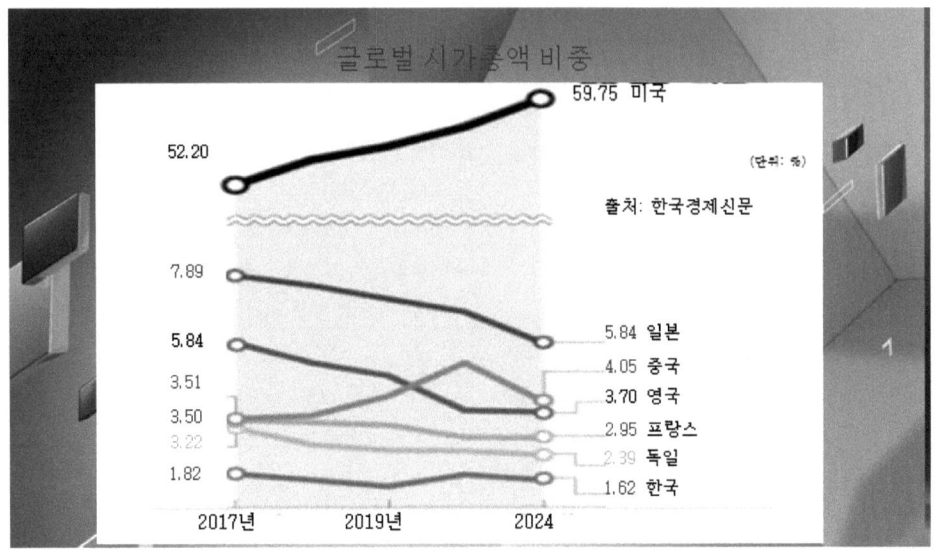

2025년 GDP 대비 외환보유고 비중을 보면 한국은 21%로 가장 낮다. 스위스 148%, 홍콩 143%, 싱가포르 123%, 대만 91%, 사우디아라비아 59%로 외환위기에 철저하게 대비하고 있다. 스위스의 GDP는 한국의 절반도 안 되지만, 한국보다 두 배 이상의 외환보유액을 가지고 있다.

1997년 아시아 외환위기 때 대만은 외환위기를 전혀 겪지 않았다. 그 이유는 대만은 GDP의 91%를 외환보유고로 비축했기 때문이다.

2015년 일본은 한국이 요청한 한일 통화스와프 체결을 거부했다.

2025년 기준 한일은 100억 달러만 통화스와프가 있다. 국방과 마찬가지로 외환시장에서도 우리가 자력으로 경제를 지켜야 한다.

한국은 제조업 세계 5위, GDP 세계9위다. 그러나 국제금융시장에서 한국의 원화가 결제되는 비율은 0.1%로 35위 정도다. 한국이 제조업을 집중 육성했지만, 경제의 혈액과 같은 금융은 육성하지 않았다.

1997년에는 환율이 2,000원까지 오르면서 한국은 외환위기를 겪었다. 2008년 금융위기 때도 환율이 1,600원으로 오르면서 위험했다. 기재부장관이 미국을 방문하여 강력한 요청하여 한미통화스와프가 체결되면서 안정을 찾았다.

그때는 한일통화스와프도 있었다.

2025년 외환위기를 방어할 두 개의 방어막이 없다.

환율이 오르는 것이 국제금융 위기의 가장 좋은 지표이다. 2024년 환율은 1,400원까지 상승했다.

2025년 스리랑카, 파키스탄, 아르헨티나 등 많은 나라가 외환위기를 격고 있다. 터키는 환율이 두 배 오르면서 기준금리는 15%이다. 아르헨티나는 12번째 외환위기를 맞아 IMF 구제금융을 이미 받고 있다. 러시아는 기준금리를 20%로 올렸지만 파산에 직면했다.

2024년 미국 기준금리 인상으로 전 세계에 풀린 6조 달러가 환수됐다. 한국을 비롯한 신흥국들은 2008년과 같은 국제금융위기를 격지 않으려면 철저하게 대비해야 한다.

한국의 외환시장의 문제점과 대안은 다음과 같다.

첫째 한국 환율이 1400원에 육박하면서 외환시장은 대비해야 한다.

2024년 단기외채비율은 34%로 2015년 이후 가장 높은 수준이다. 1997년 한국의 외환위기도 단기외채 비율이 올라가면서 일본계 자금 유출이 시발점이었다.

2025년 달러 부족 국가는 아르헨티나, 이란, 터키, 러시아, 인도, 인도네시아, 브라질, 한국, 그리고 남아공 등 많은 국가다.

둘째 국제금융시장의 불확실성이 증가하고 있다. 미국은 2025년 금리를 인하한다.

2024년 기준금리 빅스텝 연이은 인상으로 달러가 미국으로 회귀했다. 2024년 8월 미국 연준은 물가 수준이 9%에서 2%로 낮아질 때까지 금리를 계속 상승했다. 2025년부터 미국 기준금리는 3.6%까지 내린다.

　셋째 한국은행 외환보유고 현금 부족과 부실 운용이다.

　한국은행의 외화자산 구성을 보면 국채 36%, 정부기관채 21%, 회사채 14%, 자산유동화채권(MBS) 13%, 주식 7.7%, 현금 3%다.

　한국은행은 위험성이 높은 정부기관채는 매도하고 현금과 국채중심으로 운용해야 한다. 외환보유고중 현금 비중을 30%로 늘려야 한다. 투자 3대 원리는 안전성, 수익성, 환금성이다.

　넷째는 한국은행에 대하여 국회, 기획재정부, 청와대의 철저한 감독이 필요하다. 한국은행은 한-터키 통화스와프로 1조원이 넘는 손실을 봤다.

　한국은행은 외환보유고의 21%를 미국 국채 대신에 위험성이 높은 모기지 채권에 투자하여 손실위험을 초래했다. 윤석열 정부가 해야 할 가장 중요한 대외 경제정책은 한국에 외환위기가 오지 않도록 철저히 대비하는 것이다.

　정부가 할 수 있는 대책은 외환보유고를 두 배로 확대하고, 현금 비중을 30%로 늘이는 것이다.

　국제결제은행(BIS)이 권고하는 한국 적정외환보유고는 9,300억 달러이다. 우리나라 외환보유고 2024년 기준 4,100억 달러를 두 배 이상 증액해야 한다. 한국은 우크라이나와 중동 전쟁, 미국 대선, 그리고 중국과 미국 무역전쟁 등 위기를 잘 극복해야 한다.

　윤석열 정부와 기업은 외환위기에 대비하는 것과 국제금융 경쟁력을 올리는 것이 가장 시급한 업무이다.

　정부와 기업은 싱가포르처럼 법인세를 인하하고 기업하고 좋은 나라를 만들어야 한다. 또한 한국 국제금융 경쟁력을 올리기 위해 모건스탠리 선진국지수에 편입시켜야 한다. 선행조건이 BIS 권고대로 외환보유고를 9,300억 달러로 증액해야 한다.

2025년 미국 기준금리 인하에 대비하라. 한국은행 금리 내린다

한국은행은 미국 기준금리 인하에 대비해야 한다. 미국이 기준금리를 인하를 2024년 9월에 시작한다. 미국 2024년 9월 물가수준이 2.9%로 안정됐고 실업률은 4.3%로 올랐다.

미국 연방준비은행의 최고 목표는 물가안정이다. 미국은 코로나를 극복하기 위하여 전 세계에 6조 달러가 넘는 유동성을 공급했다.

시중에 달러가 풀리면서 미국 물가는 2022년 9%까지 올랐다. 이에 미국 연준은 2022년 10월 9%인 물가인상을 낮추기 위하여 기준금리를 0%에서 5.5%까지 연속하여 올렸다.

미국에서 고금리가 유지되면서 물가는 9%에서 2024년 8월 2.9%로 안정됐다. 그러나 고금리로 인해 미국 실업률은 4%로 다시 오르고 있다.

2024년 8월 미국 경제전문가들은 미국 연준이 "기준금리를 7월 달에 인하했어야 한다"고 주장한다. 그 이유는 미국 실업률이 4.3% 까지 오르면서 경기악화가 진행되고 있기 때문이다.

물가안정과 경기활황은 두 개를 다 충족시킬 수 없다. 경기 악화의 가장 좋은 신호는 바로 실업률이다.

실업률은 일주일에 1시간만 일하면 실업자가 아니다. 취업 원서를 냈지만 면접을 보러 오라는 데가 없어, 구직 원서를 내지 않으면 실업자가 아니다. 구직원서를 제출한 사람만 실업자로 본다.

이런 이유로 한국을 포함한 전 세계는 실업률보다 고용률을 중시한다. 2024년 8월 미국과 한국의 고용율은 60%정도다. 전체 근로자 중 실제로 고용된 사람 비율이다.

우리나라의 실업율은 2.7%로 미국보다 낮다. 단기간 근로가 많고 70~ 80대 노인 근로자가 증가한 이유다. 정부가 노인 생계보장 등을 위하여 청소와 단순한 노인일자리를 많이 만들었다.

2025년 한국 정부와 한국은행은 미국 기준금리 인하에 철저하게 대비해야 한다. 미국은 9월에 0.25%에서 0.5%까지 큰 폭으로 기준금리를 인하 할 예정이다. 0.25% 세 번 정도 인하하면 미국 기준금리는 3.75%까지 낮아진다.

미국 금리인하는 부동산과 주식시장 활성화에 크게 기여할 것이다. 미국은 전체 국민 70%가 주식에 투자하고 있다. 미국은 글로벌 시가총액 비중에서 60%를 차지하고, 한국은 1.5%다.

전 세계 경제에서 미국 달러가 차지하는 비중은 60%다.

미국 기준금리 인하는 한국의 기준금리 인하로 이어진다. 한국과 미국은 동조화 현상, 즉 커플링 현상 때문에 항상 함께한다.

한국은행과 정부와 기업은 미국 기준금리에 대비하여, 한국 기준금리 인하 시기와 폭을 조절해야 한다. 한국은 가계부채와 경기활성화 두 마리 토끼를 다 잡아야 한다. 정부와 한국은행은 정교한 금융정책으로 시중 경제를 안정시켜야 한다.

한미 기준금리 격차 2.0%, 2025년 환율은 오른다.

원-달러 회귀 분석 (1964~2024)

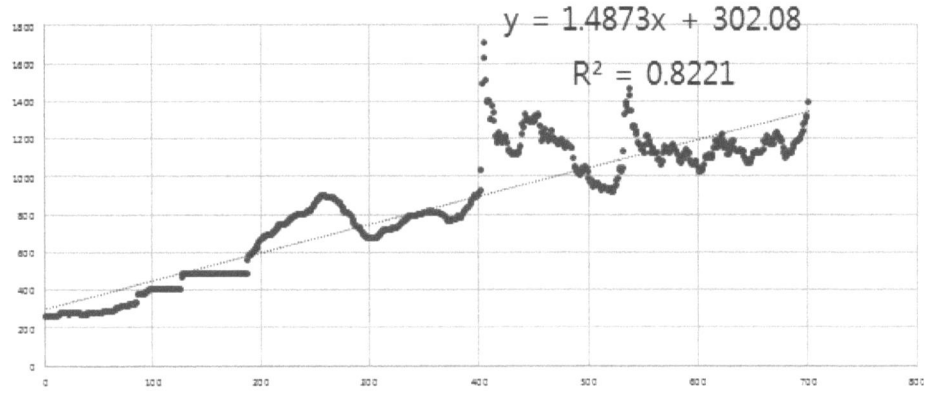

$y = 1.4873x + 302.08$
$R^2 = 0.8221$

2024년 9월 한미 기준금리 격차가 2.0%다. 정부와 기업은 외국인 자본유출을 철저하게 대비해야 한다. 미국 기준금리가 5.5%, 한국 기준금리는 3.5%로 거의 20년 만에 2% 격차다. 정부와 기업은 IMF 국제금융 위기를 다시 격지 않도록 철저히 대비해야 한다.

대한민국은 무역의존도 75%로 세계 2위다. 한국은 수출과 수입으로 먹고 사는 나라다. 정부와 기업은 한국 대외신용도를 회복하고 지키는 것이 가장 중요하다.

한국 외환보유고는 2024년 9월 4100억 달러다. 세계 9위 외환보유고이지만 GDP대비 외환보유고로 따지면 21%다. 스위스, 홍콩, 싱가포르는 GDP 대비 외환보유고가 거의 100%다. 우리와 교역구조가 비슷한 대만 역시 70%다

대만은 통화스와프 등 타국에 의존하지 않고 철저하게 스스로 대비하고 있다. 1997년 아시아 외환위기 때도 대만은 전혀 영향을 받지 않았다. 그 이유는 충분한 외환보유고를 비축했기 때문이다. 2024년 대만은 5400억 달러로 한국 GDP 절반도 안되지만 외환보유고가 한국보다 많다.

한국은행은 3.5%기준금리를 동결하는 이유가 국내 경제가 어렵기 때문이다. 상장기업 2500여 개중 30%가 이자도 못 낼 정도로 어렵다.

소형증권사 PF 연체율20%, 제2 금융권 PF연체율은 7%다. 이처럼 국내 금융시장이 어렵기 때문에 한국은행은 연이어 기준금리를 동결하고 있다.

그러나 교역으로 먹고사는 한국이 미국보다 기준금리를 2% 낮게 유지하면 외국인 투자 유출이 우려된다.

2025년 한국 전체시가 총액은 약 2500조원으로, 외국인 투자 지분은 31% 정도다.

한국 환율은 138원이다. 한국 환율이 과거 1100원 보다 20% 가까이 오른 상황이 계속 유지되고 있다. 한국 환율은 지난 60년간 80% 확률로 우상향하면서 상승했다.

전 세계 글로벌 주식시장에서 미국 60%, 한국은 1.5%다. 전 계 국제통화에서 달러가 결제되는 비중은 60%, 원화는 0.1%로 세계35위 정도다

정부와 기업은 국제금융 위기에 대비하여 선제적으로 준비해야 한다. 2025년 아르헨티나는 12번째 외환위기를 겪고 있다. 스리랑카, 파키스탄 등 전 세계 22개국이 IMF 구제금융을 받고 있다. 2025년 미국이 기준금리를 내린다.

그러나 한국은 절대 안심해서는 안된다. 정부와 기업은 위험에 대비하여 한미통화스와프와 한일통화스와프를 체결해야 한다. 한미 통화스와프 600억 달러는 2021년 종료됐다. 한일통화스와프는 2023년 7월 100억 달러 체결됐다.

한국은 외환위기를 방어할 두 개의 방어막을 준비해야 한다. 한미통화스와프 600억 달러와 한일통화스와프 700억 달러는 안전막이 될 것이다. 이와 동시에 한국은행 외환보유고를 국제결제은행(BIS) 제안대로 9,200억 달러로 충분히 비축해야한다.

2025년 한국은행 기준금리 인하한다.

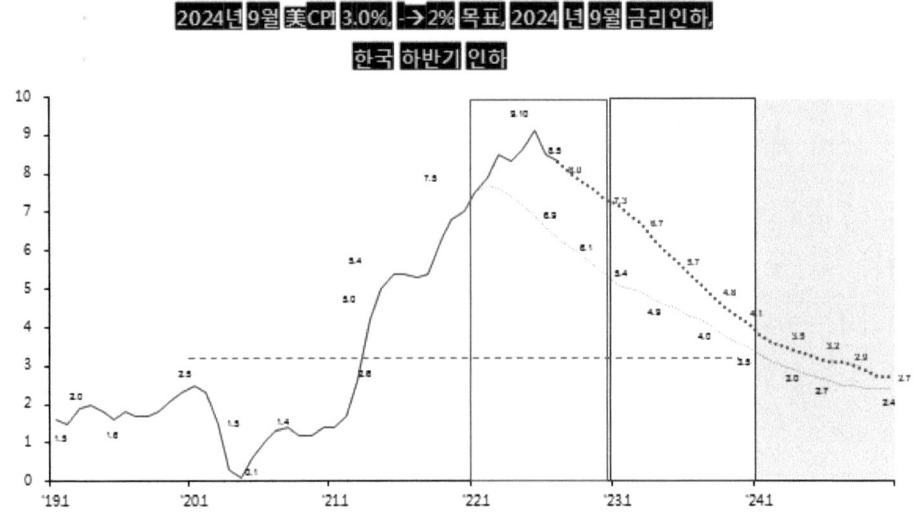

2024년 한국은행이 기준금리를 동결했다. 한국은행이 금융통화운영위원회를 열어 어려운 경제상황을 고려하여 기준금리를 3.5% 동결한 것은 타당하다.

한국은행 기준금리는 3.5%로 1년 가까이 유지되고 있다. 2024년 9월 물가는 3.2%다. 미국 기준금리는 5.5%, 12월 물가수준은 2.6%다.

미국 연방준비은행은 2024년 9월부터 기준금리를 내리겠다고 예고했다.

미국 물가가 3.1%로 충분히 안정됐고, 2024년 12월 2%대로 낮아 질 것이다.

따라서 미국 연방준비은행은 2024년 9월부터 기준금리를 인하 예정이다. 대한민국 금융통화운영위원회도 미국이 기준금리를 인하하면 동반하여 내리게 된다. 한국 물가는 미국과 비슷한 3.1%를 유지하고 있다.

경제학에서 물가가 오르는 이유는 시중에 유동성이 너무 많기 때문이다. 코로나를 극복하기 위하여 정부와 금융 기관들이 많은 돈을 풀었다. 시중에 돈이 많으면 물건을 사려는 욕구를 자극하여 물가가 오른다.

미국은 코로나를 극복하기 위하여 약 6조 달러를 풀었고 물가가 9%까지 올랐다. 이런 이유로 미국은 기준금리를 0%에서 5.5%까지 급속하게 올렸다. 대한민국도 기준금리를 3.5%까지 인상하면서 시중 현금을 흡수했다.

태영건설 등 워크아웃 등 부동산 경기가 매우 어려운 상황이다. 한국 경제상황과 부동산경기를 고려한다면 기준금리를 내려야 한다. 그러나 여전히 물가가 3.2%로 높아 한국은행은 동결했다.

한국은행은 전 세계 경제상황을 지켜보면서 기준금리 인하 등으로 고려해야 한다.

중동 전쟁이 확대되고 있다. 이스라엘·하마스 전쟁이 1년 이상 지속되고 있다. 예멘과 이란에 상황도 악화되고 있다. 한국은행은 더욱 치밀하게 기준금리를 조절해야 한다.

정부의 경제정책은 재정정책과 금융정책 두 가지다. 재정정책은 국가 예산 660조원을 통하여 예산을 집행하는 것이다.

금융정책은 기준금리를 조절하여 물가를 잡고, 통화정책과 금융정책을 실시하는 것이다.

기준금리 인하는 시중에 유동성을 공급하기에 장·단점이 있다.

기준금리 인하의 가장 큰 단점은 물가를 인상이다. 한국은행은 물가를 2%로 잡는 것이 최고의 목표다.

기준금리 인하 장점은 경기를 부양하고 부동산투자를 활성화시킨다. 부동산은 기준금리와 마이너스0.8로 반대로 움직이는 역 상관관계가 있다. 기준금리 인하는 부동산상승으로 이어진다.

은행이자 하락은 기업 투자로 확대로 경기가 호전된다. 기준금리 인하 좋은점은 경기부양과 기업투자 증가다.

한국은행은 치밀하고 정교한 금융정책을 통하여 기준금리를 잘 조절해야 한다. 물가도 잡으면서 경기를 부양해 두 마리 토끼를 잡아야 한다.

04 4차 산업혁명 기술인재 확대 전략과 전망

요약

4차 산업혁명에 대비하여 미래인재를 양성하는 것이 국가와 기업의 가장 중요한 과제다. 2025년 한국의 생존전략은 SW인재 양성에 달려있다. 4차 산업혁명 관련 산업은 매년 25%이상 높은 성장을 한다.

한국은 초·중·고·대학생에게 코딩교육을 필수과목으로 가르쳐야 한다. 4차 산업혁명 인재를 적극 육성하여 세계 최고의 국가가 되자. SW는 미래세대에 가장 필요한 컴퓨터 언어이다. 영국은 수년전부터 초등학생에게 코딩을 가르치며 미래 인재를 키우고 있다.

세종대를 포함한 국내 대학은 2015년부터 전교생에게 코딩을 필수과목으로 가르치고 있다. 2024년 졸업생들이 미국 애플과 아마존 등 세계적인 기업에 코딩전문가로 취업하면서 성과를 내고 있다. 교육부는 서둘러 모든 대학생들에게 코딩을 필수과목으로 지정해야 한다.

한국은 교육열, IT인프라, 스마트폰 보급률, 메모리반도체 그리고 전자정부 등에서 세계 1위이다. 우리나라의 장점을 살려 국가를 테스트 베드화 하자. 전 세계가 신제품을 한국에서 가장 먼저 사용하고 시험하게 하자. 세계경제에서 한국이 차지하는 비율이 2%이다.

SW인재를 양성하고 4차 산업혁명 기술인력을 키운다면 한국 경제성장은 6%까지 올릴 수 있다. 한국은 제조업 세계 5위이다. 골드만삭스는 한국이 미국 다음으로 세계 2위 경제대국이 된다는 예측을 했다.

한국이 4차 산업혁명 기술인력 100만명을 양성한다면, 세계에서 가장 잘 사는 국가가 될 것이다. 한국이 개화기 때 쇄국을 했기에 일제 36년 지배를 받았다. 이제는 한국이 4차 산업혁명이라는 혁신을 주도하자.

2025년 한국 수출액 1000조원은 2년 안에 일본 수출액을 능가한다. 4차 산업혁명을 국가가 앞장서고 국민이 일치 단결한다면 한국 GDP 2조 달러는 수 년 내 일본 GDP 5조 달러를 능가한다.

4차 산업혁명은 인공지능, 사물인터넷(IOT), 자율자동차, 클라우드 그리고 블록체인 등이다. SW인재를 양성하여 제조업과 서비스업 등 모든 산업을 혁신해야 한다. SW인재는 다자무역 확대로 2025년 이후 해외진출이 더욱 확대 될 것이다.

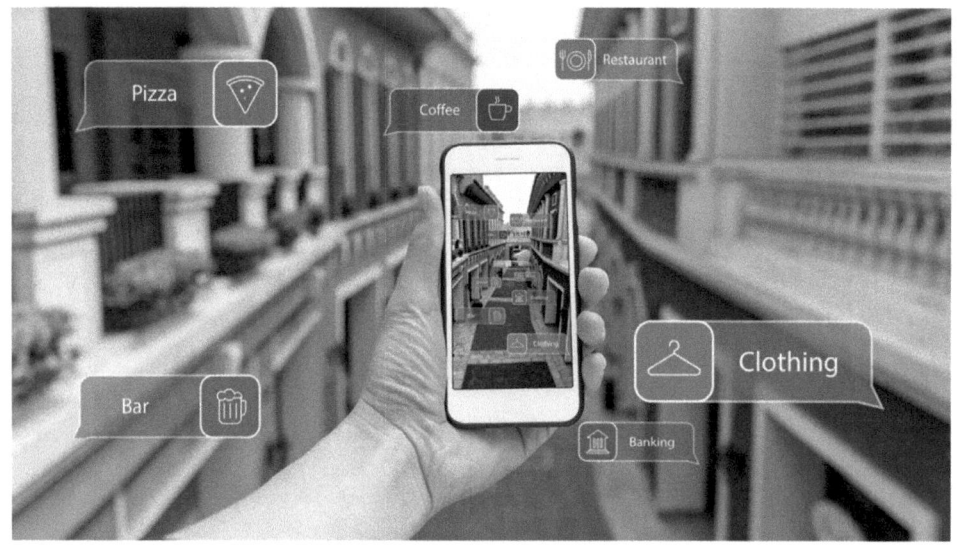

2025년 1월 20일 미국 새 대통령이 취임예정이다.

한국은 무역확대라는 세계적 흐름에 편승하여 한국도 RCEP와 CPTTP에 적극 가입하자.

미국과 함께 세계무역의 표준을 선도하자. 한국은 4차 산업 인재육성에 국가의 생존이 달려있다. 서둘러 모든 학생에게 코딩을 가르치자. 혁신적인 교육이 한국을 세계 최고의 선진국으로 만들 것이다. 한국가 시급히 추진해야 할 가장 중요한 과제이다.

생산의 4대 요소는 토지, 노동, 자본, 그리고 모바일이다.

이제는 생산, 유통, 판매 등 모든 분야에서 인공지능(AI), 빅데이터 그리고 IOT 등 모방일과 4차 산업 활용이 가장 중요한 요소가 되었다. 한국정부와 모든 기업은 핵심 역량을 SW인재 양성에 집중해야 한다.

인공지능(AI), 빅 데이터 등 4차 산업혁명에 대비하여 인재를 얼마나 키워냈는가 하는 것에 나라 운명이 달려있다. 미국 FAMANG 기업들은 자율주행, 인공지능(AI) 그리고 사물인터넷 등 4차 산업혁명을 주도하기 위하여 핵심인재를 양성하고 있다.

이들 기업들은 제조업보다 서비스로 이익을 내고 있다. 코로나19로 배달서비스가 90% 증가했다.

2025년 온라인구매 90%는 핸드폰을 포함한 모바일이다. 애플은 매출액의 30%가 서비스다. 아마존, MS, 넷플릭스, 구글 등 빅테크 기업들은 SW인재를 중심으로 만들어진 플랫폼 기업이다. 이들은 매월 구독 경제로 안정적인 수익을 창출한다. 우리나라는 세계 5위의 제조업 강국이다.

우리나라는 4차 산업 인재양성과 혁신으로 언택트 산업 등 4차 산업혁명이라는 거대한 세상의 변화 물결을 주도해야 한다. 국회의 혁신추진으로 대한민국이 세계의 4차 산업혁명을 이끌 수 있도록 해야 한다. 온라인쇼핑산업은 2025년에는 전년대비 25% 증가한다.

코로나 시기에 음식서비스(83%), 농축산물(69%), 음식료품(43%)이 증가했다. 문화 및 레저(-85%), 여행 및 교통서비스(-69%)는 큰 폭으로 감소했다. 코로나가 2025년 다시 재발하고 있다.

온라인 쇼핑액 95%가 핸드폰으로 거래됐다. 제조업, 서비스, 교육 등 모든 산업은 핸드폰과 연계된 모바일을 중심으로 혁신해야 한다. 2025년 한국의 소매판매액은 700조원이며, 40%가 온라인구매이다. 향후에는 전체 매출액의 65%가 온라인 구매이다.

이런 이유로 국가는 소프트웨어 인재양성에 심혈을 기울여야 한다.

온라인산업은 임대료, 인건비, 그리고 거래비용을 큰 폭으로 낮춘다. 모바일과 홈페이지 구축, 온라인 회원확보는 기업의 필수 생존전략이다. 온라인회원 한명의 가치는 10~20만원 쯤 된다.

일자리 창출에서 제조업이 평균 10억 원 매출로 5.8명을 고용한다. 4차 산업은 SW개발자와 운수업 근로자 증가로 10억 원 매출시 40명이상을 고용한다.

한국이 4차 산업혁명을 주도하게 되면 SW인재 수요 증가와 해외진출 등으로 일자리도 해결된다. 우리나라는 빅데이터, 자율주행, 그리고 인공지능(AI) 등 4차 산업혁명을 주도해야 한다. 한국의 생존전략은 4차 산업 혁명 인재양성에 달려있다.

Ⅰ. 2025년 한국 현황

4차 산업혁명에 대비하여 미래인재를 양성하는 것이 한국에 가장 중요하다. "사람이 모든 것이다"라는 말이 있다. 한국의 강점은 우수한 인재와 교육열이 한국경제의 70% 성공요인이다.

한국은 4차 산업혁명 시대에 대비하기 위한 기술인력 양성방안을 연구하고 대비하는데 심혈을 기울여야 한다.

대한민국이 당면한 중요한 혁신은 4차 산업혁명과 관련된 것이다 대한민국은 1876년 개화기를 맞이하여 세상의 큰 흐름에 물결을 따라가지 못했다 많은 국가가 문호를 개방하고 서구 문물을 받아들여서 과학을 발전시켰다.

한국은 문호를 닫고 서양을 배척했다. 새로운 세상의 변화를 따라가지 못해 1910년 36년간 일본의 지배를 받았다. 이제는 대한민국이 세상의 큰 흐름을 주도해 가야 한다. 4차 산업혁명이라는 거대한 물결에 편승하여 고급 인재를 키워내야 한다.

4차 산업혁명의 선두를 차지하기 위하여 영국은 초등학생부터 의무적으로 코딩을 가르치고 있다. 앞으로의 미래는 영어와 함께 코딩 교육을 초등학교부터 가르쳐야 한다. 교육부는 총 400여개 대학중 약 30여 개 대학을 소프트웨어 중심 대학이라고 명명하고, 예산지원과 함께 SW교육을 시키고 있다. 소프트웨어 중심 교육을 대학에서 시작하는 것보다는 초등학교 때부터 하는 것이 필요하다.

우리나라의 최고 대학인 서울대학교는 컴퓨터공학과가 졸업생은 30년 전과 마찬가지로 2025년에도 50명이다. 그러나 해외 선진국은 모든 학생들에게 코딩 교육을 의무화하여 가르치고 있다. 한국은 세종대학을 포함한 일부 대학에서만 전교생에게 코딩을 의무적으로 가르치고 있다.

2025년 이후 한국의 생존전략은 SW인재 양성에 달려있다. 4차 산업 혁명 관련 산업은 매년 25%이상 높은 성장을 한다. 생산의 4대 요소는 토지, 노동, 자본, 그리고 4차 산업이다.

이제는 생산, 유통, 판매 등 모든 분야에서 인공지능(AI), 빅데이터 그리고 IOT 등 4차 산업 활용이 가장 중요한 요소가 되었다.

한국정부와 모든 기업은 핵심 역량을 SW인재 양성에 집중해야 한다. 인공지능(AI), 빅데이터, 사물인터넷 등 4차 산업 혁명에 대비하여 인재를 얼마나 키워냈는가 하는 것에 나라 운명이 달려있다. 미국 FAMANGT 기업들은 자율주행, 인공지능(AI) 그리고 사물인터넷 등 4차 산업혁명을 주도하기 위하여 핵심인재를 집중 양성하고 있다. 이들 기업들은 제조업보다 서비스로 이익을 내고 있다.

코로나로 배달서비스가 90% 증가했다. 온라인구매의 90%는 핸드폰을 포함한 모바일이다. 애플은 매출액의 30%가 서비스이다. 아마존, MS, 넷플릭스, 구글 등 빅테크 기업들은 SW인재를 중심으로 만들어진 플랫폼 기업이다. 이들은 매월 구독경제로 안정적인 수익을 창출한다.

우리나라는 세계 5위의 제조업 강국이다. 우리나라는 4차 산업 인재양성과 혁신으로 언택트 산업 등 4차 산업혁명이라는 거대한 세상의 변화 물결을 주도해야 한다. 국회는 강력한 혁신추진으로 대한민국이 세계의 4차 산업 혁명을 이끌 수 있도록 해야 한다.

우리나라는 빅데이터, 자율주행, 그리고 인공지능(AI) 등 4차 산업혁명을 주도해야 한다. 한국의 생존전략은 4차 산업 혁명 인재양성에 달려있다.

우리나라에 필요한 소프트웨어에 핵심 인력은 약 100만 명 이상이다. 한국 국민 3,200만 명이 취업 활동을 하고 있다.

2025년 애플 시가총액이 4500조 원이다. 삼성전자의 시가총액이 500조원이므로 9배 정도 크다. 한국의 모든 장기업의 시가총액이 2,500조원 정도이다. 애플 하나보다도 작다. 한국경제가 성장하려면 삼성전자와 같은 기업을 10개 이상 키워야 한다.

우리나라는 제조업으로는 세계 5위이고, GDP 기준으로는 세계 10위이다.

한국은 제조업에는 탁월한 능력이 있으므로 소프트웨어 인재 등 4차 산업인재를 육성한다면, 우리 한국은 세계 경제를 주도할 수 있다. 골드만삭스는 과거 한국의 교육이 올바르게 유지되고 성장한다면, 세계 2위의 경제권도 가질 수 있다고 예측한 적이 있다.

우리나라는 탁월한 교육에 대한 열정이 있다. 국가에서 성장과 추진력만 가진다면 세계 최고가 될 수 있다. 국회에서는 이와 같이 선진국에서 시행하고 있는 초등학생부터 코딩 교육을 해야 한다. 대학 교육의 선진화 방안도 연구 중심으로 대학 교육에 발전시켜야 한다.

초등학교 교사부터 4차 산업혁명의 교육자로서 필요한 SW교육을 가르쳐야 한다. 국가가 4차 산업혁명으로 대 전환될 때 우리 대한민국은 창의적이고 세계경제를 주도하는 국가가 된다.

II. 4차 산업혁명 인재 양성 이유

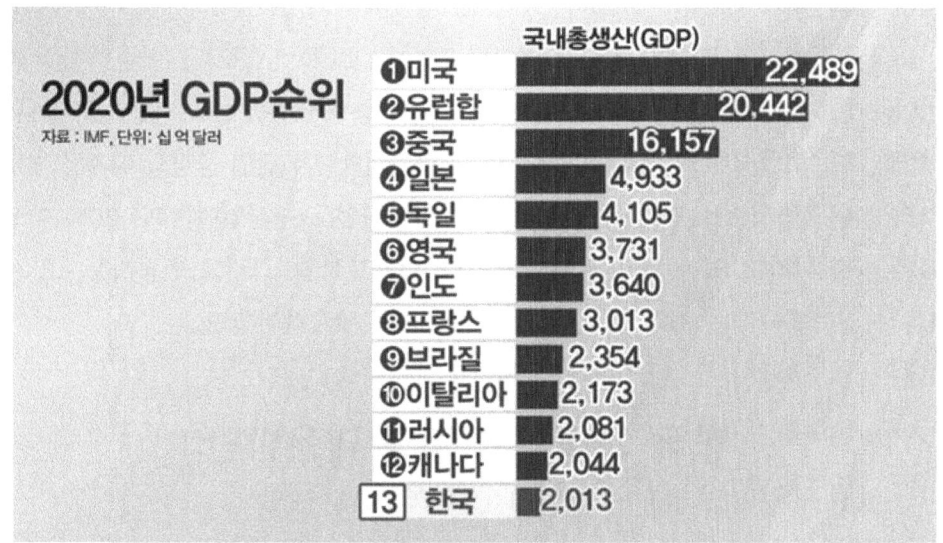

2025년 GDP기준으로 미국은 27조 달러, 중국은 17조 달러, 일본은 5조 달러, 한국은 2조 달러이다. 1965년에 일본의 GDP는 우리의 30배였지만, 지금은 2.5배이다. 우리 국민이 단합한다면 GDP에서도 일본을 능가할 수 있다.

삼성전자의 시가총액은 2025년 500조원으로, 일본에 있는 모든 전자 회사를 합친 것보다 매출액이나 순이익이 많다. 삼성전자는 일본에서 라디오 조립을 배웠지만, 지금은 세계 최고의 IT 기업이 되었다.

우리나라는 SW를 포함한 4차 산업혁명 분야 인재를 양성해야 한다. 또한 교역확대로 국력을 키우고 경제를 더욱 발전시켜 세계 초강대국이 되어야만 한다.

미국과 일본이 보호무역으로 나아갈 때, 대한민국은 오히려 교역을 확대해야 한다. 우리는 1987년 IMF위기와 2008년 금융위기 등 수많은 역경을 잘 극복하고 이겨왔다. 우리나라는 교역을 확대하고, 인공지능(AI), 공유경제 그리고 소프트웨어 등 4차 산업혁명이라는 큰 변화의 물결을 따라간다면 더욱 성장할 수 있다.

2025년 기준 우리나라는 외국인 직접투자(FDI) 유출액이 유입액보다 2배 이상이다.

직접투자는 한국에 공장을 건설하고 한국인을 고용하는 장기적인 투자로, 고용증가에 큰 기여를 한다.

외국인 투자 유치를 위해 정부는 법인세 27%를 OECD 평균(23%) 이하로 낮추고, 기업하기 좋은 환경을 만들어야 한다. 코로나19와 미중 무역전쟁 등 위기가 한국에게는 교역확대를 위한 절호의 기회이다. 한국은 무역확대와 4차 산업 중심의 디지털 혁명 그리고 인재양성으로 위기를 극복해야 한다. 온라인 쇼핑산업이 매년 20% 이상 높은 성장을 하고 있다. 한국은 바이오산업, 언택트산업, 그리고 인공지능(AI) 등 4차 산업혁명이라는 거대한 세상의 변화 물결을 주도해야한다.

한국 기술인력 양성 대응방안

1. 4차 산업혁명 기술인력 확대 시급
2. 교육혁신(AI, IOT, 빅데이터 등)
3. 초, 중,고등학교, 대학교육: 코딩교육, SW교육 →확대
4. 중국, 베트남, 인도 등 아시아 시장 확대
5. 제조업→ 서비스업. 코로나 대응: 신속한 제품 출시.
6. 신속한 구조조정→기술혁신 지속 (FAMANGZ)(IT, SW, Health 등)
7. 세상의 큰 물결, 4차 산업 편승하자. 1876- 일제 36년 지배
8. 코로나19: 바이오, 건강산업 확대.
9. 산업 , IT, 환경 영역 중요 -깨끗한 공기, 물
10. 국회: 입법지원, IT 융합, 벤처 육성
11. RCEP, CPTTP 가입, 기업하기 좋은 환경 구축, 친기업 정책.

SW 인재 수요 폭증

-**한국 생존전략** : 인터넷, 언택트, 서비스, **SW 인재양성**, 모바일 중심
-**세상변화에 발맞추자**: 비대면 산업, 구독 경제

-**SW 인재**: 언택트, 인터넷 기업 , 네이버, 카카오, 당근마켓
-**인터넷 기업**: 회원가치 1인 10만원

-**BBIG 인재 육성** : 바이오, 밧데리, 인터넷, 게임.

-**미국**: FAMANGZ 혁신: 애플(2400조원) 아마존(2000조), MS,
   언택트 기술과 기업: 세계 경제 주도함.
-애플 등 세계 기업 : 제조업→ 서비스 중심 변화.

산업자원부

온라인 쇼핑산업은 1991년 이후 매년 평균 20% 이상 시장이 성장했다. 특히 전체 온라인쇼핑 거래액 중 95%가 모바일로 이뤄졌다.

앞으로 모든 기업은 핸드폰과 연계된 모바일을 중심으로 기업전략을 혁신하고 인재를 양성해야 한다. 온라인과 모바일 인재가 생산과 판매 등 모든 분야에서 가장 중요한 요소가 됐다.

온라인쇼핑산업은 취업유발효과도 높다. 우리나라 산업 평균 취업유발효과를 보면 10억 원 매출마다 5.8명을 고용한다. 온라인쇼핑산업은 SW개발자, 배달서비스 등 종사자가 늘면서 10억 원 매출시 약 40명을 고용하는 것으로 나타났다. 도소매업 취업자 12명 보다 더 많은 일자리를 만들어 낸다.

코로나로 대표적인 언택트 기업인 네이버, 카카오 등과 엔씨소프트, 넷마블 등 게임산업도 긍정적 영향을 받고 있다.

미국의 대표적 언택트 기업인 애플, 마이크로소프트(MS)은 시가총액이 4500조 원으로 증가했다. 미국과 한국의 언택트산업과 기업은 2025년 더 성장할 것이다.

2025년 코로나 재확산 우려가 높다. 미국의 애플, MS, 엔비디아, 아마존 등 우량기업은 더 큰 폭으로 성장하고 있다.

한국 미래 기술 인재 양성 방향

◆신속성, 정확성, 세계5위 제조업 강국.

◆ IT 인프라 세계최고, 제조업에서 서비스 강국.

◆전자정부 세계1위, 스마트폰, PC 보급율 세계1위

◆국회: 친기업 정책, 기업하기 좋은 환경, 법인세, 소득세 인하.

◆무역의존도=(수출+수입)/ GDP, 세계 2위 65%

◆테스트 베드화: SW 등 신제품 새로운 기술 시험장

우리 정부와 기업이 4차 산업혁명 인재육성에 더 많은 노력을 기울여야 한다.

2025년 법인세율을 보면 미국 21%, 싱가포르17%, 아일랜드12%, 한국은 26%다. 한국은 언택트산업과 SW 인재를 육성하고, 기업하기 좋은 국가를 만들어 한다. 법인세율을 OECD 평균 21% 이하로 낮추고, 한국 기업의 해외유출을 막아 국내에 일자리를 만들어야 한다.

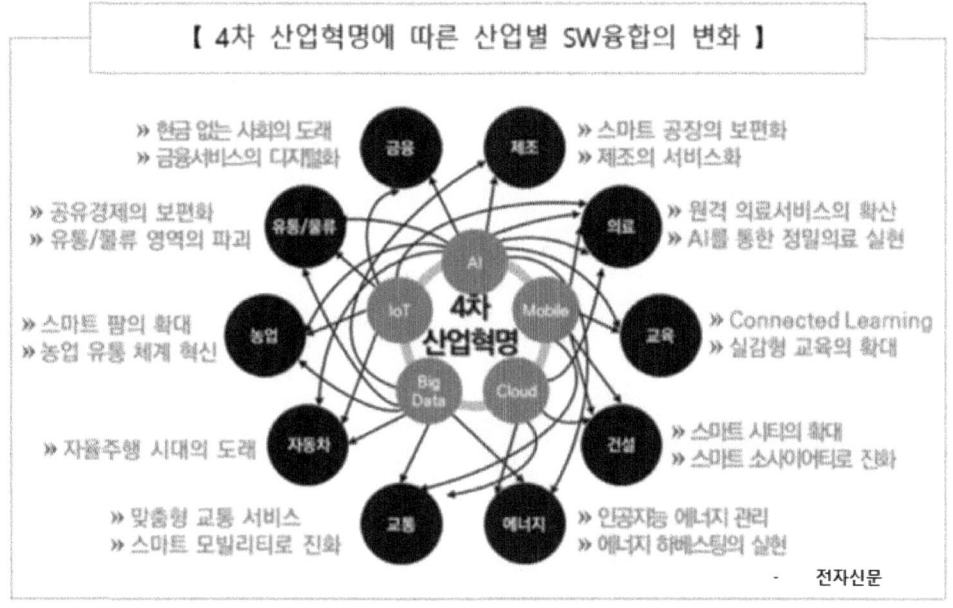

1870년 개화기 때 세상의 큰 흐름에 따라가지 못해 우리는 일본의 지배를 받았지만 6.25와 IMF 그리고 2008년 금융위기 등 수많은 역경을 잘 극복하고 이겨냈다. 한국은 언택트산업, 바이오산업, 인공지능(AI) 그리고 모바일산업 등 4차 산업혁명을 주도해야 한다. 온라인쇼핑 등 디지털혁명은 많은 일자리를 창출하므로 한국의 적극적인 육성정책이 필요하다.

2025년 한국은 인공지능(AI) 등 4차 산업혁명과 무역확대로 위기를 극복해야 한다.

한국 무역의존도는 75%로 세계 최고 수준이다. 한국 수출액이 1,000달러 증가하면 경상수지는 평균 126달러 증가한다.

미중 무역전쟁으로 한국 수출은 10% 감소하면서 가장 큰 피해를 입었다. 우리나라 수출증가는 곧바로 무역흑자로 연결되므로 한국는 수출확대에 더욱 많은 노력을 기울여야 한다.

2025년 미중 무역으로 미국은 지금까지 약 4000조원에 이르는 무역적자를 보았다. 미국 대통령 입장에서는 양국이 서로 이익을 보아야 하는데 중국만 일방적으로 교역의 이익을 보았다고 생각한다.

미국 대통령은 이런 이유로 관세 2.5%를 10배 올려서 일부 품목에 대해서는 25%를 부과하고 있다.

2025년 1월 미국 새 대통령이 취임한다.

해리스가 당선되면 미중 무역전쟁은 확전을 하지 않고 양국이 이익을 누리는 방향으로 선회할 가능성이 있다. 미국은 중국이 농산물 등 미국 제품에 대해서 수입을 확대해달라는 것이 요구사항이다.

교역은 양국이 상호이익을 보아야 한다. 중국도 미국제품 구매확대가 필요하다.

2025년 우리나라는 온라인산업, 인공지능(AI) 등 4차 산업혁명을 집중 육성해야 한다. 수출증가와 친기업적인 정책으로 일본보다 더욱 부강한 국가가 되어야 한다.

2025년 한국은 미중 무역전쟁, 중동전쟁, 우크라전쟁 위기를 교역확대로 극복해야 한다.

중국이 주도한 RCEP(Regional Comprehensive Economic Partnership, 역내포괄적 경제동반자협정)이 타결되었다.

RCEP는 중국과 아세안이 주도하는 통상협정이다. RCEP은 동남아시아국가연합(ASEAN) 10개국과 한국, 중국, 일본, 호주, 뉴질랜드, 인도 등 16개국이 참여하는 자유무역협정(FTA)이다.

인도를 제외한 15개국이 협정문 타결을 선언했다. RCEP는 세계 인구 82억 50%인 38억 명, 세계 GDP의 3분의 1을 차지하는 28조 달러, 세계 교역의 3분의 1인 10조 달러를 차지하는 거대 경제블록이다.

RCEP이 시행된다면 한국의 교역은 더욱 확대될 것이고, 경제성장에 큰 기여를 할 것이다.

2025년 1월 미국 새 대통령 취임 이후 미국은 보호무역과 자국 중심주의로 나아갈 것이다.

한국은 세계 5위의 제조업 중심 국가이다. 우리나라보다 제조업 수출을 많이 하는 나라는 중국, 미국, 독일, 일본뿐이다.

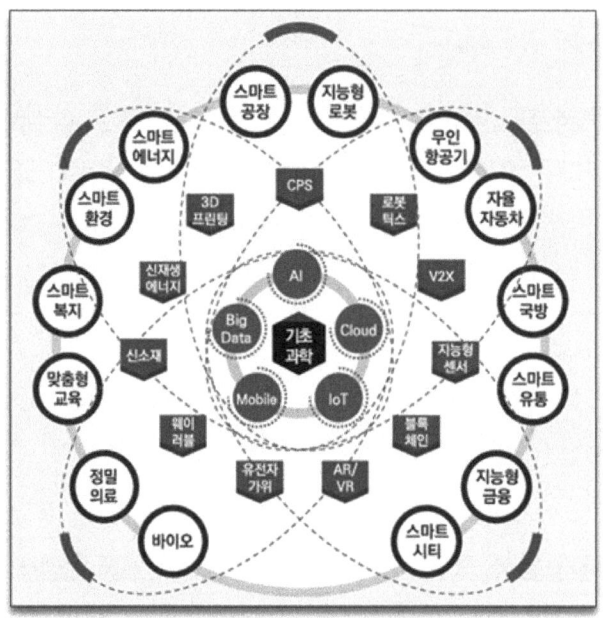

[출처/인용: 대통령직속 4차산업혁명위원회]

한국은 수출·수입이 1조 달러가 넘는 세계 10위의 무역 강국이다.

2025년 국내경기 부진으로 어려움을 겪고 있는 우리나라는 미중 무역전쟁 등 어려운 문제를 해결하는 방법은 CPTPP(포괄적·점진적 환태평양 경제동반자협정)에 적극 가입하여 교역을 확대하는 것이다.

즉 우리나라는 무역활성화로 국내생산을 확대하는 계기를 만들어야 한다. 한국은 미중 통상분쟁으로 수입과 수출이 감소하면서 교역규모가 약 10% 줄어드는 피해를 입었다.

그러나 위기를 잘 극복하면 오히려 기회가 된다. 한국은 교역시장을 다변화하고 확대해야 한다. 우리나라는 교역국을 아시아, 중동, 남미, 그리고 아프리카 등으로 확대해야 한다. 한국의 무역의존도 ((수출+수입)/GDP)는 85%로 세계 최고 수준이다.

2025년 기준 우리나라의 주요 수출국은 중국, 미국, 홍콩, 일본순이다. 홍콩을 포함하면 중국에 대한 무역의존도가 33%이다. 한국은 중국에 대한 교역의존도를 13%로 낮추어야 한다.

그 이유는 세계경제에서 중국이 차지하는 비중이 13%다. 한국은 일본에 대한 반도체부품과 소재산업 의존도 역시 90%에서 50%까지 낮추어야 한다.

한국의 삼성전자와 SK하이닉스는 국산화와 다변화로 위기를 잘 극복하고 있다. 한국은 2024년 말 기준으로 일본에서 약 80조원을 수입하고, 40조원을 수출했다. 수입액의 약 57%가 반도체 재료와 소재 산업이다.

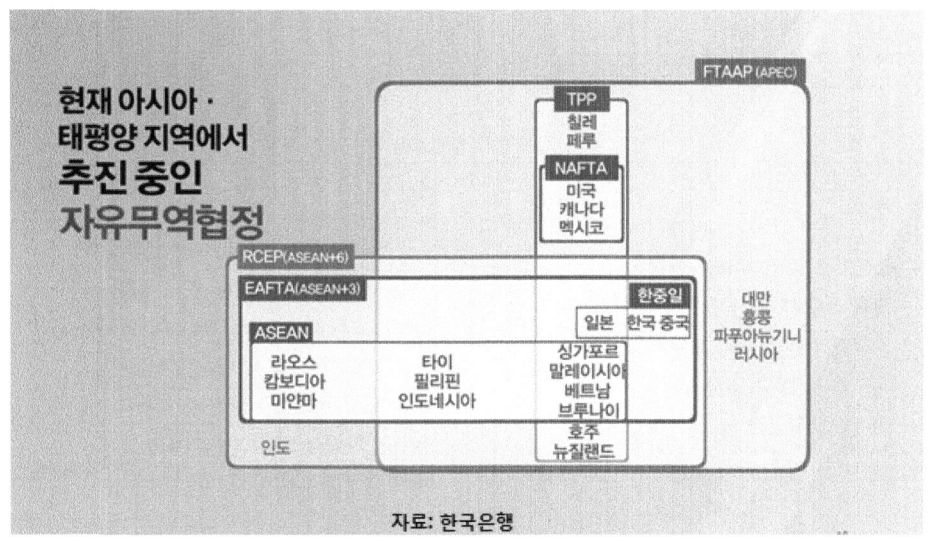

자료: 한국은행

2025년 기준 한국의 1인당 수출액은 일본의 두 배이다. 앞으로 수년 내에 한국의 총수출액이 일본을 능가한다.

2010년 센카쿠열도 분쟁 당시 일본도 중국이 희토류 수출을 중단하자, 미국 등 수입다변화로 위기를 극복했다. 한국은 중화학공업 중심의 국가이기 때문에 1인당 전기소비량이 세계 최고이다. 향후 전기자동차의 사용이 증가하게 되면 전기수요는 더욱 급증한다.

2025년부터 네덜란드와 노르웨이는 내연기관 판매를 중단하고, 전기자동차 만 판매한다. 자동차업계도 전기자동차로 서둘러 혁신해야 한다. 전기수요 증가에 대비하여 우리나라는 세계 최고의 원자력기술을 잘 활용해야 한다.

2025년 전 세계 위기에 대응하는 방법은 4차 산업을 육성하는 것이다. 이를 위하여 국가는 4차산업인재 양성에 모든 역량을 투입해야 한다. 전기자동차, 무인자동차, 블록체인, 인공지능(AI) 등 전분야에 걸쳐 인재양성으로 이 위기를 극복해야 한다. 한국이 세계 2위 강대국이 되려면 4차 산업인재 양성에 달려있다.

III. 한국 기술인력 양성 SWOT 분석

한국 기술인력 양성 SWOT

강 점	기 회
- 세계 최고 교육, 우수한 인재 - 세계 최상 IT, 통신 인프라 - 지정학적 위치(중국, 일본) - 제조업 세계5위, 경제 10위 - 신속한 의사결정	- 4차 산업혁명 인재 양성, (초,중고, 대학) - 국회 입법지원, IT 융합, 벤처 육성 - 언택트, 모바일, 인터넷,구독,(제조->서비스) - 중국, 인도, 베트남 등 아시아 시장확대 - 코로나19, 바이오 --> 신속, 정확 - 우수한 기술과 브랜드(한류, BTS)
약 점	위 험
- 교육순위(25위/65국) - 고임금, 노동시장 경직성 - 과도한 규제: 법인세, 소득세, 규제법 등 - 낮은 생산성과 원천기술 약함 - 디자인, 마케팅 취약	-인구감소, 보호무역, 자국 인재 양성 -미중 무역전쟁 큰 피해(-10%) -중국, 성장둔화, 기술격차 축소, 정보유출 -주력산업 퇴조 (철강, 조선→IT)

1) 강점
- 세계최고 교육열, 우수한 인재

우리나라는 세계 최고의 교육열을 가지고 있고 가장 우수한 인재가 많은 나라로 정평이 나 있다. 오바마 대통령은 한국의 가장 우수한 점을 세계 최고의 교육열이라고 했다. 한국에 많은 해외기업이 진출하는 이유도 우수한 IT 인재가 많기 때문이다. 이처럼 우리나라는 세계 최고의 교육열과 우수한 인재를 많이 가지고 있는 것이 강점이다.

- 세계 최고 IT와 통신 인프라

우리나라는 세계 최상의 IT 인프라를 구축하고 있다. 통신 인프라 역시 세계 최고이다. 우리나라의 통신 인프라와 IT 인프라 구축은 99%이다.

2000년도에 우리나라 IT는 성장했다. 97년도 IMF 이후에 김대중 대통령은 한국을 다시 일으키는 방법을 IT 육성으로 뽑았다.

벤처기업을 육성하기 위해서는 IT 인프라가 구축이 매우 필요했다. 모든 초등학교 중학교 고등학교에 인터넷을 깔았다. 한국은 2025년 전 세계 전자정부 1위이다.

이처럼 우수한 통신 인프라가 있었기 때문에 한국은 발전할 수 있었다 우리나라는 인포메이션 테크놀러지(IT)가 세계 최고의 수준이다. 삼성전자 하이닉스는 전 세계 메모리 반도체 80%를 공급하고 있다. 이와 같이 우리나라는 인포메이션 테크놀러지와 정보통신기술 있어서 세계 최고의 수준을 자랑하고 있다. 한국의 가장 큰 장점이다.

이러한 통신 인프라와 IT 인프라가 갖추어져 있기 때문에 전 세계 기업이 한국에 진출하고 있는 것이다. 미국은 국토가 넓어 한국과 같이 통신 인프라를 갖출 수가 없다.

IT 인프라도 갖출 수 없는 이유가 큰 영토 때문이다 한국은 국토가 좁고 인구 밀집도가 높기 때문에 굉장히 큰 장점이다. 이러한 이유로 우리나라가 세계 최고의 IT와 통신 인프라를 갖추고 있는 것이다. 이러한 우리나라의 장점을 적극 활용해야

한다

- 지정학적 위치(중국, 일본)

우리나라의 지정학적 위치는 장점이면서도 단점이다. 전 세계 중심이라고 부르는 중국이 바로 위에 있다. 중국은 한국 영토 50배 정도다. 인구가 14억으로 세계 최고이다. 우리나라가 5,100만 명이다. 우리나라 인구의 약 30배 정도 크다고 볼 수 있다.

일본은 인구가 1억 2천만 명으로 우리나라의 두 배가 넘는다. 항상 일본은 한국을 통하여 대륙으로 진출하려고 했다.

1592년 임진왜란이 이러한 일본의 야욕으로 시작되었다. 이러한 이유로 한국은 중국과 일본, 서양의 침입을 오랫동안 받았다. 전쟁이 한시라도 없었던 날이 없었다.

우리 한국은 다른 나라를 침입한 적이 없다고 자랑하지만 그것은 좋은 점은 아니다. 우리의 강력한 국방력으로 중국과 일본을 방어할 수 있어야만 한다.

우리나라는 일본으로부터 부품과 소재를 수입하여 중간재를 만든다. 대표적인 것이 반도체이다 일본으로 부터 소재와 장비를 수입하여 삼성전자와 하이닉스는 반도체를 만든다. 삼성전자는 전 세계 메모리 반도체의 50%를 차지하고 있다. 하이닉스는 메모리 반도체에서 30%를 차지하고 있다

지정학적 위치로 인하여 한국은 중국과 일본으로부터 위협을 받고 있다. 그러나 장점이 될 수도 있다. 바로 중국과 한국 일본 사이에서 한국이 조정자의 역할로서 생존할 수 있는 것이다. 또한 미군이 한국에 3만 명 정도를 주둔한 이유가 자유시장 경제 체제를 지키기 위해서이다.

한국이 위험하게 되면 일본까지 위험하게 된다.

이러한 미국의 최일선 방어로서 한국에 약 3만 명 미군이 주둔하고 있다.

국가의 생존에 가장 중요한 것은 우수한 국방력으로 외국의 침입을 막는 것이다. 우리나라는 한국의 이러한 지정학적 위치를 잘 이용해야 할 필요가 있다.

우리나라 서해안을 신 UN시티로 만들자는 제안도 있다. 그것은 우리나라가 북한으로부터 위협에 대응하여 오히려 UN 본부를 한국에 유치하자는 전략이다.

전 세계에서 가장 위험한 곳이 한국이다. 이것을 역발상하여 오히려 한국을 세계에서 가장 안전한 나라로 만들자는 것이다. 한국의 지정학적 위치가 오히려 장점이 될 수 있다.

2025년 기준으로 북한은 핵무기를 약 100개 정도 가지고 있다. 북한이 핵을 가지게 되어 가장 위험하다고 볼 수 있다. 그러나 만약에 한국에서 서해안을 개척하여 신 유앤 시티로 만든다면 세계의 주요한 모든 국가의 대표가 한반도에 있게 된다. 북한은 도저히 한국을 침입할 수 없게 되는 것이다.

세상에서 가장 위험한 곳이 가장 안전한 곳으로 만들자는 역발상이다. 핵전쟁에 있어서 상호확증파괴론이다. 한 나라를 완전히 파괴하지 못하면 서로 위험하기에 전쟁을 하지 않는다는 전략이다.

이런 이유로 미국은 상호확증전략을 유지하고 있는 것이다. 한국의 지정학적 위치에서 보면 세계평화의 도시는 필요하다. 우리의 약점을 강점으로 만들자는 것이다

- 제조업 세계5위, 경제 10위

우리나라는 세계 5위 제조업 강국이다. 한국보다 제조업이 강한 나라는 4개 나라밖에 없다. 중국, 미국, 일본, 독일이다.

한국은 제조업이 강한 나라이다. 한국의 수출업종은 중후장대 업종이다. 자동차, 철강, 반도체 화학이 가장 중요한 수출품목이다. 한국은 과거 비누 가발을 만든 경공업에서 중공업으로 혁신했다. 중공업이 한국을 떠받치고 있다. 우리나라는 제조업으로 세계5위이다. GDP 규모로는 세계 10위이다.

2025년 미국의 GDP가 27조, 중국이 16조, 일본이 5조, 한국이 2조이다.

한국 규모가 작은 것이 절대 아니다. 인구가 5200만이다.

한국 1인당 수출액이 일본 국민 1인당 수출액 두 배다. 이와 같이 한국은 일본보다도 수출총액에서 3년 내에 일본을 능가하게 될 것이다.

한국 경제가 일본을 이길 수 있다. 한국은 무역의존도가 75%이다. 내수는 25%이다. 일본은 우리의 반대이다. 일본 수출의존도가 25%이다. 내수 의존도는 65%이다.

한국이 전 세계 경제에서 차지하는 비중은 2%다. 그러나 향후 한국이 IT 인프라를 구축하고, 소프트웨어 인재를 양성하고 세계 4차 산업혁명을 주도한다면 세계 최고의 선진국이 될 것이다.

우리가 소프트웨어 인재를 양성하는 이유이다. 제조업에서 세계 5위이기 에 이러한 장점을 살린다면 한국은 4차 산업혁명에서도 세계 최고의 국가가 될 수 있다. 이러한 자부심을 가져야한다.

-신속한 의사결정

한국의 장점은 신속한 의사결정도 있다. 우리나라는 어떤 나라보다도 신속한 의사결정을 할 수 있다. 대기업의 장점이 바로 신속한 의사결정이다 신속한 의사결정은 오너 경영에서부터 나온다. 전문 경영인들은 2년에 한 번씩 실적으로 평가를 받는다.

전문 경영인들은 주가를 올리고 배당을 많이 하여 주주로부터 인기를 얻어야만 한다. 따라서 단기간 영업이익이라든지, 단기에 대한 의사결정을 할 수 있다.

그러나 오너 경영 즉 주인이 경영하는 삼성전자와 LG전자, 현대자동차를 보자. 그들은 오너 경영을 하기 때문에 신속한 의사결정을 하고 있다. 수백조 원의 대규모 투자에 있어서 이러한 신속한 결정은 한국만의 장점이다.

바로 한국 경제 한국 기업의 장점이라고 볼 수 있다. 해외 대학과 언론사 등이 한국의 장점을 이러한 재벌로 손꼽고 있다. 삼성전자와 현대자동차는 이러한 능력으로 세계 최고의 기업이 되었다. 우리는 한국인이 가지고 있는 이러한 신속한 의사결정을 강점으로 이용해야만 한다

2) 기 회

- 4차 산업혁명 인재 양성, (초,중,고,대학)

초. 중. 고, 대학생에게 코딩교육을 필수과목으로 가르치자. 4차 산업혁명 인재를 적극 육성하여 세계 최고의 국가가 되자.

2025 SW는 미래세대에 가장 필요한 컴퓨터 언어이다. 영국은 수년전부터 초등학생에게 코딩을 가르치며 미래 인재를 키우고 있다.

세종대는 2015부터 국내 4년제 대학 최초로 전교생에게 코딩을 필수과목으로 가르치고 있다. 2025년 졸업생들이 미국 애플과 아마존 등 세계적인 기업에 코딩전문가로 취업하면서 성과를 내고 있다. 교육부는 서둘러 모든 대학생들에게 코딩을 필수과목으로 지정해야 한다

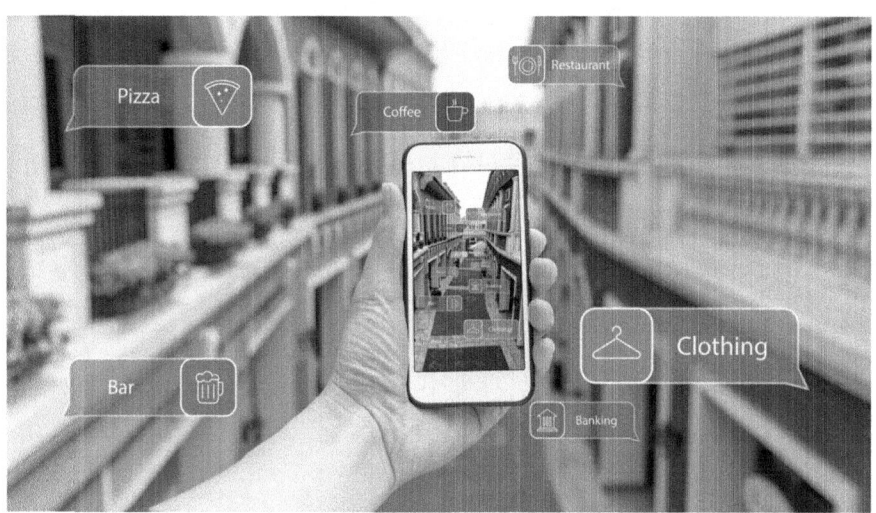

<스마트폰으로 일상 모든 것을 다 한다>

한국은 교육열, IT인프라, 스마트폰 보급률, 메모리반도체 그리고 전자정부 등에서 세계 1위이다. 우리나라의 장점을 살려 국가를 테스트 베드화 하자.

전 세계가 신제품을 한국에서 가장 먼저 사용하고 시험하게 하자. 세계경제에서

한국이 차지하는 비율이 2%이다. SW인재를 양성하고 4차 산업혁명 기술인력을 키운다면 한국은 10%까지 올릴 수 있다

한국은 제조업 세계 5위다.

골드만삭스는 한국이 미국 다음으로 세계 2위 경제대국이 된다는 예측을 했다. 한국이 앞장서서 4차 산업혁명 기술인력 100만 명 이상을 양성한다면, 세계에서 가장 잘 사는 국가가 될 것이다.

한국이 개화기 때 쇄국을 했기에 일제 36년 지배를 받았다. 이제는 한국이 4차 산업혁명이라는 혁신을 주도하자.

2025년 한국 수출액은 3년 안에 일본 수출액을 능가한다. 4차 산업혁명을 국가가 앞장서고 국민이 일치단결한다면 한국 GDP(2조 달러)는 수 년 내 일본 GDP(5조 달러)를 능가한다.

4차 산업혁명은 인공지능, 사물인터넷(IOT), 자율자동차, 클라우드 그리고 블록체인 등이다. SW인재를 양성하여 제조업과 서비스업 등 모든 산업을 혁신해야 한다. SW인재는 다자무역 확대로 2025년 이후 해외진출이 더욱 확대 될 것이다.

무역확대라는 세계적 흐름에 편승하여 한국도 RCEP와 CPTTP에 적극 가입하자. 미국과 함께 세계무역의 표준을 선도하자.

한국은 4차 산업 인재육성에 국가의 생존이 달려있다. 서둘러 모든 학생에게 코딩을 가르치자. 혁신적인 교육이 한국을 세계 최고의 선진국으로 만들 것이다. 한국이 시급히 추진해야 할 가장 중요한 과제이다.

- 혁신지원, IT 융합, 벤처 육성

IT융합과 벤처산업 육성을 위한 국회와 정부의 전폭적인 지원이 필요하다.

우리나라는 세계 최고의 IT인프라를 가지고 있지만 이것을 활용하지 못한다. 세계에서 가장 뜨거운 교육열을 가지고 있지만 교육 순위로 보면 중간 정도밖에

안 된다. 65개국 중에서 25위이다. 2025 한국에서 필요한 아이티 기술자는 약100만 명으로 알려줘 있다. 나는 우리나라의 모든 학생들에게 코딩을 가르쳐야 한다고 생각한다.

이미 영국은 과거 대영제국을 꿈꾸면서 초등학생부터 의무적으로 코딩을 가르치고 있다. 국회에서는 우리나라 초등학생부터 코딩을 의무교육 화하도록 혁신을 해야 한다. 4차 산업혁명을 주도하지 않으면 우리나라는 뒤쳐지게 된다.

한국이 제조업 5위라는 순위를 이어가고 세계경제를 주도하기 위해서는 국회의 혁신 지원이 필요하다. 또한 아이티 융합이 이루어져야 한다.

하나의 학문을 가지고는 어려움을 극복할 수 없다. 농업과 공업, 서비스, 제조업을 융합 해야 한다. 최근에 대기업과 중소기업에 융합이 일어나고 있다.

대기업이 만든 기아자동차를 우리나라의 중소 제조기업이 또봇을 만들어내고 있다. 바로 자동차가 로봇으로 변신하는 것이다.

이와 같이 중소기업과 대기업 협업이 우리 기업의 살아나갈 하나의 방법이다.

우리나라 전체 종사자에 88%는 중소기업 종사자이다. 9988이라는 말이 있다. 기업의 99%가 중소기업이고, 88%가 중소기업 종사자라는 이야기이다

한국중소기업에 융합이 필요하다. 위와 같이 대기업과 중소기업 융합에 국회의 혁신 지원 벤처기업의 육성이 정말로 필요하다

- 스마트폰, 인터넷, 구독경제 핵심이다(제조->서비스)

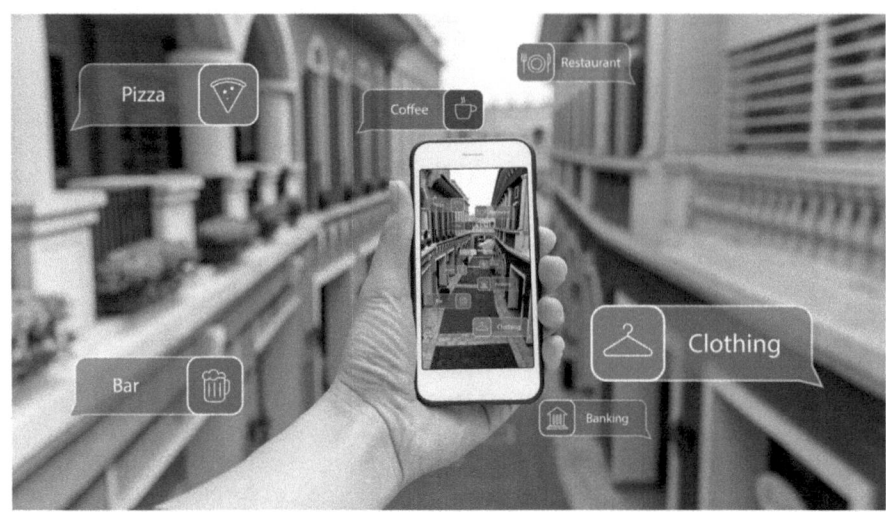

2025 기업 생존전략은 언택트와 모바일에 달려있다. 온라인과 언택제는 매년 25%이상 높은 성장 한다.

생산의 4대 요소는 토지, 노동, 자본, 그리고 모바일이다. 이제는 생산, 유통, 판매 등 모든 분야에서 모바일이 가장 중요한 요소가 되었다.

향후 모든 기업의 생존전략은 모바일, 인터넷, 그리고 언택트 인프라를 얼마나 구축했느냐에 달려있다. 한국 기업은 제조업 우위를 유지하면서, 서비스영역으로 확대해야 한다. 기업은 구독경제로 변신해야 한다.

미국 FAMANG 기업들은 제조업 보다 서비스로 이익을 내고 있다.

온라인구매의 95%는 핸드폰으로 거래한다. 핸드폰을 중심으로 기업 생존전략을 구축해야 한다. 애플은 매출의 30%가 서비스이다. 애플TV가 있다.

아마존, MS, 넷플릭스, 구글 등 빅테크 기업들은 매월 구독료를 받으면서 안정적인 수익을 창출한다.

한국은 세계 5위의 제조업 강국이다. 우리나라는 K-방역, 언택트산업 등 4차 산업혁명이라는 거대한 세상의 변화 물결을 주도해야 한다.

2025 기업은 모바일 중심의 영업전략이 필요하다. 전체 온라인쇼핑 거래액 중 70%가 핸드폰을 포함한 모바일로 거래됐다. 모든 기업은 핸드폰과 연계된 모바일을 중심으로 혁신해야 한다.

2025년 한국의 소매판매액은 700조원이며, 35%가 온라인구매이다. 2030년에는 전체 거래액의 65%를 온라인이 차지한다.

온라인산업은 임대료, 인건비, 그리고 거래비용을 큰 폭으로 낮춘다. 모바일과 홈페이지 구축, 온라인 회원확보는 기업의 필수 생존전략이다. 온라인회원 한명의 가치는 10만원 ~20만원 쯤 된다.

일자리 창출에서 한국 제조업이 10억원 매출로 5.8명을 고용한다. 온라인쇼핑산업은 SW개발자와 배달 운수업 근로자 증가로 10억원 매출시 40명을 고용한다.

2025년 기준 한국 기업의 해외직접투자(FDI) 유출액은 유입액 달러보다 두배 많다. 법인세율은 독일 15%, 미국 21%, 일본23%, 한국 26%이다.

정부는 기업하기 좋은 국가를 만들어야 한다. 한국 기업의 해외유출을 막아 국내에 일자리를 만들어야 한다. 우리는 6.25전쟁, IMF 그리고 2008년 금융위기 등 수많은 역경을 잘 극복하고 이겨냈다.

이제 한국은 언택트, 모바일, 바이오 그리고 AI 등 4차 산업혁명을 주도해야 한다. 향후 모든 기업의 생존전략은 모바일과 중국, 인도, 베트남 등 아시아 시장 개척에 달려있다.

- 중국, 인도, 베트남 등 아시아 시장확대

중국 인도 베트남은 성장국가이다. 한국의 내수시장을 위 나라로 확대해야 한다. 인도는 향후 16억명을 넘는다. 미국기업이 인도 진출 이유이다.

중국 다음으로 인구대국이 인도이다. 한국도 서둘러 인도시장에 진입해야 한다.

-바이오 --> 신속, 정확

한국은 삼성바이오로직스, 셀트리온 등 세계에서 가장 큰 바이오 생산 공장을 가지고 있다. 삼성전자는 수년 전부터 삼성전자 이후에 새로운 산업으로 바이오를 선택했다. 많은 사람들이 생명 연장의 꿈을 가지고 있다.

선진국이 되고 경제적 여유를 가지게 되면 건강하고 오래 사는 것에 관심을 가진다. 따라서 삼성은 새로운 산업을 잘 선택했다. 세계에서 단일 공장으로 가장 큰 규모를 가지고 있다 인천 송도에 위치한 삼성바이오로직스는 가장 큰 단일 공장이다. 전 세계 바이오기업으로부터 생산을 위탁받고 있다. 한국에서 코로나 백신이 러시아 스푸트니크가 생산되고 있다.

신약은 당초의 10년 이상 걸리는 긴 연구와 오랜 임상시험을 거친다.

신약에 대하여 특허가 20년 인정된다. 우리나라는 새로운 산업을 일으키는 것이 바이오가 되면 좋겠다. 한국의 가장 큰 장점은 신속하고 정확하다는 것이다 우리나라는 그 세계 어떤 나라보다도 신속하고 정확하게 생산해낼 수 있다.

한국인의 가장 큰 장점이 부지런하고 신속하다는 것이다.

빨리 빨리 라는 한국어가 외국인에게 회자되고 있다. 이처럼 한국은 빨리 움직이고 신속하다는 것이다. 한국의 장점인 정확성 신속성을 살린다면 우리나라는 바이오 분야에서도 세계 최고가 될 수 있다.

4차 산업혁명의 하나의 일환으로 우리는 바이오 산업을 육성하고 발전시켜야 한다. 우리나라 식약청은 청주에 있다.

한국 기업이 바이오로 충분이 성장할 수 있다. 우리나라 강원도 원주가 바이오기업이 집단으로 모여 있는 곳이다. 서울에서 매우 가깝고 위치가 좋다.

이와 같이 한국의 장점을 살려서 바이오 산업을 육성해야 한다.

한국 국민은 그 어떤 나라보다도 약을 선호하는 국가이다 약을 많이 먹기 때문에 세계1위이다. 과다한 약품에 의존하고 있다. 전 국민이 의료보험이 되고 약값 비용과

의료비용이 저렴하여 방문이 많이 일어나고 있다.

- 우수한 기술과 브랜드(한류, BTS)

한국의 우수한 기술과 브랜드가 한국의 경쟁력이다. 우리나라는 K팝으로 대변되는 한국의 문화가 한국 전도사로서 큰 역할을 하고 있다.

BTS는 방탄소년단으로 불리며 하이브는 상장을 했다. 2025년 기준 시가총액이 7조원으로 우리나라 기존의 엔터테인먼트 회사를 다 합친 것보다 더 크다. 방시혁 회장이 만들었다. 우리나라는 그 어떤 나라보다도 우수한 기술력을 가지고 있다.

중국에서는 명품이 거의 팔리지 않는다. 그 이유는 바로 제품이 진짜 라는 것을 믿음을 가질 수 없기 때문이다. 우리나라 면세점이 세계1위다. 판매량 기준으로 신세계와 현대백화점 롯데면세점이다 합치면 면세품 금액 기준으로 세계 1등이다.

이처럼 한국은 매우 우수한 브랜드를 가지고 있다. 한국은 이러한 우수한 기술과 브랜드를 활용해야만 한다. 사차 산업혁명의 인재들도 우리 한국의 우수한 기술과 브랜드를 합친다면 더 큰 경쟁력을 가질 수 있을 것이다.

약 점

교육순위(25위/65국)

우리나라는 세계 최고의 교육열을 가지고 있다. 우리나라에 전자정부, IT인프라 등은 세계 1위이지만, 교육순위는 65개국 중 25위다.

그 이유는 우리나라에 체계적인 교육이 되지 않고, 주입식 교육 암기식 교육 중심이다.

미국에서는 어린이나 학생들에게 구구단을 가르치지 않는다. 스스로 계산해서 그 원리를 터득하게 만든다. 인도는 19*19를 계산하게 한다. 바로 19단이다. 인도는 수학이 강하고 소프트웨어가 강한 이유가 바로 수학교육 이다.

마이크로소프트 대표가 인도에서 온 유학생이다. 그는 인도에서 대학을 졸업하고 미국에서 석사를 마친 후 마이크로소프트 대표까지 올랐다.

이와 같이 교육 순위는 한국이 많이 뒤쳐져 있는 것이 약점이다. 4차 산업혁명 조기교육이 가장 중요하다. 어린 자녀들이 있는 집을 보면 모두가 다 스마트폰을 가지고 논다.

바로 스마트폰과 함께 성장했다고 말할 수 있을 정도이다. 따라서 우리는 이러한 교육 순위를 올리고, 스마트폰과 함께 코딩을 가르치는 것도 좋다.

스마트폰을 억지로 뺏으려고 하는 것보다는 기계와 친숙하게 가르쳐야 한다. 컴퓨터도 마찬가지다 마이크로소프트 빌 게이츠는 초등학교 학생 때 아버지로부터 컴퓨터를 선물 받았다.

자기 집 주차장에서 만든 회사가 마이크로소프트이다. 이와 같이 교육 수준과 질이 아주 중요하다. 우리나라는 교육열은 뜨겁지만 교육 수준은 굉장히 순위가 낮다. 시급히 개선이 필요한 이유다.

-고임금, 노동시장 경직성

한국은 고 임금과 노동시장의 경직성이 약점이다.

2025 현대자동차 생산직 근로자의 평균 급여는 1억 원이다. 우리나라 전체 근로자 90%는 중소기업이다. 그러나 대기업 근로자의 급여는 매우 높다. 최근에 최저임금도 한국이 계속 올려 최근 3년 동안 1만원이다. 주말 수당을 포함하면 10,500원이 넘는다.

미국의 최저임금이 10~20 달러 정도다. 우리나라의 일인당 국민소득이 3만 불, 미국이 7만 불 인 것을 감안하면 우리나라의 최저임금이 높다. 미국의 일인당 국민소득을 비교하면 우리나라의 최저임금은 높은 편이다.

우리나라는 노동시장이 매우 경직적이다. 경직적이라고 하는 말은 한번 고용을 하게 되면 절대 해고를 할 수 없다는 것을 말한다.

기업이 파산 직전이거나 경영상의 어려움이 있을 때만 해고가 가능하다. 우리나라의 고임금, 한국 노동시장의 해고를 할 수 없다는 경직성이 한국의 약점이다.

2025 현대자동차 임금이 미국 포드자동차, 일본의 도요다자동차 보다 높다. 우리나라의 고임금 구조, 노동시장의 경직성은 외국인들이 한국에 투자를 망설이는 이유이다. 한국도 임금을 물가 수준 2%내외로 인상해야 한다.

과도한 규제: 법인세, 소득세, 규제법 등

우리나라는 기업하기 좋은 환경이 아니다. 우리나라의 법인세는 26%로 미국의 21%, 일본의 22%, OECD 평균 21%보다 높다. 이와 같이 법인세가 높기 때문에 우리나라의 외국인 직접투자는 외국인들이 한국에 투자를 하고 한국인을 고용하는 매우 좋은 것이다. 우리나라의 법인세가 높기 때문에 외국인들은 한국투자를 꺼린다.

트럼프 대통령은 본인이 사업가 출신이기 때문에 법인세를 15%나 낮췄다 2025 미국 법인세는 21%다. 특히 아일랜드 법인세는 12%다. 우리나라의 경쟁 국가들이 이처럼 낮은 법인세로 기업의 유치를 하고 있다.

외국인들이 한국에 여러 가지 이유로 투자를 망설인다. 경직적인 노동 정책, 법인세, 외국인 자녀 학교, 여러 가지 문제가 있다. 이 중에서도 법인세만큼은 상당히 높다.

우리나라의 소득세는 10억원 이상은 45%를 부과 한다.

외국인들이 만약에 한국에 오게 되면 5년간은 19%로 낮은 세율을 적용받는다. 그러나 외국인들이 5년이 지나게 되면 소득세율이 45%나 된다. 따라서 외국인들은 한국에 5년 이상을 머물려 하지 않는다.

낮은 생산성과 원천기술 약함

한국의 노동생산성은 매우 낮다. 또한 한국의 원천기술이 매우 약하여 일본이나 미국 등에 많이 의존을 하고 있다. 많은 사람들이 한국의 노동생산성이 높다고 생각하지만 사실은 매우 낮다.

왜냐하면 한국인들은 주인이나 감시자가 지켜볼 때는 열심히 일한다. 그러나 감시자가 없을 때는 담배를 피우거나 전화를 하거나 개인적인 일을 한다. 한국의 노동생산성은 세계 37개국 중 34위다.

현대자동차에서 근무시간에 스마트폰을 한다는 이유로 와이파이를 끊었다가 파업이 일어났다. 이와 같이 근무시간에 근무만 충실할 것을 요구해도 노동자 단체는 반대한다. 한국의 생산성이 낮은 것을 보여주는 대표적인 사례다. 우리나라의 원천기술도 매우 약하다. 한국은 반도체의 장비의 90%를 외국에서 수입을 많이 하고 있다.

특히 일본에서 반도체장비를 수입한다. 2018년 일본이 수출을 금지한 애칭 가스 등 반도체 재료도 원천기술이 없기 때문에 95% 일본의 수입을 의존 했다. 우리나라는 원천기술이 이렇게 빈약하다. 당장은 이익이 안되어도 수십년에 걸쳐서 노력해야 가능한 것이다.

다행히 한국은 원천기술은 없지만 응용 기술이 강하여 반도체 세계 1위가 되었다. 원천 기술은 수십년에 걸친 기술이 바탕이 되어야만 한다. 생산성을 올리고 원천기술을 강화해야 한다.

- 디자인, 마케팅 취약

한국은 디자인과 마케팅이 매우 취약한 편이다. 다행스러운 것은 대통령이나 오세훈 시장 등이 서울과 한국의 디자인의 중요성을 잘 인식 한 것이다. 한강을 달리다 보면 한강 다리의 조명이 들어오고 디자인이 많이 개산되었다.

애플의 창업자인 스티브잡스는 디자인 혁명으로 정평이 나 있다. 그는 디자인 혁명을 했기 때문에 오늘날 애플을 만들었다. 애플 구매자들의 재 구매율은 85%에 이른다. 스마트폰 순이익의 85%를 애플이 가져간다.

스마트 판매 1위는 삼성전자이지만 전체 이익의 10% 안팎만 가져간다.

2025 애플은 시가총액이 4500조원으로 삼성전자의 9배나 된다.

테슬라는 디자인의 대해서는 매우 탁월한 능력을 가지고 있다. 그러나 제품의 안전성은 매우 낮다.

미국의 애플 스마트폰 뒤 배경에는 "디자인 BY USA"라고 되어 있다. 디자인만큼은 미국에서 했다.

애플의 제조는 중국 공장에서 한다. 반도체 부품은 한국과 대만에서 만든 것이다. 이와 같이 미국은 디자인만 한다. 디자인이 얼마나 중요한 것인지 알 수가 있다. 창의적인 디자인은 미국이 직접 한다.

오늘날 가장 중요한 것은 바로 이런 혁신적인 사고이다. 애플은 시장이 많이 커지고 많은 구매자가 생겼을 때 새로운 디자인으로서 신제품으로 혁명을 일으킨다. 애플 웨어러블이 우리가 말하는 이어폰이다. 노이즈를 없애서 주변 소리가 들리지 않게 하는 것이다.

애플이 강조하는 디자인과 마케팅 능력을 이번에 탁월하게 보여주고 있다. 2024년 전 세계 기업이 어려웠지만 애플, 아마존, 마이크로소프트 넷플릭스 Facebook, 구글 이와 같은 미국의 대표적인 빅테크 기업들은 오히려 큰 성장을 했다.

위험

4차 산업혁명 전기자동차

전세계 4차 산업혁명을 주도하고 있는 것이 전기자동차다. 4차 산업혁명을 아이오티(IOT) 사물 인터넷이라고 부른다. 세상의 모든 것을 사물과 사물을 연결하는 것, 사물과 사물을 연결하는 것이 IOT다.

전세계 전기자동차 20%를 점유하고 있는 테슬라, 2위가 폭스바겐, 3위기 르노 닛산 미쓰비시 4위가 현대 기아차로 7%를 점유하고 있다.

BMW그룹이 7%, 제너럴모터스가 5위다.

全世界 전기자동차에 규모는 2024년 기준으로 1700 만대 정도다. 전기자동차는 4차 산업혁명의 모든 기술을 모아둔 것이다. 기존 자동차가 약 3만 개의 부품으로

이루어져 있다.

전기자동차는 그 부품을 5분의 1로 낮추었다. 배터리 기술이 전기자동차의 핵심적인 기술이다. 전체 자동차 가격에 반을 배터리가 차지한다. 따라서 테슬라는 원통형 전기 배터리를 이용한다. 리튬이온 배터리다.

2024년 8월 한국과 포르투갈 등 전세계는 전기자동차 화재로 긴장하고 있다. 전기자동차 판매는 안전이 확보돼야 한다. 전고체 배터리가 화재에 안전하다.

최고급 벤츠 전기자동차에 중국산 저가 배터리가 장착되어 충격을 줬다.

전세계 전기자동차 판매는 증가속도가 느려질 것이다.

애플은 맥북에 이용되고 있는 CPU를 자체 생산을 하기 시작했다. 이와 같이 애플은 모든 것을 디자인을 하고, 생산은 외주에 맡기는 형식을 취한다. 제 제너럴모터스와 포드는 등은 SUV차에 집중을 하고 있다

-인구감소

인구절벽 해법은 충분한 육아수당 지급이다. 한국의 인구절벽(Demographic cliff)이 국가에 큰 영향을 미치기 시작했다.

2025 교육부는 학령인구 감소의 대안으로 진행해오던 대학 입학정원 축소를 진행하지 않기로 했다. 대안으로 정원감축 권고를 하지 않고 시장경제에 맡겨 신입생 충원율로 대학을 평가하기로 한 것이다.

2025년에는 입학지원자가 35만명 정도로 감소한다.

입학정원 기준 하위 180개 대학이 신입생을 한명도 못 받는다.

1977년 필자가 초등학교 때는 한반 학생이 70명이었지만, 지금은 한반에 약 20명이다. 당시에는 초등학교 학생이 너무 많아 오전반과 오후반으로 나누기도 했다.

인구감소 여파는 교사는 많지만 학생이 없어서 폐교한다. 초등학교에서부터 시작하여 중고등학교 그리고 대학교에까지 영향을 주기 시작했다.

우리나라 산업에서는 생산가능인구가 부족하고 물건을 생산하여도 소비할 수 있는 인구가 부족하게 되어 공급초과가 발생하게 된다.

우리나라에서 출산인구가 가장 높았던 1971년생은 105만 명이다. 2025년에는 사상처음으로 0.68명으로 줄었다. 25만명 정도 출산한다. 단순계산으로 1971년생보다 80%이상 감소했다.

인구학적으로 여성한명이 낳는 출산율이 1.3미만으로 3년 이상 지속될 때 초저출산 사회라고 한다. 우리나라는 2015년에 이미 출산율이 1.24로 초저출산 국가이다. 이 수치는 OECD 34개 회원국 가운데 가장 낮다.

국회예산처 연구에 따르면 우리나라 출산율이 2025처럼 지속될 경우에는 2700년경이면 한국인은 지구상에서 소멸된다. 정부는 지난 10년간 저출산 대책으로 150조원을 쏟아 부었지만, 출산율을 전혀 올리지 못했다.

현대경제연구원이 발표한 '출산율 부진 보고서'를 보면 자녀 출산을 어렵게 하는 가장 큰 이유는 "출산 및 양육비 부담(44%)"이었다. 보건사회연구원은 우리나라에서 아이 한명을 대학까지 보내는데 드는 비용을 3억 896만원이라고 발표했다. 2025년 기준 양육비 부담을 덜어주지 않는 이상 저출산 대책은 요원하다.

육아포털 맘스홀릭이 '저출산을 개선하기 위해 정부예산이 가장 필요한 곳이 어디인가?'에 대한 질문에 "보육비 지원 28%, 임신·출산 의료비 지원 17%, 주거비용이 16%"를 차지했다.

우리나라의 저출산을 극복하기 위한 가장 좋은 방법은 양육비를 국가가 직접 지원하는 것이다. 정부는 2024년 아이 한명당 10만원을 지급하고 있지만 매우 부족하다.

실질적으로 출산이후 산후조리원 비용이 수 백 만원이 든다. 게다가 아이 한명이 먹는 분유와 기저귀비용만 월 50만원이 넘는다. 이처럼 실제비용이 평균 50만원 이상이 드는데 국가지원이 10만원이다. 2025년부터 50만원 지급을 앞당겨야 한다.

1993년 출산율 1.65를 기록했던 프랑스는 2024년 출산율이 2.1를 넘어서며 저출산 극복에 성공했다. 프랑스는 경제적인 이유로 출산을 회피하지 않도록 일정금액의 양육비를 국가가 직접 지원하고 있다.

프랑스 아이의 90% 이상은 국가에서 운영하는 공립유치원에서 무상으로 교육을 받는다. 16세인 초·중등학교 까지는 무상으로 교육을 받는다. 이처럼 프랑스는 GDP의 4.7%인 약 150조원을 출산장려를 위한 보조금으로 지불하여 저출산 위기를 극복했다. 우리나라의 저출산 예산은 2025 국가 GDP의 1%를 넘지 못한다.

이 수치는 OECD 평균 2.55%에도 미치지 못한다. 우리나라도 인구절벽을 해소하기 위해서는 프랑스처럼 낳기만 하면 국가가 양육을 책임지는 정책을 실시해야 한다. 부모가 아이를 낳으면 국가가 양육을 책임질 정도로 충분한 경제적 지원이 된다면 출산율은 획기적으로 개선될 것이다.

1970년대 우리나라의 인구정책은 한명만 낳아 잘 기르자는 캠페인을 벌이기도 했다. 인구는 국력의 가장 대표적인 지표이다.

중국의 인구가 14억이지만 향후 2100년에는 산아제한으로 9억으로 감소한다고 한다. 그만큼 중국의 경쟁력도 약화되는 것이다.

우리나라의 인구정책은 미래를 내다보고 장기적으로 추진해야 한다. 신생아 한 명당 월 50만원의 충분한 육아수당 직접지급과 충분한 공립유치원 설립이 병행될 때 출산율은 크게 증가할 것이다. 인구정책에 대한 정부의 획기적인 전환이 필요하다.

-미중 무역전쟁 큰 피해 한국

한국의 무역의존도는 75%로 세계 2위이다. 한국 수출액이 1,000달러 증가하면 경상수지는 평균 126달러 증가한다.

미중 무역전쟁으로 한국 수출은 10% 감소하면서 가장 큰 피해를 입었다. 우리나라 수출증가는 곧바로 무역흑자로 연결되므로 정부와 기업은 수출확대에 더욱 많은 노력을 기울여야 한다.

미국은 중국에 대해서 약 25%를 관세를 부과하면서 중국제품의 수입을 줄였다. 이에 중국은 한국에서 수입해 오던 중간재를 큰 폭으로 줄였기 때문에 한국의 중국 수출이 감소한 것이다.

미중 무역으로 미국은 2000년부터 2025년까지 약 4000조원에 이르는 무역적자를 보았다. 트럼프대통령 입장에서는 양국이 서로 이익을 보아야 하는데 중국만 일방적으로 교역의 이익을 보았다고 생각한다.

2024년 미국 바이든 대통령은 이런 이유로 관세 2.5%를 10배 올려서 일부 품목에 대해서는 25%를 부과하고 있다. 미국은 중국이 농산물 등 미국 제품에 대해서 수입을 확대해달라는 것이 요구사항이다. 교역은 양국이 상호이익을 보아야 한다. 중국도 미국제품 구매확대가 필요하다.

-중국, 성장둔화, 기술격차 축소, 정보유출

중국은 GDP가 16조 달러로 세계2위다. 14억 인구에서 나오는 거대한 구매력이 중국경제를 이끌고 있다. 중국과의 기술격차는 아주 줄어들고 있다. 일부 품목은 이미 한국을 능가한다. 한국으로서는 중국과의 기술격차 축소가 위기이다.

한국 정부와 기업이 주도하여 반도체, 통신기술, 등 기술한국, sw중심 한국을 주도해야 한다.

-주력산업 퇴조 (철강, 조선IT)

철강 조선 한국의 주력산업이 퇴조하고 있다. 한국은 고부가가치와 IT인재 육성으로 이 위기를 극복해야 한다. 전통적인 굴뚝산업과 제조업은 미루고 미래가치가 밝은 4차 산업혁명 분야로 확대해야 한다.

Ⅳ. 기술인력 확대 방안[1]

- **敎育혁신**

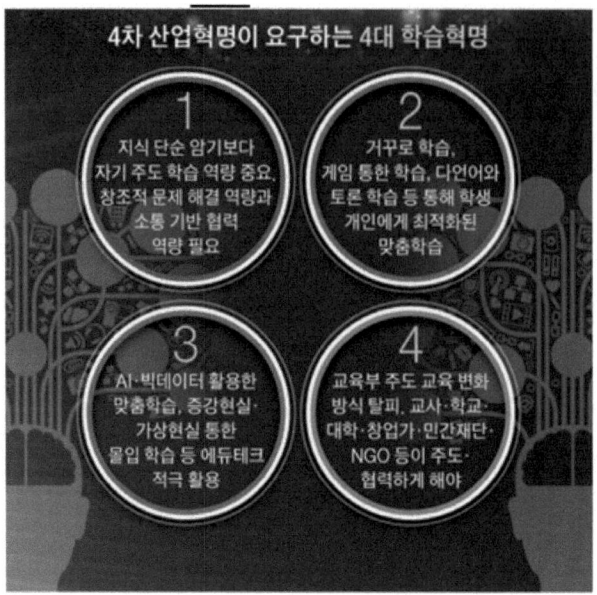

1. 선진국처럼 초등학교부터 SW교육, 중고등학교 SW필수화
2. SW교육을 위한 교사채용 시험과목 추가, 사범대학 SW과목 필수화
3. 전국 대학생 SW과목 필수화, 소프트웨어 중심 대학 확대.
4. 초등학교 등 SW 교사양성.
5. 연구중심 대학, 학부중심 대학 등 다양화
6. 혁신的 대학생 육성을 위한 대학의 경쟁력 키우기
7. 원하는 모든 국민에게 컴퓨터, 핸드폰 기초교육과 직업전환 지원

---

[1] 대통령직속 4차 산업혁명위원회 자료를 참고했음을 밝힌다. 한국교육개발원(2017.2018) 제4차 산업혁명과 미래교육 실천방안, 국회 혁신조사처(2018) 4차 산업혁명과 대응현황과 향후 과제, 입법정책 보고서, 제16호 등 자료를 참고했음 밝힌다.

세상은 4차 산업혁명이라는 거대한 변화의 큰 물결에 직면하고 있다. 이에 대한민국의 교육은 획일적이고 경직된 시스템에서 혁신해야 한다.

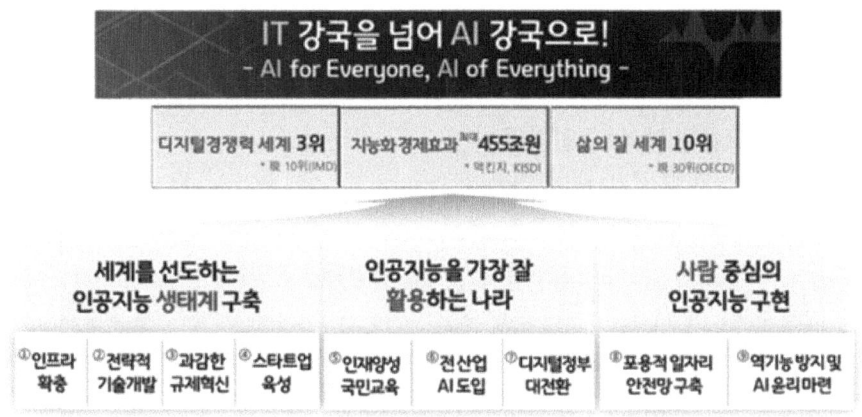

▲ 출처 : 인공지능 국가전략(과학기술정보통신부, 2019)

기존 산업화 시대의 교육체제를 그대로 유지하고 있는 우리의 교육은 63개국 중 교육경쟁력은 25위, 대학교육 적절성은 49위다.

한국은 제조업 수출액 기준으로는 세계 5위이다. 한국보다 제조업 강국은 미국, 중국, 일본, 독일이다. 한국이 제조업 수출액 기준은 세계 5위이지만, 교육경쟁력은 매우 뒤쳐져 있다. 국회가 입법을 서두르고 혁신을 주도해야 하는 이유이다.

단일 학과 중심의 대학 교육과정은 융합적 사고력과 문제 해결능력을 못 키운다. 대학 서열화에 기반한 대입제도는 4차 산업혁명에 대응하는 교육의 다양성을 방해한다.

2025년 기준 대학교육은 기업이 요구하는 4차 산업 전문 인재를 양성하는 역할을 못하고 있다. 미래의 교육은 일방적인 주입식 위주의 방식에서 벗어나, 4차산업에 맞는 SW능력을 가지고 미래 변화에 유연하게 대응할 수 있어야 한다. 암기식 학생을 길러내는 2025년 초중등 교육은 창의성과 SW교육으로 혁신해야 한다. 4차 산업혁명 시대의 사회적 수요와 공급 불균형의 중심에 서 있는 대학교육도 혁신해야 한다.

이처럼 한국의 모든 교육 단계에서의 변화가 시급하다.

첫째, 정부와 기업은 대학이 자율적 혁신을 할 수 있도록 해주어야 한다. 우리나라 교육부 규정은 학과 수업을 일정비율 이상을 대학이 소재한 지역에서 해야한다는 강제규정을 두고 있다. 한국에서는 세계적인 도시를 다니면서 수업하는 미네르바 스쿨이 생길 수가 없다. 미네르바 스쿨은 100% 온라인으로 수업을 한다. 사전에 교육과 학습 토론중심의 수업이다.

<포스트코로나 영역별 유망기술 전망>

6대 영역	유망기술	활용분야
헬스케어	• 디지털 치료제 • AI기반 실시간 질병진단기술 • 실시간 생체정보 측정·분석 기술	원격의료 실시간 건강관리
교육	• 실감형 교육을 위한 가상·혼합현실 기술 • AI·빅데이터 기반 맞춤형 학습기술 • 온라인 수업을 위한 대용량 통신기술	원격학습 특수교육
교통	• 감염의심자 이송용 자율주행차 • 개인 맞춤형 라스트마일 모빌리티 • 통합교통서비스(MaaS)	무인 자율주행 위험 대응
물류	• ICT기반 물류정보 통합플랫폼 • 배송용 자율주행로봇 • 유통물류센터 스마트화 기술	디지털 배송 관리 무인배달 서비스
문화	• 실감 중계 서비스 • 드론 기반의 GIS 구축 및 3D 영상화 기술	스포츠, 예배, 공연 중계 관광지 VR서비스
정보보안	• 화상회의 보안성 확보기술 • 양자얽힘 기반의 화상통신기술 • 동형암호 이용 동선 추적 시스템	화상회의, 원격학습, 원격의료 등 보안

자료: KISTEP 온라인 포럼(2020.4.29.), '코로나19가 바꿀 미래'의 발표자료를 발췌하여 재구성

이후 실습수업은 한국의 서울을 비롯한 미국 뉴욕, 워싱턴, 실리콘밸리, 런던, 그리고 북경 등 세계적인 도시를 직접 방문 하고, 기업을 탐방하면서 수업을 진행한다.

교육부는 대학 감사에서 교수가 출석을 부르는지? 안 부르는지를 출석부를 확인한다. 출석미달이나 출석부가 없으면 징계를 하는 곳이 한국의 대학 實情이다.

우리나라에 우수한 유학생을 유치하고 학교는 발전해야만 한다.

미국의 하버드 대학교, MIT 대학교 그리고 존스홉킨스 대학교는 그 도시에서 가장 먼저 대학에 대하여 땅이 필요한지 물어본다. 왜냐하면 세계적인 유수의 대학은 세계적으로 유명한 교수를 모셔오고, 유학생 기숙사를 지어야 하기 때문이다.

교수의 연구실과 연구시설을 계속 증설하고 있다. 이런 이유로 보스턴에 있는 하버드 대학과 MIT 대학은 학교 면적이 증가하고 있다. 존스홉킨스대학은 그 도시에서 우선적으로 부동산을 살 수 있는 권리를 주고 있다.

그러나 우리나라 교육부는 대학이 가지고 있는 부동산을 강제로 매각하도록 교육부가 요구한다. 대학이 가지고 있는 부동산이 불용 자산이라고 간주하거나, 매도하도록 이행각서까지 요구한다.

대학의 입장에서는 해외 유학생을 유치하여 기숙사를 짓고, 교수실과 연구시설을 확대하기 위해서는 부동산 부지를 사야만 한다.

<포스트 코로나19 일상생활 '뉴노멀'(예시)>

원격근무	원격학습	홈밀키트	책배달
원격의료	동영상스트리밍	홈트레이닝	음식배달 로봇

자료: https://blogs.oracle.com/oraclehcm/making-remote-working-work, https://www.cft.org/article/what-does-transition-remote-learning-mean, https://www.homechef.com/how-it-works, https://telemedicine.arizona.edu/blog/telemedical-care-what-patients-think, https://www.extremetech.com/mobile/250869-netflixs-new-content-download-option-comes-hidden-catch, https://www.cnet.com/health/gym-closed-here-are-some-of-the-best-home-workout-options/, 로보티즈

대학이 가지고 있는 자산은 수익사업을 할 수 없는 곳이다. 그럼에도 불구하고 교육부는 강제로 매각하게 한다. 대부분 부동산 취득과 매도를 교육부 허가 하에 진행해야 한다. 대학의 자율성이 이렇게 많이 훼손되고 있는 것이다.

교육부 감사는 교수가 출석을 불렀는지 안 불렀는지 출석부를 확인하는 곳이 되어서는 안된다. 이런 것이 대학 교육 현실이다.

대학이 한 학기에 개설하는 수업이 3000개나 된다. 대학이 이러한 자율성이 없어서 힘들어하고 있다. 우리나라 교육부는 대학이 4차 산업혁명 인재를 양성하고 혁신하고 있으므로, 이에 발맞추어 한다. 2025 교육방식을 혁신하고 개혁해야 한다.

4차 산업혁명에 맞는 수업 방법을 대학 스스로 찾게 해야 한다. 세계적인 미네르바 대학이 모델이다.

정부는 대학 스스로 4차 산업혁명 시대에 부합되는 교육과정 혁신을 추진함으로써 대학 유형 다양화와 대학 시스템 구조조정을 도모하도록 지원해야 한다. 정부는 대학혁신을 주도하도록 대학에 자율성을 주어야 한다.

둘째, SW인재양성을 위하여 초.중등 교육부터 전면적 변화를 실천해야 한다. 4차 산업혁명에 대비하는 교육으로 변해야 한다. SW 교원양성 과정의 전면적 개혁을 추진해야 한다. 2025의 교원은 SW를 모르기 때문에 방과후 과정 등에서 교육을 시키고 있다. 초중고 교사 채용 시험에 SW과목을 필수로 넣어야 한다.

셋째, 4차 산업혁명 시대에 소외를 막기 위해 평생학습 시스템을 구축해야 한다. 이를 위해 국가는 평생학습 체제가 4차 산업 시대의 인력 수요를 반영하여 학습방식·교육훈련 방법의 고도화 등의 혁신을 추진할 수 있도록 지원해야 한다. 2025년 우리의 교육, 즉 수동적 삶의 방식을 가르치고 실제 세계의 문제에 현명하게 대처하기보다 다른 누군가 해결책을 주기를 기다리도록 훈련시키는 교육은 국가 발전에 기여할 수 없다. 따라서 초중등, 고등교육 및 평생학습의 모든 단계에서 SW교육을 필수화하고 혁신되어야 한다.

Ⅵ 결론

한국이 세계 초강대국이 되는 유일한 길은 초. 중. 고, 대학생에게 코딩교육을 필수과목으로 가르치는 것이다. 4차 산업혁명 인재를 적극 육성하여 세계 최고의 국가가 되어야 한다.

2025년 SW는 미래세대에 가장 필요한 컴퓨터 언어이다. 영국은 수년전부터 초등학생에게 코딩을 가르치며 미래 인재를 키우고 있다.

SW중심대학으로 선정된 세종대는 국내 대학 최초로 전교생에게 코딩을 필수과목으로 가르치고 있다.

2025년 졸업생들이 미국 애플과 아마존 등 세계적인 기업에 코딩전문가로 취업하면서 성과를 내고 있다. 교육부는 서둘러 모든 대학생들에게 코딩을 필수과목으로 지정해야 한다.

한국은 교육열, IT인프라, 스마트폰 보급률, 메모리반도체 그리고 전자정부 등에서 세계 1위이다.

우리나라의 장점을 살려 국가를 테스트 베드화 하자. 전 세계가 신제품을 한국에서 가장 먼저 사용하고 시험하게 하자. 세계경제에서 한국이 차지하는 비율이 2%이다. SW인재를 양성하고 4차 산업혁명 기술인력을 키운다면 한국은 10%까지 올릴 수 있다.

한국은 제조업 세계 5위이다. 골드만삭스는 한국이 미국 다음으로 세계 2위 경제대국이 된다는 예측을 했다. 한국이 앞장서서 4차 산업혁명 기술인력 4만 명 이상을 양성한다면, 세계에서 가장 잘 사는 국가가 될 것이다.

한국이 개화기 때 쇄국을 했기에 일제 36년 지배를 받았다. 이제는 한국이 4차 산업혁명이라는 혁신을 주도해야 한다.

2025 한국 수출액은 3년 안에 일본 수출액을 능가한다. 4차 산업혁명을 국가가 앞장서고 국민이 일치 단결한다면 한국 GDP(2조 달러)는 수 년 내 일본 GDP(5조 달러)를 능가한다.

4차 산업혁명은 인공지능, 사물인터넷(IOT), 자율자동차, 클라우드 그리고 블록체인 등이다. SW인재를 양성하여 제조업과 서비스업 등 모든 산업을 혁신해야 한다. SW인재는 다자무역 확대로 2025년 이후 해외진출이 더욱 확대 될 것이다.

한국은 4차 산업 인재육성에 국가의 생존이 달려있다. 서둘러 모든 학생에게 코딩을 가르치자. 혁신적인 교육이 한국을 세계 최고의 선진국으로 만들 것이다. 한국이 시급히 추진해야 할 가장 중요한 과제이다.

05 2025년 윤석열 정부 경제정책 핵심내용

2025년 정부, 기업, 개인은 대외 경제정책 철저히 준비하라.

정부와 기업은 미국 등 대외경제 정책 변화에 철저하게 대비해야 한다.

2024년 하반기는 미국 기준금리 인하와 대통령 선거 등으로 새로운 경제정책이 필요하다.

미국은 2024년 9월부터 기준금리를 0.25% 내릴 것이다. 미국 6월 소비자 물가지수는 2.9%로 낮아졌다. 미국의 연방준비은행이 목표로 하는 소비자물가는 연말까지 2%다.

미국 기준금리 5.5%가 소비자물가를 2.9까지 낮췄다. 미국 연방준비은행의 가장 큰 목표는 물가를 2%로 안정시키는 것이다. 지난 50년간 미국 기준금리는 1981년 최고 21%에서 2%로 우하향했다. 미국 물가가 안정되면 기준금리는 다시 예전처럼 1~2%로 낮아진다. 미국 기준금리는 88% 확률로 우하향한다.

정부와 기업, 개인은 하반기 미국 대외 경제정책을 예측하고 선제적으로 대응해야 한다. 다음과 같이 제언한다.

첫째 미국은 2024년 9월부터 기준금리를 0.25% 인하한다. 3회 정도 인하할 예정이다.

미국 연방준비은행은 실업률이 2024년 8월 4.3%까지 오르자 경기를 개선시키기 위하여, 기준금리를 인하를 결정했다. 경기악화의 가장 좋은 지표는 실업률이다. 9월 미국 기준금리 인하 확률은 2024년 8월 100%다.

한국은행은 미국 기준금리 이후 10월부터 12월 하반기까지 0.25% 정도 기준금리를 내릴 것이다

둘째 트럼프 대통령 후보의 경제정책 변화다.

미국 대통령 선거가 11월 5일 화요일이다. 트럼프와 바이든 정부와 기업은 모두 중국에 대한 고관세를 예고했다. 2024년 8월 바이든 정부와 기업은 중국에 대한 AI반도체 수출 금지를 천명했다. 또한 트럼프 대통령은 본인이 당선된다면 중국산 전기자동차에 100%에서 200%까지 고관세를 부과하겠다고 말했다. 한국과 일본 등 우방국에 대해서도 관세를 10%올리겠다고 말했다.

트럼프 후보가 지지하는 경제정책은 은행과 전통적인 제조업이다. 전기자동차와 배터리 분야는 정부 지원을 축소하고, 석유화학과 은행 등을 육성하겠다는 전략이다.

한국 정부와 기업, 개인 와 산업계도 트럼프의 경제정책에 대비해야 한다. 미국에서 현지 생산을 늘이고 중국산 부품 이용을 최소로 줄여야 한다.

대만의 TSMC에 대해 트럼프는 강경한 입장을 밝혔다. 그는 대만 안보비를 미국이 지출하고 있으므로, 대만도 이제는 지불해야 한다는 것이다. 대만은 2024년 8월 전 세계 비메모리반도체 90%를 독점공급하고 있다. 대만 정부도 이에 적극 방위비 분담을 하겠다고 응답하면서 동북아시아의 변혁을 예고했다.

셋째 한국은 미국 우선주의 정책에 대응하여, 국제무역을 확대하고 다자무역에 적극 가입해야 한다. 대한민국은 무역의존도가 75%다. 한국은 수출과 수입 등 교역으로 먹고사는 나라다. 그러나 미국은 무역의존도가 20%고, 내수 비중은 80%다. 미국은 인구가 3억 3천만 명으로 계속 증가 추세다.

그러나 한국은 내수가 아니라 교역을 해야 한다. 한국은 일본이 주도한 CPTPP에도 편입하고 다자무역에 적극 가입해야 한다. 트럼프와 해리스 대통령 후보 중에서 누가 집권하더라도 미국은 자국 우선주의 정책으로 나갈 것이다.

그러나 한국은 위기는 기회라는 긍정적 생각으로, 교역을 확대하고 수출을 늘려야 한다. 한국은 에너지를 100% 수입한다. 따라서 미국이 자국 우선주의로 나갈 때, 한국은 적극적인 해외 진출을 도모하고 교역을 확대해야 한다.

넷째 트럼프 대통령 후보는 자국 방어를 스스로 책임지라고 말한다.

한국은 2024년 폴란드 등에 30조원 재래식 무기를 수출했다. K2-전차, 자주포,

FA-50 경비행기 등 방위산업이 한국의 효자상품이다. 미국이 생산하는 항공모함 등은 수출이 불가능한 제품이다.

그러나 한국은 지난 70년간 전쟁을 준비하면서 방위산업이 성장했다. 한국의 재래식 무기는 어떤 나라보다도 신속하고 정확하게 공급할 수 있다. 트럼프 후보가 당선된다면 한국 방위산업과 안보는 기회가 될 수 있다. 대한민국이 원하는 것은 핵추진 잠수함과 핵 안보전략이다.

2024년 하반기는 미국 대통령 선거, 9월 미국 기준금리 인하, 한국은행 기준금리 인하, 미국 보호무역과 자국 우선주의 정책 등을 철저하게 대비해야 한다.

한국경제는 상반기에는 반도체, 전기자동차, 배터리 분야에서는 선전했다. 그러나 하반기에 갈수록 한국의 강점이 약화될 것이다. 정부와 기업의 철저한 대비만이 위기를 극복할 수 있다.

2025년 내수 경제 어렵다. 내수 경제 활성화 필요하다.

2024년 자영업자가 100만 명 가까이 폐업을 신고했다. 고물가와 고금리로 자영업자와 소상공인들이 큰 어려움을 격고 있다. 정부와 기업은 내수경제를 살리기 위하여 최선의 정책을 실시해야 한다. 정부의 정책자금 지원, 50조원이 넘는 이익을 남긴 은행에 대한 가산금리 인하 등 대책이 필요하다.

우리나라는 무역의존도가 75%로 교역으로 먹고사는 나라다. 무역의존도는 GDP대비 수출과 수입이 차지하는 비율로 한국이 세계 2위다. 한국의 내수 의존비율은 25%다. 자영업자들이 이렇게 폐업을 많이 한 것은 고금리로 인해 국내경제가 어렵다는 것을 보여준다.

내수경제를 살리기 위해서는 금리인하가 필요하다. 미국은 2024년 9월부터 기준금리를 0.25% 인하한다. 미국은 1번 내지 2번 정도 인하할 것으로 보인다.

한국은행은 미국이 기준금리를 내리는 9월 이후, 10월과 12월 경에 기준금리를 인하할 것으로 보인다.

미국이 기준금리를 내리면 한국은행도 동시에 기준금리를 인하한다. 한국은 미국과 함께 커플링 현상 즉 동조화되어 있다.

미국 물가가 2024년 8월 2.90%로 나타났다. 미국 인플레이션이 잡힌 것이다. 미국 연준이 목표로 하는 기준금리는 2024년 4.6%, 2025년 3.6%, 2026년 2.6%다. 앞으로 미국은 기준금리를 매년 1% 정도 인하할 계획이다.

미국 인플레이션율이 2025년 2%에 도달 할 것이다. 장기적으로 미국 기준금리는 90% 확률로 우하향한다.

한국도 국내경제를 살리기 위하여 기준금리를 인하해야 한다. 가계부채가 증가하고 있지만, 국가 GDP가 성장하면 가계부채는 자연스럽게 증가한다.

가계부채는 집값의 40% 정도를 대출해 주고 있다. 정부와 기업은 LTV와 DSR을 적용하여 가계부채를 줄이려고 한다. 정부와 기업 경제정책은 시장경제에 맡기는 것이 가장 좋다.

정부와 기업은 생애최초분양자 등에 대해서는 주택가격 90%까지 대출 해줬다. 이와 같이 집 값을 부양하기 하기 위해 한쪽에서는 지원을 했다. 2024년 8월 정부와 기업은 가계부채를 줄이기 위해서는 은행에 대출금리 인상을 요구하고 있다.

정부의 정책은 일관성과 예측가능성을 가져야 한다. 우리나라에 집 없는 국민은 전체가구의 절반이다. 내수경제를 살리기 위해서는 정책자금 지원과 소상공인과 자영업자에 대한 대출 만기연장이 가장 좋다. 한국이 2024년 8월 소상공인 대출연장을 5년 했다.

정부와 기업은 국내경제를 살리고 내수경제 활성화를 위하여 적극 지원해야 한다. 숙박과 음식 값 지원 등도 좋은 대안이다. 내수경제를 살려야 우리나라 국민들이 허리를 펼 수 있다. 내수와 무역이 균형을 이뤄야만 균형성장이 이루어진다. 어려움을 겪고 있는 소상공인들과 중소기업에 대한 적극적인 지원이 필요하다.

2025년 최저임금과 실업급여 개혁 필요하다

최저임금과 실업급여는 혁신이 필요하다. 실업급여는 2024년 8월 최저임금보다 더 많다. 쉬면서 받는 실업급여가 더 많다 보니, 사람들이 일하기를 꺼리게 된다.

2024년 8월 실 수령액 기준으로 실업급여는 189만원. 최저임금은 월 205만원 정도 받지만, 근로자가 건강보험, 국민연금 등 4대 보험을 납부하면 실업급여가 더 많다.

실업급여에는 4대 보험을 부과하지 않는다. 실업급여가 많다 보니 한 사업장에서 반복하여 실업급여를 수령하고 있다. 6개월은 일을 하고, 나머지 3개월은 실업급여를 받는 일이 반복하여 일어난다.

숙박과 식음료 업종 근로자 35%가 실업급여도 받지 못하고 있다. 실제 소상공인과 중소기업은 고금리와 내수부진으로 급여 지급도 어렵다.

정부와 국회는 실업급여와 최저임금을 혁신해야 한다. 일하는 근로자가 쉬는 사람보다 더 많은 급여를 받는 구조로 만들어야 한다. 반복적인 실업급여 금지법도 야당 반대로 진행되지 못했다.

2025년 최저임금은 1만 30원으로 정해졌다. 최저임금이 1.7%올라 마침내 1만원을 넘었다.

근로자위원측은 너무 근소하게 올랐다고 투표를 거부했다. 이번 최저임금 결정에도 정부 공익위원들이 캐스팅보트 역할을 했다.

문재인 정부 때는 실업급여가 5년 동안 47% 올랐다. 어떤 해는 16%이상 오른 적도 있었다. 최저임금 1만원 대선공약을 지키기 위해 급격하게 최저임금을 올렸다.

서민을 돕는다는 정책이 거꾸로 서민들에게는 일자리를 줄이는 역효과를 가져왔다. 최저임금을 주지 못하는 많은 소상공인과 중소기업에서 대량 해고가 발생한 것이다.

문재인 정부 때 중소기업과 소상공인은 급격하게 오른 최저임금을 감당하지 못해 많은 해고를 했다. 최저임금은 시장경제에서 맡겨야 한다.

균형임금보다 더 높은 최저임금을 정하면, 노동의 초과공급이 발생해 실업자가 대량 발생한다. 반대로 최저임금이 균형임금보다 낮으면, 노동수요가 급증하게 되어 구인난이 일어난다.

2025년 최저임금도 물가수준 3.1%에서 경제성장률을 제하여 1.7%로 정했다.

민주노총 등 근로자 측에서는 1.7%로는 급격하게 오른 물가를 감당할 수 없다고 주장한다.

그러나 과도한 임금인상이 한국경제에 큰 부담이 된 것은 사실이다.

일본 동경 최저임금이 9,500원으로 한국보다 낮다. 일본은 지역별, 업종별 최저임금이 차등 적용된다. 한국에서도 최저임금에 대한 차등지급이 논의됐지만 부결됐다.

최저임금위원회 문제점은 근로자위원회에 20대와 MZ세대 등 젊은 근로자를 대변하는 위원이 없다. 정부와 사용자측에서도 소상공인과 중소기업을 대표하는 위원이 없다.

최저임금위원회 구성원 변경 등 개혁은 국회 과반수를 민주당이 점유하고 있어 통과되기 어려울 것이다. 그러나 향후 다양한 의견을 수렴하여 한국경제에 맞는 임금인상률을 찾아야 한다. 사용자측과 근로자측이 국가경제발전에 적합한 최적 임금인상률을 정하길 바란다.

2025년 최저임금 인상률 "물가수준- 경제성장률"

최저임금위원회는 최저임금을 잘 합의해야한다. 2024년 열린 최저임금위원회에서 근로자 사용자측은 간극을 좁히지 못했다. 근로자측에서는 11,200원을 제시했고, 사용자측에서는 9,870 원을 제시 했다. 근로자측은 당초 27% 올리는 것에서, 한발 물러서 1,400원 내렸다. 사용자 측에서는 2024년 최저임금보다 10원 올렸다.

최저임금위원회는 사용자9명, 근로자측 9명, 정부 공익위원 9명 총 27 명으로 구성된다.

최종 합의가 되지 못하면 과반수로 의결한다.

최저임금은 매우 우수한 제도이지만, 최저임금을 받지 못하는 근로자들이 301만명은 전체 근로자의 13% 정도. 음식점과 숙박업에 종사하는 많은 근로자들이 최저임금도 받지 못한 것이다.

3고로 대변되는 고금리, 고물가 고환율로 인하여 소상공인과 중소기업이 최저임금도 지급 못 할 정도로 어렵다. 정부와 기업은 소상공인들을 지원하기 위하여 2024년 8월 대출연장을 5년 해 주기로 했다.

최저임금이 급격하게 오르면 소상공인들과 중소기업이 가장 큰 피해를 본다. 9988은 중소기업을 대표하는 용어다.

전체 기업 99%가 중소기업이며, 근로자 88%가 중소기업 근로자라는 의미다.

한국 전체근로자 3,200만 명 중 절반 정도는 정규직, 나머지 절반은 2년 단위로 계약하는 비정규직이다. 대한민국 대학생 청년취업률은 2024년 말 기준 45%다.

정부와 국회가 기업하기 좋은 환경을 만들어 주지 않고 있다. 법인세 26%, 소득세 45%, 상속세 60% 등 전 세계에서 가장 높은 세율이다.

최저임금마저 물가인상률 이상으로 오른다면 국내 일자리는 더욱 감소한다.

최저임금은 지난 정부 때 물가인상률 두 배를 초과하여 결정됐다.

최저임금을 올리는 것이 서민들을 위한 것으로 보이지만, 실상은 과도한 급여인상은 중소기업과 소상공인들의 어려움을 가중 시킨다.

이런 이유로 노인과 육체노동에 의존하는 생산직 근로자들이 실직했다. 경제학에서는 최저임금이 정말 좋은 제도임에도 불구하고, 과도하게 인상이 됐을 때 부작용을 우려한다.

최저임금 급격한 인상은 최저임금을 주지 못하는 많은 중소기업들을 위기로 몰고간다.

모든 경제 정책은 시장경제 원칙에 의해 결정하는 것이 가장 좋다.

최저임금 역시 노동 공급과 수요에 의해 결정돼야 한다. 최저임금을 과도하게 올리면 노동의 공급은 많지만, 기업수요가 감소한다.

가장 좋은 최저임금 인상율은 물가인상율에서 경제성장률을 제외한 것이다. 2024년 물가인상율은 3.2%, 경제성장율은 1.7% 정도다.

최저임금위원회는 청년들을 대변하거나 비정규직을 대변하지 못한다. 내년 최저임금시한은 8월 5일까지다. 노사와 정부가 최대한으로 합의해야 한다. 국가 경제를 위하여 최저임금위원들의 극적 합의를 희망한다.

2025년 기업은 수출확대로 위기 극복해야 한다

2024년 8월 한국은행이 기준금리를 3.5% 동결했다. 우리나라 기준금리는 3.5%, 미국은 5.5%다.

2024년 미국은 물가가 8월에 2.9%로 나왔다. 미국의 연방준비은행은 9월에 기준금리를 내린다.

한국 기준금리는 3.5%이다. 한국은 고물가, 고금리 등으로 국민들이 너무나 힘들다.

한국은행은 3.5% 기준금리를 동결했다. 한국 국민들이 너무나 어려운 환경에 놓여 있기 때문에 고육지책으로 기준금리를 동결한 것이다.

기준금리 동결로 가장 우려가 되는 것은 미국과의 기준금리 격차다. 한국 전체 주식시장의 30%가 외국인 투자자이다.

한국의 기준금리와 미국의 기준금리 격차가 벌어지게 되면 외국인들이 한국투자에서 돈을 빼갈 우려가 높다.

한국은 대체로 미국보다 1% 정도 높은 기준금리를 유지해 왔다.

그러나 2025년 미국이 기준금리를 내리면서 한국과 미국의 기준금리 격차는 좁혀진다.

이러한 한미 기준금리 격차를 방어할 수 있는 최고의 방법은 한국 수출 확대다.

윤석열 대통령도 대한민국의 모든 국민 공무원들은 수출 영업 사원이라는 각오로 일하라고 얘기했다.

대한민국은 무역의존도가 75%로 세계 2위다. 한국은 수출과 수입으로 먹고 사는 나라다.

따라서 한국은 수출 확대만이 위기를 타게 할 수 있다.

한국은 2024년 기준으로 무역흑자를 기록했다. 에너지 가격의 100% 인상과 반도체 수출이 다시 증가했다.

대한민국은 위기를 잘 극복해야만 한다. 우리나라는 4차 산업 혁명을 선도하고 있는 국가다.

세계 경제가 빠른 속도로 회복한다면 가장 빠르게 수출시장이 회복될 수 있다.

정부도 우리나라 기업이 수출 확대를 이어갈 수 있도록 적극적인 지원이 필요하다.

대한민국은 민관이 모두 힘을 합하여 수출을 적극 확대할 수 있도록 노력해야 한다.

한국의 수출 시장은 2025년에 약 1000조 원를 목표로 하고 있다. 한국은 수출을 확대하는 것만이 어려움을 극복할 수 있는 방법이다.

한국이 수출 확대를 공헌한 만큼 모든 기업과 국민들도 수출 확대를 위하여 노력을 다해야 한다. 우리는 1997년 외환위기와 2008년 금융위기를 극복한 경험이 있다. 민관이 협력한다면 이번 위기를 잘 극복할 수 있다.

방위산업도 좋은 수출품목이다. 러시아 우크라이나 전쟁이 3년 이상 지속되면서 장기간 소모전이 될 가능성이 높아졌다.

한국은 2024년 30조 원이 넘는 무기 수출을 폴란드 등에 수출했다. 한국의 전차, 자주포, 경비행기 등이 폴란드에 대량으로 수출됐다.

한국은 전 세계에서 가장 빠르게 방산무기를 생산할 수 있는 국가다. 따라서 한국의 장점인 신속과 정확성으로 무기 수출을 확대하는 것도 좋은 대안이 될 것이다. 한국은 반도체, K-컨텐츠, 방산, 석유화학 등 수출을 적극 확대하여 위기를 극복해야 한다.

2025년 물가 3% 오를 것이다.

정부와 기업은 공급확대, 수입관세 철폐 등으로 물가안정에 최선을 다해야 한다. 2025년 한국 소비자물가는 3%대이다.

2024년 사과와 배가 80%이상 크게 상승하면서 물가상승을 주도했다.

관련 기업은 사과를 포함한 신선과일 생산량을 늘이고 비축을 확대하여 대책을 마련해야 한다. 사과는 2024년 가을에 안정될 것으로 보인다.

한국 전체적인 소비자물가는 안정됐지만, 과일과 야채가격이 상승하면서 전체 물가를 상승시킨 것이다. 정부와 기업에 다음과 같이 제언한다.

첫째 사과가격이 안정되도록 비축을 시작해야 한다. 또한 사과 생산량과 판매량 등을 정확히 예측하여 저장과 비축을 확대해야 한다. 사과는 대한민국 국민이 가장 많이 먹는 과일이다 전체 과일 소비의 25%를 사과가 차지한다.

대한민국에서 사과가격이 80%급등 한 것은, 한국 기후가 아열대화되면서 공급이 30% 급감했기 때문이다.

한국의 아열대화는 2024년 8월에 일어난 것이 아니라, 수년 전부터 지속된 것이다. 따라서 농림부를 포함한 정부와 기업은 사과비축을 확대하고, 사전에 철저하게 대비했어야 한다.

앞으로 한국 기후는 계속 아열대화가 되면서, 사과생산이 어려워진다. 사과는 생산 적정 온도가 15도이지만, 한국의 날씨가 더워지면서 강원도 등에서만 생산하고 있다.

따라서 사과의 공급이 30% 줄었다는 것은 주지의 사실이므로, 정부와 기업은 사과 비축을 확대하고 대책을 조속히 마련해야 한다. 사과의 정확한 생산량과 비축확대로 가격 급등을 막아야 한다.

둘째 신선과일 수입확대. 사과가격이 급등하자 오렌지, 바나나 등 수입을 확대해 과일가격을 안정시켜야 한다.

우리나라 평균 관세율은 12.5%다. 사과 가격이 비싸면 대체 과일인 바나나, 오렌지 등 수입을 최대한으로 늘려야 한다. 국민의 과일수요를 분산시켜야 한다.

정부와 기업은 대체과일을 충분히 준비하여, 과일 가격을 안정시켜야 한다. 소비자들도 급등한 사과소비를 늘리는 것이 아니라, 사과 소비를 줄이고 대체 과일을 구매한다면 사과 가격은 낮아진다.

가격은 시장수요와 공급에 의하여 결정된다. 사과의 공급이 감소하고 수요가 일정하다 보니 가격이 80% 급등했다. 따라서 소비자들은 대체 과일 수요를 늘려서 사과수요를 줄여야 한다.

과일과 같은 필수재는 가격이 급등해도 수요가 거의 일정하다. 따라서 정부와 기업은 사과이외의 오렌지와 바나나, 토마토 등 다른 대체재를 공급해 가격을 안정시켜야 한다.

셋째 정부와 기업은 정교한 금융정책으로 물가를 안정시켜야 한다.

한국이 목표로 하고 있는 소비자물가는 2%다. 2024년 8월 에 급등한 신선과일 가격이 한국 소비자물가 상승에 가장 큰 요인이다. 물가는 전체 품목 약 400개 평균가격으로 정한다.

미국을 포함한 전 세계가 2024년 12월 2%물가수준을 목표로 하고 있다. 미국은 2024년 9월부터 기준금리를 0.25% 세 번씩이나 할 예정이다.

미국 연준이 기준금리를 인하하는 것은 경기를 진작시키고, 고금리 부담을 덜어주기 위한 것이다. 기준금리를 보면 미국 5.5%, 한국은 3.5%다.

미국은 물가수준을 9%에서 2%로 낮추기 위하여 2023년 기준금리를 0%에서 5.5%까지 올렸다.

미국 소비자물가가 2024년 8월 2.9%로 나오면서, 2024년 9월부터 기준금리 인하를 시작한다. 0.25% 세 번을 인하할 예정이다.

미국이 목표로 하고 있는 평균 기준금리는 2024년 4.6%, 2025년 3.6%, 2027년 2.6%다. 앞으로 미국의 기준금리는 우하향 할 것이다.

한국도 미국의 기준금리 인하에 보조를 맞춰서 기준금리를 내릴 예정이다. 한국은 2024년 10월부터 금리를 인하할 것으로 보인다.

한국과 미국 기준금리 격차가 2% 벌어져 있지만, 향후 격차는 축소 될 것이다. 2024년 8월 한국 소비자 물가3.1%는 통화 정책이 아니라, 공급부족으로 발생했다.

신선물가가 주도 한 것이므로 공급만 증가한다면 과일가격은 안정 될 것이다. 한국이 정책 목표로 두고 있는 2%물가는 2024년 하반기에 도달 할 것이다.

정부와 기업은 소비자물가를 안정시키기 위하여 신선과일 생산량과 소비량, 그리고 비축을 확대해야 한다. 정교한 금융정책으로 한국 물가를 안정시켜야 한다.

2025년 환율 상승과 위기에 대비해야 한다.

급등하는 환율과 물가 위기에 기업, 개인 그리고 정부와 기업은 철저하게 대비해야 한다.

2025년에도 한국 환율과 물가는 상승한다.

2024년 한국 환율이 2년 만에 1400원에 도달했다. 한국 역사상 네 번째로 1400원에 도달했다. 2024년 원화환율은 7.33% 급등했다. 원화 국제금융경쟁력이 약화된 것을 보여준다.

이스라엘과 이란 중동 사태가 악화되면서 유가도 배럴당 80달러에 올랐다. 석유가 대외 악재로 인하여 급등하고 있다.

2024년 한국경제는 고물가, 고금리, 고환율 삼중고로 어려웠다. 고물가가 지속되면 서민들이 가장 큰 어려움을 겪는다.

우리나라는 무역의존도가 75%로 세계에서 두 번째로 높다. 한국은 수출과 수입으로 먹고사는 나라다. 중동 사태가 악화되고, 고금리가 지속되면 한국이 큰 어려움을 겪는다.

2024년 미국은 9월부터 기준금리를 0.25%, 3번 정도 내리기로 했다, 미국 연방준비은행은 2024년 12월에 물가수준이 2%대에 도달 할 것으로 보고 있다. 이와 같이 미국과 유럽 등 고금리가 지속되면서 전 세계 경제가 위축되고 있다.

경기 6개월 선행지수인 주식시장도 심각하다. 지난 8월 미국 엔비디아가 반도체 실적이 약화될 것을 우려하며 10% 급등락했다.

2025년 한국 주식시장도 반도체 주식 등이 급등하거나, 급락하는 등 크게 요동칠 것이다.

전 세계 경제가 여전히 살얼음판을 걷고 있다.

2024년 이스라엘, 우크라이나, 대만에 대한 군사 지원금 130조 원이 미국 의회에서 통과됐다. 우크라이나 젤렌스키 대통령은 자유시장국가가 러시아의 침략을 막아야 한다고 환영했다.

미국 공화당은 예산지원을 원하지 않았으나, 미국 의회는 이스라엘, 대만, 우크라이나 등을 함께 묶음으로 인해서 130조원을 의결했다. 우크라이나 800조원, 이스라엘, 대만 등으로 미국 지원금이 배정됐다.

우크라이나와 이스라엘 전쟁이 종식돼야 한국경제는 더 활성화된다. 한국은 대외무역의존도가 높기 때문에 대외적인 악재에 한국 환율은 급등락 한다.

정부와 기업은 물가를 안정시키기 위하여 모든 노력을 다 해야 한다. 사과와 배 가격이 안정되고 있다. 특히 망고, 바나나, 오렌지 등 해외 과일 수입이 급증하면서 대체 수요로 물가가 안정되고 있다. 정부와 기업은 수입과일 확대와 비축으로 물가를 안정시켜야 한다.

석유가격이 급등하게 되면 에너지를 100% 수입하는 한국이 가장 큰 피해를 입는다. 우리나라 석유 수입 70%는 중동에 의존한다.

중동전쟁이 악화되면 수입 가격이 급등하게 된다. 또한 호로무즈해협을 통과하는 화물이 이미 희망봉을 통해 수입되면서 물류비가 크게 증가하고 있다 희망봉을 돌아오면 7~8일 정도 더 소요되면서 물류비가 증가한다.

환율과 물가안정에 철저하게 대비해야 한다. 정부와 기업은 향후 외환보유고 비축을 확대해야 한다. 또한 사과 등 과일 비축도 확대하면서 물가를 안정시켜야 한다.

2025년 기업과 개인은 물가인상에 대비하자

개인과 기업은 물가인상에 대비해야 한다.

우리나라 물가는 약 400여개 품목으로 결정한다. 2024년 8월 한국 소비자물가는 3.1%다.

물가가 급등하면 국민들은 기업에 급여를 올려 달라고 한다. 기업은 급여를 올려 준 것 만큼 판매 가격을 인상한다. 이처럼 물가급등은 경제에서 가장 바람직하지 못한 것이다. 이런 이유로 모든 정부와 기업은 물가를 2%내외로 유지해야 한다.

물가급등을 막고 안정시키는 것이 정부의 역할이다. 정부는 재정정책과 통화정책으로 물가를 안정시키는데 최고의 노력을 다해야 한다. 다음과 같이 제언한다.

첫째 물가를 안정시키고, 과일가격 안정에 목표를 두어야 한다.

2024년 사과71%, 배61%, 귤78%, 토마토56%, 등 농산물과 채소가격이 크게 올랐다. 정부와 기업은 과일가격을 안정시키기 위하여, 관세를 낮추고 수입을 늘려야 한다.

한국은 사과 수입을 금지하고 있다. 정부와 기업은 사과 수입을 못하지만, 대체 과일인 오렌지와 바나나 등 기타 과일을 늘려서 가격을 안정시켜야 한다.

모든 가격은 수요와 공급으로 정해진다. 사과 가격 급등은 한국의 날씨가 아열대로 변화하면서 공급 감소가 가장 큰 원인이다.

정부와 기업은 공급을 늘이고, 사과 경작지를 확대하는 방안을 강구해야 한다. 사과 가격 안정은 올 가을경에 가능할 것이다. 사과는 병충해 예방을 위하여 수입을 금지하고 있다. 사과에 대한 지원금 확대 등으로 정부와 기업은 과일 가격을 안정시켜야 한다.

둘째 정부와 기업은 과일 수입확대를 동시에 추구해야 한다.

우리나라 국민소득이 3만 불이 넘어가면서 과일도 주요한 소비 품목이다. 그러나 사과, 배, 귤, 등 모든 품목이 급등하면서 장바구니 물가가 너무나 올랐다. 이런 이유로 서민들이 생계에 큰 부담을 가지고 있다. 정부와 기업은 수입을 극대화하고 관세를 낮춰야 한다.

우리나라는 평균 관세율은 12.5%다. 가격 과일 가격이 급등할 때는 관세를 없애고, 수입량을 대폭 늘려야 한다. 가격은 수요와 공급에 의해 결정된다. 국민들이 먹는 과일은 수요가 거의 일정하다. 공급이 부족한 것이 과일 가격 급등의 가장 큰 원인이다.

따라서 정부와 기업은 사과, 배 등 과일을 대체할 수 있는 품목을 최대한 수입량을 증가해야 한다. 과일의 공급과 경작 등을 예측하여 철저하게 대비해야 한다.

셋째 국민도 사과 등에 대한 대체 수요가 필요하다.

사과 값이 급등하면 상대적으로 저렴한 과일 수요가 필요하다. 일시적으로 며칠만 사과 수요를 줄인다면 사과가격은 하락한다.

정부와 기업은 다양한 과일을 공급함으로 가격을 낮출 필요가 있다.

특히 2024년에는 사과 작황이 나빴고 한국날씨가 아열대가 되면서 사과 공급이 감소하고 있다. 앞으로 30여년 뒤가 되면 2024년 8월 공급량보다 사과경작은 70% 이상 급감 할 것으로 예측된다. 한국의 날씨가 사과를 키우기에 어려워지면서 사과공급은 크게 감소한다.

정부와 농림부는 적절한 대안을 강구하여 해야 한다. 정부와 기업은 2% 내외로 물가를 안정시키는 데 최선을 다해야 한다. 물가인상을 인플레이션이라고 한다.

한국과 미국 정부가 목표로 하고 있는 물가 수준은 2%다. 2024년 상반기 한국정부와 기업은 2%물가를 목표로 했지만, 신선과일 급등으로 목표달성이 어려워졌다.

미국의 연방준비은행은 2024년 말 물가 2%가 목표다. 미국은 2024년 시중 통화량을 줄이기 위해 기준금리를 0%에서 5.5%까지 올렸다. 미국 연방준비은행은 2024년 6월부터 기준금리를 0.25% 세 번 정도 인하 예정이다.

한국 정부도 3.5% 고금리가 유지되면, 연말쯤에는 2%에 도달 할 것으로 본다. 정부와 기업은 물가를 2%로 낮춰 서민경제를 안정시켜야 한다. 물가를 안정시키고 기업하기 좋은 환경을 만드는 것이 정부의 가장 중요한 역할이다. 한국은행은 정교한 금융정책을 펼쳐야 한다.

2024년 한국 과일가격 급등과 물가인상은 통화정책 보다는 공급부족이 원인이다. 2025년 기업과 개인은 과일가격 등 물가인상에 대비해야 한다.

과일은 급하게 생산을 증대할 수 없다. 공급탄력성이 낮다.

06 2025년 한국 주식시장 전망, 3300 돌파할 것이다.

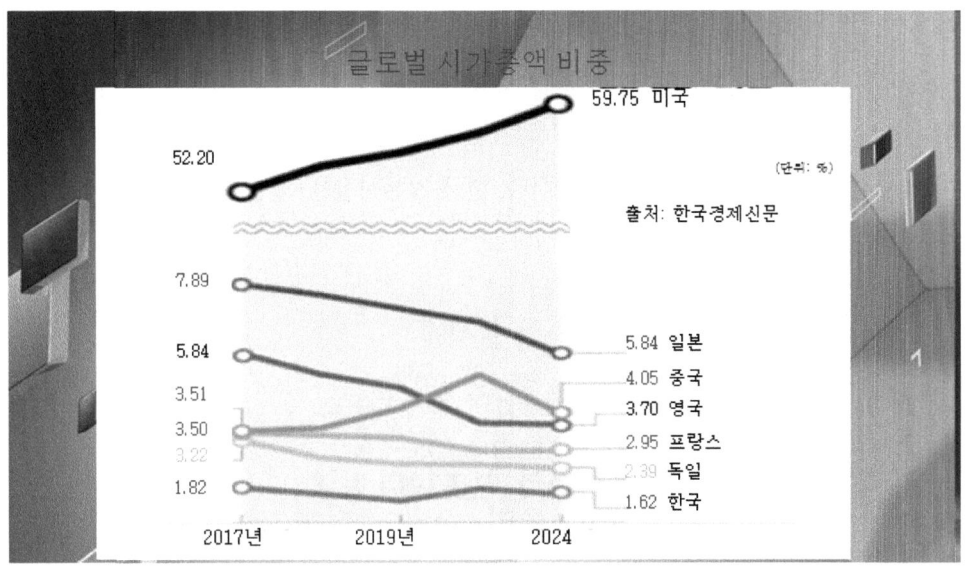

2025년 한국 주식시장은 밝다. 전 고점 3300에 이를 것이다.

그러나 미국90%, 한국 10%를 투자하는 것이 가장 좋다.

대한민국은 자본시장을 육성하여 선진국이 돼야 한다. 한국은 GDP 세계 10위, 제조업 수출액 기준 세계5위다. 그러나 국제금융시장에서 한국 원화가 결제되는 비율은 0.1%로 35위 정도다.

대한민국은 금융시장과 자본시장을 육성해야 강대국이 된다. 서비스업은 가장 많은 일자리를 만들어내는 업종이다. 10억 원 매출이 일어나면 약 15명 정도 일자리도 만들어낸다. 한국은 제조업 중심으로 육성했기에 금융시장이 약하다.

그러나 이제는 금융과 자본시장 인재를 육성하고, 코리아 디스카운트를 해소해야 한다. 한국 자본시장도 세계 5위로 키워야 한다.

미국이 가장 강한 것이 금융과 자본시장이다. 글로벌 시가총액 비중을 보면 미국 60%, 일본 5%, 중국 4%, 영국 3%, 한국 1.5%다.

전 세계 모든 우량한 기업이 미국에 상장한다. 대한민국 쿠팡은 미국에 상장했다. 미국 자본시장은 차등의결권을 부여한다. 창업자에게는 보통주 10배 의결권을 부여함으로써 경영권을 보호해준다.

한국은 차등의결권이 없고, 창업자 보호 방법이 없다. 이런 이유로 쿠팡에 이어 야놀자도 미국 나스닥 상장을 준비하고 있다. 대한민국도 차등의결권을 도입하고 미국 자본시장과 세계표준을 따라야 한다. 한국 자본시장을 육성하는 방법을 제언한다.

주식투자 십계명

1. 미국, 한국: 시가총액 1위 기업만 매수하라.
2. 시가총액 비중, 미국 60%, 한국 1.6%(투자, 미국 95%:한국 5%)
3. 각 업종 1등 종목만 매수하라. 시총 10위 이내.
4. 우량기업은 손절매 주의. (개인 -15% 손절매 기준)
5. 우량주 장기투자 하자. (10년 이상 투자, 60세 노후자금)
6. 대출받아서 투자해도 좋다. (이자와 원금 능력 이내)
7. 코로나, 9.11, 외부적인 요인 : 주가 -50~90%까지 하락. 인내하라.
8. 작전종목, 정치관련, 종목은 절대 금지.
9. 한국 주식: 외국인 30%이상 기업만 투자하라.
10. 매년 20개 기업 부도, 상장기업 2500개중 매년 1% 부도.

✓ 금투세는 폐지해야 한다.

첫째 금융투자 소득세를 폐지해야 한다. 금투세는 5천만원 이상 차액이 발생하면 22% 세금을 납부하는 것이다. 대한민국은 전 세계에서 주식과 관련된 세금이 가장 많다. 증권거래세, 배당세, 양도세, 소득세 등을 이미 부여하고 있다. 국가예산 600조원에서 증권거래세 수입은 6조원 정도다.

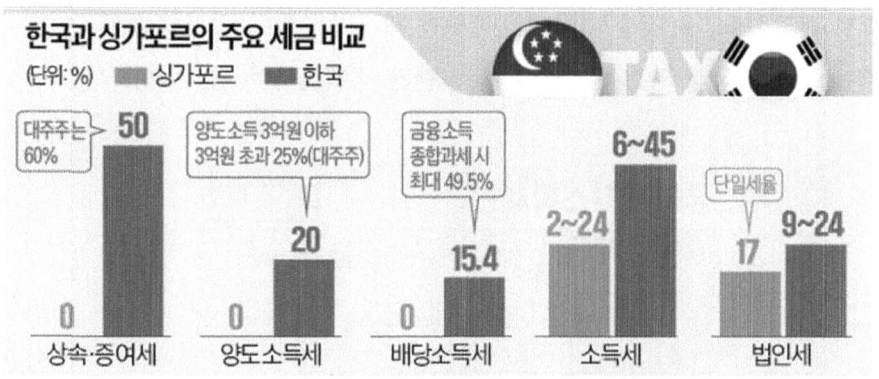

<출처: 한국경제 2024. 1. 28.>

2025년부터 금투세를 추가로 부여한다면 한국 자본시장은 크게 위축 될 것이다. 약 30% 이상 주가가 하락 할 것으로 예상된다. 금투세는 외국인과 기관에는 적용되지 않는다. 오직 한국인에게만 부가되는 불합리한 조세다.

2024년 8월 증권거래세는 0.18%수준이고, 2025년에는 0.15%로 낮아진다.

한국의 경쟁국 싱가포르는 증권거래세만 받고, 양도세, 배당세 등 주식관련 세금이 하나도 없다. 대만은 과거 금투세를 부여하려 했지만, 주가가 40% 이상 폭락하여 금투세를 폐지했다. 중국, 대만, 홍콩, 싱가포르 등 모두 금투세가 없다.

둘째 공매도는 정부 방침대로 완벽한 잔고시스템을 구축 한 이후 시행돼야 한다. 2024년 8월 금감원장이 공매도 일부 재개를 얘기한 바 있다. 정부정책은 일관성과 예측가능성이 있어야 한다. 대한민국에서 외국인의 불법공매도가 반복되고 있다.

2024년 8월 적발된 것은 9개 투자 은행에서 2100억 원 정도 불법 공매도이다. 불법 공매도는 빌린 주식 잔고가 없는 상태에서 공매도를 한 것이다. 2024년 8월 공매도 비중을 보면 외국인80%, 기관18%, 개인1% 정도다.

외국인과 기관들이 정보와 자금력을 압도하면서 기울어진 운동장이다.

2024년 8월 공매도 잔고시스템을 완비해야 하는 증권사는 약 80개 정도다. 주식 대차 잔고시스템을 갖추는 데는 약 1년 정도 걸린다. 정부와 기업은 완전한 공매도 잔고시스템을 갖춘 이후에 공매도를 재개해야 한다. 금감원장의 공매도 일부 재개는 대통령실과 의견이 다르기에 일관된 정책실행이 필요하다.

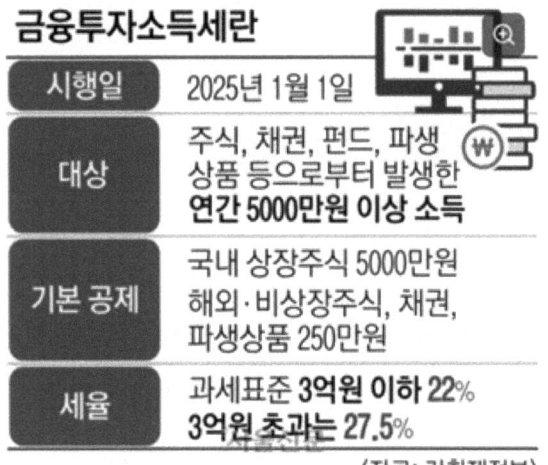

셋째 정부와 기업은 주가조작 등 불공정 행위를 엄하게 처벌해야 한다. 2021년 기준으로 한국에서 약 100여건 주가조작이 발생했다. 주가조작이 적발이 되더라도 실제로 재판을 받는 비율은 10%정도다. 주가조작을 하면 평균 46억 원 정도 이익이 발생했다.

한국은 불공정행위가 적발돼도 처벌이 약하기 때문에 반복하여 발생한다. 정부와 기업은 주가조작과 불법공매도 등 주식불공정 행위에 대하여 엄하게 처벌해야 한다. 민사와 형사재판을 모두 집행하여 불공정 거래를 뿌리 뽑아야 한다.

한국 자본시장을 육성하기 위해서는 주식과 관련된 세금을 모두 없애고, 기업하기 좋은 환경을 만들어야 한다. 2023년 기준으로 외국인직접투자 유출액이 유입액의 4배다. 대학생 청년 취업률은 45%다. 정부와 국회는 기업하기 좋은 환경을 만들어 외국기업을 유치해야 한다.

대한민국은 법인세26%, 소득세45%, 상속세60%로 세계 최고 수준이다. 아일랜드는 법인세를 12%로 낮추고 유럽에서 가장 부자가 됐다. 정부와 기업은 자본시장을 육성하기 위하여 법인세를 낮추면서, 금투세를 폐지해야 한다. 기업이 배당을 많이 하게 되면 미래에 대한 투자가 감소하여 주가는 하락하게 된다. 기업에 자율성을 주고 투자하기 좋은 환경을 만들어야 한다.

정부와 기업은 자본시장을 육성하여 대한민국을 선진국으로 만들어야 한다.

<출처: KBS>

주식투자 3대 원칙

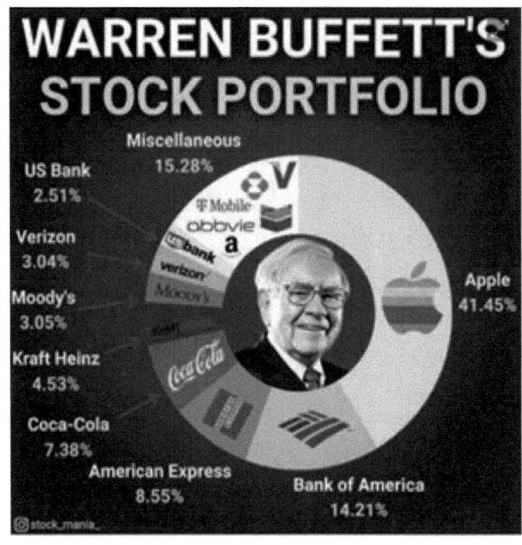

올바른 주식 투자의 방법을 생각해야 한다. 투자의 3대 원칙은 수익성, 안정성, 환금성이다. 2024년 8월에 2차 전지 주식 열풍이 불면서 국내 전체 주식거래액의 20%가 2차 전지 종목이다.

에코프로, 포스코 등 이차전지 관련주가 최고 17배까지 상승했다.

주식투자하는 모든 사람들이 이차전지 주식에 큰 관심을 가지고 있다.

포모(FOMO: Fear of missing out) 증후군까지 불러왔다. 내가 그 주식을 가지지 못함으로 인해 두려움이 극대화되는 것을 말한다. 그러나 주식 투자는 절대로 내가 가지지 못한 것을 두려워해서는 안 된다. 수년전 가상화폐투자와 MZ세대들이 대출로 무리하게 집을 구매한 것도 같은 이유였다. 그러나 유행을 따라간 위 투자들은 모두 큰 후유증을 남기며 젊은 사람들은 힘들게 했다. 절대로 유행을 따라서는 안된다. 원칙을 지키며 우량주를 투자해야 한다.

주가는 실적이 뒷받침 되지 않으면, 주가는 원래자리로 돌아간다.

이차전지 이후 초전도체도 큰 이슈다. 진실이 뭔지 매우 어려운 내용이다. 초전도체와 관련된 기업 주가가 급등락을 하고 있다.

이와 같이 2차 전지와 초전도체 등 유행을 따라가는 주식은 냉정히 봐야한다.

에코프로는 시가총액이 32조 원을 넘었다. 관련기업을 모두 합하면 한국 현대자동차를 능가하는 수준이다.

PER은 한주가 벌어들이는 순이익의 몇 배인가를 평가하는 지표다. 미국의 테슬라 주가수익배율(PER)이 20정도다. 그러나 에코프로의 주가수익배율 PER는 870이다. 삼성전자 PER가 10 정도다. 한국 제조업 평균 PER이 약 10배 정도임에 비하여 2차 전지주가 고평가 됐음을 알 수 있다.

일각에서는 PEG 지수로는 적적한 가격이라는 평가도 있다. PEG 지수는 주당순이익이 급속하게 오르는 성장주를 반영하여 평가해야 한다고 주장한다.

피터린치가 주장한 것으로 2차 전지 성장 속도가 매우 빠르기에 이를 반영하면 적정주가라는 것이다.

한국 네이버와 카카오가 주가수익배율이 17~40이다. 주식 투자는 노후생활에 대비하여 투자하는 것이다. 따라서 급등락하는 주식에 소중한 자금을 투자하는 것은 바람직하지 않다.

자기 월급 25%를 시가총액 1등만 투자를 해서 1조를 모았다는 기사가 있다.

대한민국은 2,500개 상장기업 중 매년 20개 정도가 부도가 난다.

2차 전지 주식 같이 급등락을 하는 종목은 노후생활을 위한 장기투자에 바람직하지 않다.

2차 전지 주식에 투자 하고 싶은 분들에게 투자금의 10% 정도만 투자하라고 권한다.

전기자동차 배터리의 최종 구매자인 테슬라의 성장성이 중요하다.

최종적으로 이차전지는 테슬라와 같은 완성차가 구매를 해 주어야 한다.

경영학에서 주가의 정의는 "미래의 현금 흐름을 현재 가치화 한 것 + 투자심리"다.

6개월 또는 1년 뒤에 에코프로를 포함한 2차 전지 실적이 2024년 8월 주가만큼 나오지 않는다면 주가는 실적에 맞는 가격으로 수렴하게 된다.

대한민국은 제조업 기준 세계5위다. 자동차 배터리 분야는 세계 1위다. LG엔솔, SK, 삼성 SDI 등 이차전지 분야 최고 선두기업이다.

2024년 8월 전기자동차는 전세계 자동차 시장 5% 정도를 차지하고 있다. 매년 평균 성장율은 35% 정도다. 2차 전지 주가는 전기자동차 판매와 연동된다.

2차 전지를 만드는 소재 기업 주가만 무한정 오를 수 없다. 최종적인 전기자동차 판매 기업의 수요가 있어야 한다. 전기자동차는 매년 35% 정도 성장한다.

2024년 8월 과열된 이차 전지 주식을 냉정히 보아야 한다. 공매도는 과열된 주가를 식히는 역할을 한다. 주가가 과열됐을 때는 공매도는 주가를 내리게 한다.

주식 투자자들이 평정심을 가지고 지켜봐야 할 때. 대출금과 이자를 감당할 수 없는 과도한 투자는 바람직하지 않다.

가상화폐 투자 열풍처럼 과도한 투자를 해서는 안된다.

워렌버핏은 전기자동차 주식을 한주도 가지고 있지 않다. 그의 자산 50%는 애플이다. 전세계 시가총액 1위가 애플이다.

전 세계 글로벌 시가총액 비중을 보면 미국60%, 한국1.6%다.

적정한 주식투자 비율은 미국90%, 한국10%다.

미국 애플과 삼성전자를 위 비율대로 투자하는 것이 가장 좋은 투자다.

절대로 테마와 이슈에 휘둘리지 않아야 한다.

세계 1등 주식을 매월 투자하는 것이 가장 좋은 투자 방법이다.

싱가포르처럼 자본시장 세금을 모두 없애자

한국이 금융투자소득세를 없애기로 했다. 정부와 기업은 주식관련 세금을 모두 없애는 것도 좋다. 자본시장 육성을 위한 주식관련 세금폐지나 규제완화를 환영한다.

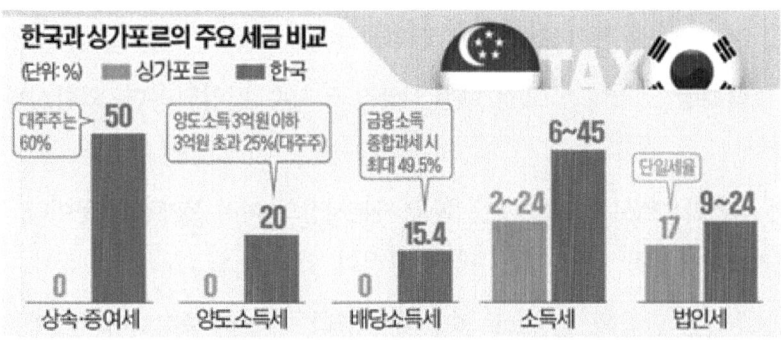

<출처: 한국경제신문 2024 1.28 >

싱가포르는 주식 관련 세금이 하나도 없다. 싱가포르는 배당세, 소득세 등 세금이 하나도 없으며, 오직 거래세 0.20%받고 있다.

싱가포르는 약 700개 기업이 상장돼 있다. 싱가포르는 법인세를 17%로 낮추고, 홍콩에서 이탈하는 아시아 금융본부 80%를 유치했다.

싱가포르는 아시아 금융본부 대부분을 유치하면서, 아시아에서 가장 부자나라가 됐다. 싱가포르는 24시간 환전이 가능하고, 모건스탠리 선진국 지수에도 편입돼 있다.

한국 한국이 주식관련 세금을 낮추는 것은 매우 바람직한 방향이다. 대한민국은 금융시장과 자본시장을 육성해야 한다.

미국과 영국 등 선진국은 금융서비스가 국가 경제발전에 기여하는 비중이 매우 높다. 대한민국은 제조업 중심 국가이지만, 향후는 금융시장과 주식시장을 육성해야 한다.

일반제조업이 10억 원 매출에 4명 정도의 일자리를 만들지만, 금융업은 9.2 명을 일자리를 만든다. 한국이 금융을 육성하고 성장시킨다면 일자리는 더욱 증가한다.

2015년 정부와 기업은 동북아시아 금융허브를 육성하겠다고 선언했다. 그러나 한국 국제금융 경쟁력은 2024년 서울이 11위, 부산이 36위 정도다.

한국이 금융경쟁력을 올리려면 한국 외환보유고를 2024년 8월 보다 두 배 정도 더 쌓고, 24 시간 환전이 가능해야 한다.

한국 주식시장 코스피가 모건스탠리 선진국 지수 편입되려면, 외환시장 환전이 필수다.

코리아 디스카운트로 불리는 것은 한국 자본시장의 여러 문제점 때문이다. 투명하지 못한 회계, 지정학적 리스크 등 많은 단점이 있다.

그러나 우리는 단점을 장점으로 승화해야 한다. 유럽의 중심지이며, 2차 세계대전 당시 치열한 전쟁 지역인 벨기에 2024년 8월 EU본부가 있다.

한국도 전 세계 각축장이기에 역설적으로 안전지대로 만들어야 한다. 우리나라는 기업하기 좋은 환경을 만들고, 해외와 국내 많은 기업을 상장시켜야 한다. 해외기업 유치는 전쟁 억지력에 큰 도움이 된다.

한국은 코스피 2000개, 코스닥 1700개, 총 3700개 기업이 상장돼 있다. 그러나 매년 20개 기업이 부도가 난다.

2024년 8월 3년간 주가조작이 약 100여건 발생했다. 주가조작을 하면, 한 회당 50억 원 정도를 남긴다. 그러나 주가조작이 적발돼도 징역형은 10% 정도다. 한국 주식시장을 발전시키기 위해서는 주가조작에 대하여 엄벌에 처해야 한다.

정부와 기업은 기업하기 좋은 환경을 만들고, 자본시장을 육성하는 특단의 대책을 강구해야 한다.

싱가포르처럼 주식 관련 세금을 모두 없애고, 한국을 아시아 금융허브로 성장시켜야 한다.

2025년 한국 주식시장 전망

Ⅰ. 요약

한국은 자본시장 육성을 위하여 불공정거래를 엄벌에 처하고, 건전한 주식시장을 만들어야 한다. 정부와 기업은 법인세 인하 등 기업하기 좋은 환경을 만들어야 한다. 우리나라는 제조업 세계 5위, GDP 세계9위다. 그러나 국제금융에서 원화가 결제되는 순위는 세계 30위권이다. 시가총액 비중으로 본다면 미국60%, 일본6%, 중국5%, 한국 1.6%다. 한국은 자본시장을 육성하여 선진국으로 발돋움해야 한다.

2022년 주가조작이 105건 적발됐고, 평균 부당이득금은 46억 원이다. 검찰 불기소율은 55%, 기소 후 40%가 집행유예로 풀려났다. 주가조작에 대하여 솜방이 처벌이 이어지면서 주가조작이 반복되어 일어난다.

지난 6월 검찰총장이 증권거래소를 방문하여 주가조작 세력에게 패가망신 수준의 처벌을 하겠다고 밝혔다. 한국은 건전한 자본시장 발전을 위하여 주가조작에 대하여 미국 수준의 엄한 처벌이 필요하다. 미국의 메이도프는 징역 150년을 선고받고 옥사했다.

법인세를 보면 싱가포르 17%, 미국과 OECD 평균 21%, 한국26%다. 한국이 싱가포르보다 높은 법인세를 유지하면서 아시아 금융허브가 될 수 없다.

서울을 금융특구로 지정해 해외금융 기관과 기업을 유치해야 한다.

한국은 법인세를 OECD 평균 21% 이하로 낮추고, 기업하기 좋은 환경을 만들어야 한다. 싱가포르는 자본이득세, 배당세, 소득세 등 주식관련 세금이 하나도 없다. 한국이 MSCI(모건스탠리 선진국 지수)에 편입되기 위해서는 외환보유고를 더욱 확대하여, 24시간 외환거래가 가능하게 하자.

II 서론

한국과 일본 경제교역이 정상화되고 있다. 미국은 한국, 일본, 대만을 묶어서 반도체 동맹을 맺었다. 미국과 중국의 패권전쟁이 시작되면서, 미국 중심으로 자유시장 경제체제를 확고하게 만들기 위함이다. 한국은 일본과 교역이 정상화 되면서 금융거래도 확대되고 있다.

2023년 6월 29일 한국 재무부 장관이 일본 재무부 장관을 7년 만에 만나 한일통화스와프 100억 달러가 체결됐다. 한일통화스와프는 한국이 2008년 국제금융 위기를 극복하는데 큰 역할을 했다.

한국은 1997년 IMF 위기를 맞았고, 2008년 환율이 1600원 까지 오르면서 제2의 금융위기 위기에 직면했다. 그러나 이명박 정부시절 한미통화스와프 600억 달러와 한일통화스와프 700달러가 유지되면서 위기를 벗어날 수 있었다.

한국은 언제든지 외환위기를 겪을 수 있을 정도로 국제금융 시장이 취약하다. 가장 큰 이유는 한국이 충분한 외환보유고를 비축하지 않았기 때문이다.

2023년 한국 GDP대비 외환보유고는 23%로 매우 낮다. 대만은 1997년 IMF외환위기를 전혀 겪지 않았다. 그 이유는 GDP 대비 외환보유고를 90%까지 충분히 확보했기 때문이다.

스위스, 홍콩, 싱가포르 등은 GDP 대비 100%가 넘는 외환보유고를 비축하면서 금융시장을 세계적 수준으로 유지하고 있다. 한국이 모건스탠리 선진국지수에 편입되지 못하는 이유도 외환시장을 24시간 운영 하지 못하기 때문이다.

한국이 MSCI 선진국 지수에 편입되기 위해서는 외환시장을 24시간 개방해야 한다. 한국 주식시장이 Korea 디스카운트를 벗어나는 길은 세계금융시장에서 원화가 24시간 거래돼야 한다. 2024년 한국 원화가 국제금융에서 결제되는 비중이 0.1%로 매우 낮다. 그 이유는 한국이 제조업 중심으로 경제를 운영했기 때문이다. 이제는 한국이 금융과 자본시장을 육성하여 선진국이 돼야 한다.

자본시장은 주식, 채권, 선물 등 장기투자를 위한 것이다. 따라서 정부와 기업은 한국 자본시장 육성을 위해 먼저 기업하기 좋은 환경을 만들어야 한다. 정부와 기업은 한국 국제금융 경쟁력을 올려야 한다. 서울을 국제금융 중심 도시로 육성해야 한다.

핀테크 기업 본사 90%, 일반기업 본사 70%가 서울에 있다. 오세훈 시장은 서울을 핀테크 육성과 인재양성으로 세계 5위 아시아 금융중심 도시로 만들겠다고 선언했다. 지난 6월 여의도에 120층 이상 고층건물 증축을 허용하면서 금융특구로 개발하겠다고 선언했다.

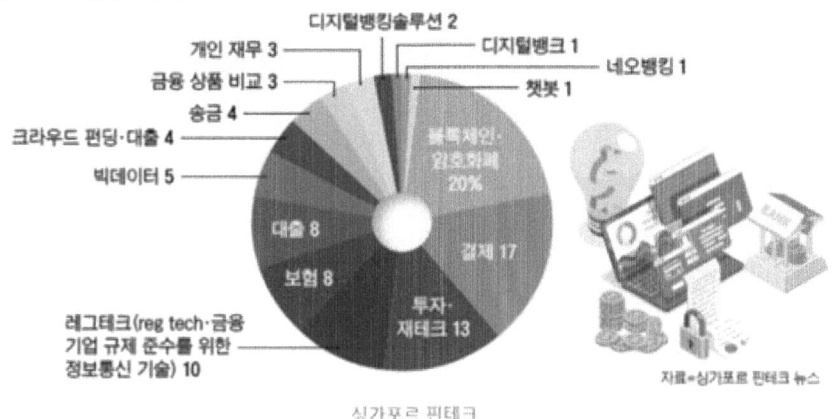

싱가포르 핀테크

영국 컨설팅그룹 지옌의 국제금융센터지수(GFCI) 평가에서 한국 순위는 2015년 6위, 2017년 27위, 2024년 서울 10위, 부산37위다.

우리나라는 수도권에 기업 본사가 집중돼 있다. 금융업은 싱가포르(3위)와 뉴욕(1위)처럼 한 도시 집중해야 효율성과 경쟁력을 높일 수 있다.

싱가포르는 도시국가로서 국제금융 순위가 한국보다 높다. 금융과 주식 관련 세금이 전혀 없고, 법인세가 17%다. 상장된 기업 35%가 해외기업이다. 홍콩에서 철수하는 국제금융 본사를 싱가포르가 유치하여 2024년 8월 아시아 금융본부 70%가 있다.

정부는 싱가포르처럼 주식관련 세금을 모두 없애고, 금융특구에는 17%로 법인세를 낮춰야 한다. 한국을 기업하기 좋은 나라로 만들어야 아시아 금융 중심 국가가 될 수 있다.

글로벌 시가총액 비중에서 미국 60%, 일본 5% 중국4%, 한국 1.6%다.

한국은 주식관련 배당세, 소득세, 양도세가 있고 거래세 0.2%로 싱가포르와 같다. 한국 상장기업 2500개중 외국기업은 1%도 안 된다.

우리나라 26% 법인세도 문제다. 외국인직접투자(FDI)를 유치하기 위해서는 세금 감면이 필수다. 문재인 정부 때 법인세가 22%에서 25%로 올랐다. 지방세 포함하면 27%로 '거꾸로 정책'이었다.

세계는 법인세를 낮추면서 기업을 유치하여 일자리를 만드는데 총력을 기울인다. 2024년 국회가 법인세를 26%로 인하했지만, 미국과 OECD 평균 21%, 싱가포르 17%에 비하면 높다.

한국이 기업하기 좋은 환경을 만들지 못하여, 2022년 외국인직접투자(FDI) 유출액이 유입액의 4배 정도다. 한국의 삼성, 현대 등은 미국, 베트남으로 공장을 옮기고 있다. 대학생 청년취업율이 45%다.

2003년 노무현 정부 때 추진한 '동북아 금융 허브' 프로젝트는 실패했다. 증권거래소, 증권예탁원 등 금융공기업 지방이전으로 한국 국제금융 경쟁력이 후퇴했다.

노무현 정부의 최초 전략은 '해외 주요 글로벌 금융 기업의 유치'가 핵심이었다. 그러나 지난 20년간 한국이 유치한 사례는 한 건도 없다. 그와 반대로 2017년 미국 골드만삭스, 스위스, UBS, 호주 매쿼리, 시티은행 등이 우리나라를 떠났다.

증권거래소, 캠코 등은 부산, 신용보증기금은 대구, 국민연금은 전주, 사학연금은 나주, 공무원 연금은 제주도로 이전하면서 주요 금융기관이 전국으로 분산됐다.

외국인이 한국 금융담당자를 만나려면 전국을 돌아야 한다. 한국 금융경쟁력이 낮아진 이유다. 경제학의 목표는 공정성과 효율성이다.

한국이 국민연금 개혁을 많은 국민의 반대에도 불구하고 추진하는 것은 그 방향성이 옳기 때문이다. 정부와 기업은 다수 국민의 반대에도 불구하고, 국가 미래를 위한 정책은 추진해야 한다.

한국이 아시아 국제금융 중심도시가 되려면 싱가포르 수준 이상으로 집중화와 함께 기업하기 좋은 나라로 만들어야 한다. 법인세 인하, 주식관련 세금 전면 삭제 등 혁신을 해야, 한국이 아시아 금융 중심국가가 될 수 있다. 한국금융시장 현황을 알아보고 자본시장 육성방안을 제시하고자 한다.

Ⅲ. 금융시장 현황

한국이 해야 할 가장 중요한 경제정책은 한국에 외환위기가 오지 않도록 철저히 대비하는 것이다. 정부와 기업은 2024년 8월 외환보유고를 두 배로 확대하고, 현금 비중을 30%로 늘려야 한다.

국제결제은행(BIS)이 권고하는 한국 적정외환보유고는 9,300억 달러다. 우리나라 외환보유고는 2024년 6월말 기준 4,200억 달러다. 2024년 8월 보다 두 배 증액해야 한다. 한국은 15개월 연속 경상수지 적자 지속, 우크라이나 전쟁, 중국경제 재개, 미국의 기준금리 5.75%까지 인상, 아르헨티나 등 신흥국 부도 등 경제위기를 잘 극복해야 한다.

정부와 기업은 금융위기에 대비하는 것과 국제금융 경쟁력을 올리는 것이 시급한 업무다. 한국이 해야 할 중요한 업무는 미국 기준금리 인상으로 인한 금융위기에 대비해야 한다.

미국은 2023년 12월까지 기준금리를 5.75%까지 올리고, 물가를 2%로 낮춘다. 정부와 기업은 우크라이나 전쟁으로 인한 유가 70% 폭등과 물가인상, 중국 경제 불황, 미국 6조 달러 환수 등 국제금융위기에 대비해야 한다.

<주요국 외환보유액과 GDP 비중>

주요국(외환보유액/GDP) 비중 -(2023.5월) 한국은행, 통계청

국가명	GDP(억달러)	외환보유액(억달러)	외환보유액/GDP 비중
스위스	8,129	9,491	117%
홍콩	3,681	4,318	117%
대만	7,749	5,455	70%
사우디	8,335	4,566	55%
러시아	17,758	5,657	32%
한국	18,102	4,209	23%
인도	31,734	5,604	18%
브라질	16,090	3,397	21%

※출처: 김대종 "한국 외환보유고 연구", 한국은행, IMF

2024년 8월 기준 GDP 대비 외환보유고 비중을 보면 한국은 23%로 낮은 수준이다. 스위스 117%, 홍콩 117%, 대만70%, 사우디아라비아 55%로 외환위기에 철저하게 대비하고 있다.

스위스의 GDP는 한국의 절반도 안 되지만, 한국보다 두 배 이상의 외환보유액을 가지고 있다. 1997년 아시아 외환위기 때 대만은 외환위기를 전혀 겪지 않았다. 대만은 충분한 외환보유고로 비축했기 때문이다.

2023년 6월 한일통화스와프 100억 달러가 체결됐다. 한국 국제금융안정에 크게 기여할 것이다. 국방과 마찬가지로 외환시장에서도 우리가 자력으로 경제를 지켜야 한다. 한국이 제조업은 육성했지만, 경제의 혈액과 같은 금융은 육성하지 않았다.

1997년에는 환율이 2,000원까지 오르면서 한국은 외환위기를 겪었다. 2008년 금융위기 때도 환율이 1,600원까지 올랐다. 외환위기를 방어할 두 개의 방어막 한미, 한일통화스와프재개는 필요하다.

환율이 오르는 것이 국제금융 위기의 가장 좋은 지표다. 2024년 7월 환율은 1,400원까지 상승했다.

2024년 스리랑카, 파키스탄, 아르헨티나 등 많은 나라가 이미 외환위기를 겪고 있다. 터키는 환율이 두 배 오르고, 기준금리는 15%다. 아르헨티나는 12번째 외환위기를 맞아 IMF 구제금융을 받고 있다.

2024년 8월 미국은 기준금리를 5.25%까지 올리면서 전 세계에 풀린 6조 달러를 환수중이다. 한국을 비롯한 신흥국들은 2008년과 같은 국제금융위기를 겪지 않으려면 철저하게 대비해야 한다.

2025년 한국의 금융시장의 문제점과 대안은 다음과 같다.

첫째 한국 환율이 1400원에 육박하면서 외환시장이 불안하다. 2024년 단기외채비율은 34%로 2015년 이후 가장 높은 수준이다. 1997년 한국의 외환위기도 단기외채 비율이 올라가면서 일본계 자금 유출이 시발점이었다.

2024년 달러 부족 국가는 아르헨티나, 이란, 터키, 러시아, 인도, 인도네시아, 브라질,

한국, 그리고 남아공 등이다.

둘째 국제금융시장의 불확실성이 증가하고 있다. 미국은 2024년 기준금리 5.5% 인상으로 6조 달러가 미국으로 회귀중이다. 전 세계 달러 부족, 한미 통화스와프 거부, 한국 세계2위 무역의존도 75%, 신흥국 국가부도, 15개월 무역수지 적자 등으로 안심해서는 안된다.

셋째 한국은행 외환보유고 현금 부족이다. 한국은행 외화자산 구성을 보면 국채 36%, 정부기관채 21%, 회사채 14%, 자산유동화채권(MBS) 13%, 주식 7.7%, 현금 3%다. 한국은행은 위험성이 높은 정부기관채는 매도하고 현금과 국채중심으로 운용해야 한다.

한국은행은 외환보유고 21%를 미국 국채 대신에 위험성이 높은 정부기관채에 투자하고 있다. 위 정부기관채는 페니메이와 프레디맥이라는 모기지 기업이다. 한국의 LH공사와 비슷하다.

2008년 위 두 기업은 미국에서 청산후보 대상이었다. 한국은 미국 정부기관채 투자를 국채로 전환해야 한다. 2008 금융위기를 기점으로 중국은 미국채권을 국채중심으로 전환했다.

한국은행은 외환보유고 현금 비중을 3%에서 10%로 늘려야 한다. 투자 3대 원리는 안전성, 수익성, 환금성이다.

<적정 외환보유고 이론 네가지>

발표기관	내용	적정 외환보유액	발표 시기
IMF	3개월 경상지급액	1,500억 달러	1959
IMF 신 제안	유동외채 30%+ 외국인주식자금 15%+ M2 5% + 상품수출 5%(100~150%)	6,810억 달러	2013
기도티, 그린스펀	3개월 경상지급액+ 유동외채	4,500억 달러	1999
BIS(국제결제은행)	3개월 경상지급액+ 유동외채+ 외국인주식투자액 1/3 + 거주자 외화예금+ 현지 금융잔액	9,300억 달러	2004

적정외환보유고에 대한 이론은 네 개다.

첫째 IMF는 적정 외환보유액을 3개월 경상지급액으로 한다. 한국 1개월 경상지급액은 약 500억 달러로, 3개월은 1,500억 달러다. 아르헨티나는 IMF 권고대로 외환보유고 652억 달러를 비축했지만, 12번째 국가부도를 맞았다. 각 국가는 IMF 권고 이상으로 충분히 외환보유고를 비축해야 한다.

둘째 IMF가 새로 제안한 적정외환보유고는 외국인 주식자금 15% 등을 포함하여 약 6,810억 달러. 한국은 IMF 제안보다 3,000억 달러가 부족하다.

세째 1999년 그린스펀(Greenspan)과 기도티(Guidotti)는 <3개월 경상지급액 + 유동외채(단기외채 100%와 1년 안에 만기가 돌아오는 장기채)>를 외환보유고로 제시했다.

2024년 한국 단기외채는 약 1,500억 달러이다. 장기채권 가운데 1년 안에 만기가 돌아오는 경우는 알 수 없기에, 통상적으로 단기외채 200%를 유동외채로 본다. 기도티 기준 적정외환보유고는 4,500억 달러이다.

네째 2004년 국제결제은행(BIS)은 <3개월 경상지급액 + 유동외채 +외국인 주식투자자금 1/3 + 거주자 외화예금 잔액(1000억 달러) + 현지 금융잔액>을 제시했다. BIS가 권고하는 한국 적정외환보유고는 9,300억 달러이다.

2024년 8월 우리나라의 외환보유고 4,100억 달러는 BIS 제안보다 5,100억 달러 부족하다. 한국은 높은 자본시장 개방성과 유동성으로 인해 외국인들이 쉽게 유출을 할 수 있다.

2024년 8월 기준 국제 결제 통화 비중은 미국 달러(60%), 유로(26%), 파운드(6%) 위안(3%), 엔(3%)이다. 원화는 0.1%로 아주 낮다.

중국 위안화와 일본 엔화는 국제결제에서 인정되는 기축통화(基軸通貨)이기에 외환위기로부터 안전하다. 한국은 무역의존도 (수출+수입)/GDP 75%로 세계 최고 수준이기에 외환보유고가 아주 중요하다.

2024년 8월 한국 외환보유고 4200억 달러는 IMF와 BIS가 권고하는 수준보다 많이 부족하다. 우리나라는 세계5위 제조업강국이면서, 무역의존도 75%로 세계2위이다. 그러므로 경상수지 흑자가 발생할 때 1조 달러 이상 충분히 비축해야 한다.

국방과 마찬가지로 국제금융시장에서도 우리가 자력으로 경제를 지킬 수 있도록, 제1 방어막인 외환보유고를 1조 달러 이상 비축해야 한다.

<한국은행 외화자산 구성>

상품	비중 (단위:%)
정부채	36.9
정부기관채	21.0
회사채	14.8
자산유동화채(MBS)	13.1
주식	7.7
예치금 (현금)	3
계	100.0

자료: 한국은행 연차보고서, 김대종 정리

정부와 한국은행은 1997년 IMF의 위기와 2008년 국제금융위기를 겪고도 외환보유고를 충분히 비축하지 않고 있다. 정부와 기업은 BIS 권고대로 외환보유고를 9,300억 달러로 증액해야 한다.

Ⅳ. 주식시장 육성방안

<주가와 주요변수 상관관계>

	전국집값	종합주가	cd금리	서울집값	외환보유액	경기동행	대출총액	물가지수	평균환율	경상수지
전국집값	1.00									
종합주가지수	0.93	1.00								
cd금리	-0.82	-0.78	1.00							
서울집값	0.98	0.91	-0.77	1.00						
외환보유액	0.96	0.96	-0.86	0.92	1.00					
경기동행지수	0.97	0.93	-0.87	0.93	0.98	1.00				
대출총액	0.98	0.91	-0.85	0.96	0.96	0.99	1.00			
물가지수	0.97	0.93	-0.86	0.93	0.98	0.99	0.97	1.00		
평균환율	0.05	-0.17	-0.12	0.05	-0.10	0.03	0.11	0.03	1.00	
경상수지	0.58	0.59	-0.72	0.48	0.66	0.65	0.61	0.65	0.02	1.00

<자료: 한국은행, 김대종 정리>

자본시장은 주식시장, 채권시장, 파생금융상품 등으로 구성돼 있다.

한국도 가상화폐 시장을 포함한 4차 산업혁명 신산업을 미국과 일본 수준으로 조성해야 한다.

주식시장은 유가증권시장, 코스닥시장, 프리보드 시장으로 이루어져 있다.

한국에는 2024년 8월 2500여개 기업이 상장돼 있고 시가총액은 약 2000조 원이다. 한국 자본시장 육성을 위하여 불공정거래에 대해서는 엄벌에 처하여 건전한 시장을 만들어야 한다.

주가와 주요변수의 상관관계 분석결과 은행이자율이 가장 중요한 변수다. 은행이자 하락은 주가상승과 부동산 상승으로 이어진다. 부동산은 집 대출금리가 7%보다 높으면 집값은 하락하고, 그 이하면 상승한다. 주식시장도 거의 동일한 수준이다.

2024년 SG주가조작 사건을 포함하여 다수의 불공정사례가 적발됐다. 2022년 주가조작 105건 적발됐고, 평균 부당이득금은 46억 원이다. 검찰의 불기소율은 55%이고, 기소된 것 중 40%가 집행유예로 풀려났다. 주가조작을 하더라고 처벌받는 경우가 매우 적어 주가조작이 반복되어 일어난다.

한국은 건전한 자본시장 발전을 위하여 주가조작, 시세조정, 통정매매 등에 대하여 미국처럼 엄한 처벌이 필요하다. 미국 폰지사기범 메이도프는 징역 150년을 선고받고 옥사했다.

주가조작 사건이 반복되는 이유는 불공정거래로 얻는 이득이 처벌보다 훨씬 크기 때문이다. 2024년 8월 국회는 주가조작으로 얻은 이득의 2배를 배상하게 하는 법안도 발의했다. 시세조정 등 불공정거래에 대하여 미국 수준으로 엄하게 처벌해야만 주가조작을 멈출 수 있다.

코스피 추이 회귀분석 (1976-2022)

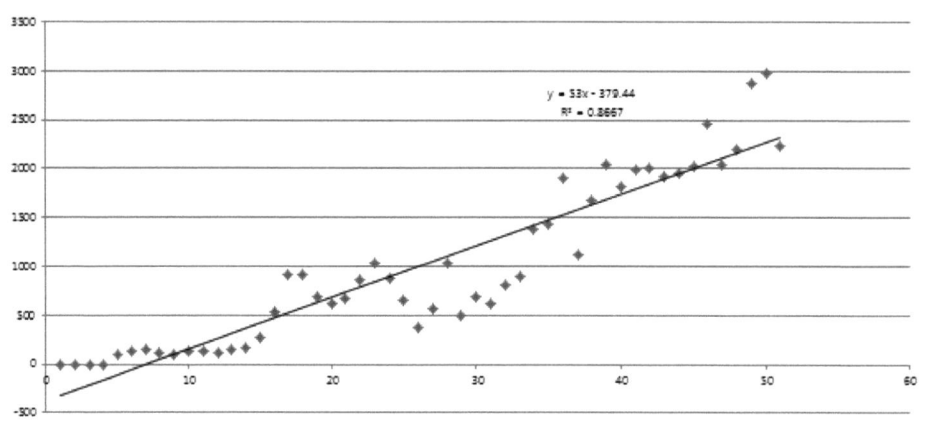

<자료: 한국은행, 김대종 분석>

한국 코스피는 지난 40년 동안 86% 확률로 상승했다. 한국의 우량한 주식을 장기보유한 경우 대부분 이익이 발생한다. 한국에서는 매년 20여개 기업이 부도가 난다. 따라서 시가총액 상위종목과 외국인 지분 30%이상 있는 종목들이 상대적으로 안전하다.

2024년 9월 미국 애플은 시가총액 4500조 원으로 한국 전체 시가총액 두 배 정도다. 애플은 2024년 8월 한국에서 결제시장에 뛰어들었다. 이미 5천만 건 정도가 결제됐다. 애플은 국제결제시장에서 비자카드에 이어 세계 2위다.

한국은 금산분리가 철저하게 규제되어 있다. 그러나 애플은 2024년 8월 3억3천만 원까지 예금을 받는다. 애플은 4.5% 높은 이자와 편리성, 안전성 때문에 예금이 크게 증가했다. 미국 시중은행 이자 10배를 지급한다.

한국도 자본시장을 육성하기 위해서는 금산분리 폐지를 검토해야 한다. 애플은 전체 매출 중 30%를 서비스분야에서 일어난다.

미국 GE(제너럴 일렉트로닉)은 오래전부터 소매금융업에 진출했다.

한국도 이제 자본시장 육성을 위해 금산분리 해제를 검토해야 한다. 특히 미국은 금융업종간 장벽이 없다. 증권사, 은행, 보험, 카드 등 금융장벽이 없기 때문에 모든 업무를 할 수 있다.

골드만삭스는 상업은행과 투자은행 역할을 한다. 이자수익이 전체 수익의 40%이하다. 우리나라 은행은 전체수익 90%가 이자다. 오직 예대마진 1.5%로만 생존한다.

한국도 은행, 증권, 보험 등의 장벽을 걷어내야 한다. 금산분리 규정도 해제하여 산업자본과 금융자본이 융·복합이 되도록 해야 한다.

한국의 4차 산업혁명과 핀테크 산업은 정부가 허락한 분야만 사업할 수 있는 파지티브(positive)제도다. 한국 4차 산업혁명은 국회와 정부규제로 어려움을 격고 있다. 2023년 6월 대법원은 타다 금지법을 무죄 판결했다.

대한민국은 Uber와 에어비엔비가 금지됐다. 호주는 우버가 벌어들인 돈 10%를 택시에 지원하는 것으로 상생을 선택했다. 한국도 핀테크를 포함한 4차 산업혁명 산업을 전격 허용해야 한다.

미국과 일본 수준에서 가상화폐를 정부가 인정해야 한다. 한국에서는 가상화폐 상장이 금지되면서, 싱가포르와 유럽에서 상장하고 있다. 한국 자본시장 육성을 위해서는 가상화폐와 블록체인 등 신산업에 대한 규제를 완화해야 한다.

한국은 스마트폰 보급률, 통신 인프라, 전자정부가 1위다. 4차 산업혁명에서 가장 앞서 가는 대한민국은 모바일 중심으로 자본시장을 육성해야 한다.

미국 Apple이 한국 결제시장에 진출하면서 카카오페이 등 국내기업들은 어려움을 겪고 있다. 또한 쳇GPT를 중심으로 Microsoft, Google 등이 진출하면서 한국의 네이버, 카카오는 검색시장 등에서 어려움을 겪고 있다.

한국 자본시장 육성을 위해서는 모바일 중심으로 육성해야 하고, 정부 규제 완화가 필요하다. 미국은 정부가 원칙적으로 4차 산업혁명 모든 분야에서 사업을 할 수 있다.

오직 국민의 생명과 안전을 해치는 분야에서만 제한한다. 미국은 네거티브 제도를 적용하기에 세계적인 유니콘 기업이 탄생했다.

4차 산업혁명에서 가장 많은 유니콘 기업이 탄생하는 분야가 핀테크다. 2024년 한국 유니콘 기업은 23개다. 한국 모든 증권사와 금융기관들은 모바일 중심으로 혁신해야 한다.

소매업에서 온라인구매는 35%로 향후 65%까지 증가 할 것이다. 모든 증권사와 금융기관들은 영업, 판매, 관리 등 모든 업무를 모바일 중심으로 전환해야 한다.

오세훈시장이 추진 중인 서울 여의도 금융 특구는 싱가포르 수준이 되어야한다. 싱가포르가 아시아 금융본부 70%를 유치한 것처럼, 한국도 세계적인 증권사 등 금융기관을 유치해야 자본시장이 발전 할 수 있다.

채권시장 역시 금융시장 전체에서 50%가까이 차지한다. 국민연금은 1000조 원 중에서 향후 주식 비중을 50%까지 늘릴 예정이다. 채권시장은 가장 안정적이고, 수익이 보장돼 있는 시장이다. 정부와 기업은 채권시장에 발전을 위해서 미국 싱가포르 수준으로 규제 완화를 지속해야 한다.

국민연금은 1000조 원 정도를 운용하고 있지만 캐나다 연금 수익률의 절반 에도 못 미친다. 전세계 연금 수익률 1위인 캐나다 연금은 전체 투자금액 중 주식 비중에서 미국85%, 캐나다 본토 기업은 15%다.

전세계 시가총액 비중에서 미국 60%, 한국 1.5%다. 적정한 포트폴리오를 본다면 미국과 한국을 시가총액 대비 적정한 비율로 분산해야 한다. 우리나라 국민연금은 국내 주식시장 70%, 미국30%다.

2022년 한국 직접투자 유출액이 유입액의 4배다. 한국 대학생 청년취업률은 45%다. 한국 기업 유출이 유입보다 크면 한국 자본시장은 어렵다. 한국 법인세를 미국 수준으로 21%로 낮춰야 한다. 한국 자본시장이 성장할 수 있도록 여의도 금융 특구는 17%로 법인세를 낮춰야 한다.

V 결론

한국 자본시장 육성을 위하여 주가조작 등 불공정거래와 불법공매도 등을 막아야 한다. 2024년 8월 한국의 주식투자 비중은 전체국민 20%정도다.

한국인 전체 자산 70%는 부동산이다. 국민들의 주식투자 비중이 미국수준 70%로 확대돼야 기업투자가 활성화되고, 한국경제가 부흥한다. 불공정거래를 엄단하고, 투명한 시장조성이 필요한 이유다.

국회와 정부, 자본시장 관계자는 시급히 불공정 거래 처벌강화 등 혁신을 조속히 하고, 강력히 추진해야 한다. 시가총액 비중도 미국60%, 한국 1.6%다.

한국 자본시장이 국민신뢰를 회복하여 투자를 유치해야 한다. 한국도 미국 수준으로 투자자가 증가한다면 세계 시가총액 비중 5%까지 성장할 것이다.

2024년 8월 주가조작을 적발해도 가벼운 처벌만 하기에 반복된다. 또한 재범율도 매우 높다. 자본시장 발전을 위하여 주가조작, 시세조정을 미국 수준으로 엄하게 처벌해야 한다.

한국도 자본시장을 육성하여 제조업 순위와 같은 세계 5위로 성장시키자.

정부와 기업은 불공정 거래 엄단, 불법공매도 금지, 외환거래 24시간 허용 등으로 자본시장을 적극 육성해야 한다.

2025년 주식투자 3대 원칙

2025년 한국주식시장은 미국 기준금리인하로 3,300을 돌파할 것이다. 미국 대통령에 누가 당선되느냐에 따라 큰 변화가 있을 것이다.

그러나 한국 주식시장이 크게 상승하려면 제도와 규정 변화가 필요하다. 기업하기 좋은 나라를 만들면 한국 주식시장은 크게 오른다.

올바른 주식 투자의 방법을 생각해야 한다. 투자의 3대 원칙은 수익성, 안정성, 환금성이다. 2024년 2차 전지 주식 열풍이 불면서 국내 전체 주식거래액의 20%가 2차 전지 종목이다.

에코프로, 포스코 등 이차전지 관련주가 최고 17배까지 상승했다. 주식투자하는 모든 사람들이 이차전지 주식에 큰 관심을 가지고 있다.

포모(FOMO: Fear of missing out) 증후군까지 불러왔다. 내가 그 주식을 가지지 못함으로 인해 두려움이 극대화되는 것을 말한다. 그러나 주식 투자는 절대로 내가 가지지 못한 것을 두려워해서는 안 된다.

수년전 가상화폐투자와 MZ세대들이 대출로 무리하게 집을 구매한 것도 같은 이유였다. 그러나 유행을 따라간 위 투자들은 모두 큰 후유증을 남기며 젊은 사람들은 힘들게 했다. 절대로 유행을 따라서는 안된다. 원칙을 지키며 우량주를 투자해야 한다.

주가는 실적이 뒷받침 되지 않으면, 주가는 원래자리로 돌아간다. 이차전지 이후 초전도체도 큰 이슈다. 초전도체와 관련된 기업 주가가 급등락을 하고 있다.

이와 같이 2차 전지와 초전도체 등 유행을 따라가는 주식을 추격매수하면 안된다.

PER은 한주가 벌어들이는 순이익의 몇 배인가를 평가하는 지표다. 미국의 테슬라 주가수익배율(PER)이 20정도다. 그러나 에코프로의 주가수익배율 PER는 870이다. 삼성전자 PER가 10 정도다. 한국 제조업 평균 PER이 약 10배 정도임에 비하여 2차 전지주가 고평가 됐음을 알 수 있다.

일각에서는 PEG 지수로는 적적한 가격이라는 평가도 있다. PEG 지수는 주당순이익이 급속하게 오르는 성장주를 반영하여 평가해야 한다고 주장한다.

피터린치가 주장한 것으로 2차 전지 성장 속도가 매우 빠르기에 이를 반영하면 적정주가라는 것이다.

한국 네이버와 카카오가 주가수익배율이 17~40이다. 주식 투자는 노후생활에 대비하여 투자하는 것이다. 따라서 급등락하는 주식에 소중한 자금을 투자하는 것은 바람직하지 않다.

자기 월급 25%를 시가총액 1등만 투자를 해서 1조를 모았다는 기사가 있다.

대한민국은 2,000 개 상장기업 중 매년 20개 정도가 부도가 난다.

2차 전지 주식 같이 급등락을 하는 종목은 노후생활을 위한 장기투자에 바람직하지 않다.

2차 전지 주식에 투자 하고 싶은 분들에게 투자금의 10% 정도만 투자하라고 권한다.

전기자동차 배터리의 최종 구매자인 테슬라의 성장성이 중요하다.

최종적으로 이차전지는 테슬라와 같은 완성차가 구매를 해 주어야 한다.

경영학에서 주가의 정의는 "미래의 현금 흐름을 2024년 8월 가치화 한 것 + 투자심리"다.

6개월 또는 1년 뒤에 에코프로를 포함한 2차전지 실적이 2024년 8월 의 주가만큼 나오지 않는다면 주가는 실적에 맞는 가격으로 수렴하게 된다.

대한민국은 제조업 기준 세계5위다. 자동차 배터리 분야는 세계 1위다. LG엔솔, SK, 삼성 SDI 등 이차전지 분야 최고 선두기업이다.

2024년 8월 전기자동차는 전세계 자동차 시장 5% 정도를 차지하고 있다. 매년 평균 성장율은 35% 정도다. 2차 전지 주가는 전기자동차 판매와 연동된다.

2차 전지를 만드는 소재 기업 주가만 무한정 오를 수 없다. 최종적인 전기자동차 판매 기업의 수요가 있어야 한다. 전기자동차는 매년 35% 정도 성장한다.

2024년 8월 과열된 이차 전지 주식을 냉정히 보아야 한다. 공매도는 과열된 주가를 식히는 역할을 한다. 주가가 과열됐을 때는 공매도는 주가를 내리게 한다.

주식 투자자들이 평정심을 가지고 지켜봐야 할 때다. 대출금과 이자를 감당할 수 없는 과도한 투자는 바람직하지 않다.

가상화폐 투자 열풍처럼 과도한 투자를 해서는 안된다.

워렌버핏은 전기자동차 주식을 한주도 가지고 있지 않다. 그의 자산 50%는 애플이다. 전세계 시가총액 1위가 애플이다.

전세계 글로벌 시가총액 비중을 보면 미국60%, 한국1.6%다.

적정한 주식투자 비율은 미국90%, 한국10%다.

미국 애플과 삼성전자를 위 비율대로 투자하는 것이 가장 좋은 투자다.

절대로 테마와 이슈에 휘둘리지 않아야 한다.

세계 1등 주식을 매월 투자하는 것이 가장 좋은 투자 방법이다.

2025년 불법 공매도 기울어진 운동장을 개선하라.

공매도를 부분적으로 재개하기 전에 금융당국은 기울어진 운동장을 바로잡아야 한다. 그러기 위해선 불법 공매도를 감시하는 조치와 제도 개선이 선행해야 한다. [사진=연합뉴스]

정부와 기업은 불법공매도를 막고 기울어진 운동장을 개선해야 한다.

2024년 글로벌투자은행(IB) 7곳이 1016억원 불법공매도 한 것이 추가 적발됐다.

개인과 기관투자가의 공매도 방식 차이

개인		기관
증권사에 요청하면 증권사가 한국증권금융을 거쳐 중개 (유안타증권만 직접 중개)	주식을 빌리는 방법	한국예탁결제원, 증권금융 등이 중개
증권금융이 제공하는 신용융자 담보 주식 100~200개 종목	빌릴 수 있는 주식 종류	사실상 제한 없음
통상 30~60일, 만기 연장 불가	빌린 주식을 갚아야 하는 기간	기관 간 협의해 결정

불법공매도는 2024년 BNP파리바와 HSBC 등을 포함하면 총 2112억원이다. 한국은 대여 받은 주식 잔고가 없는 상태에서, 주식을 매도하는 무차입 공매도가 불법이다.

공매도를 시행하는 기관투자자는 대여받은 주식 잔고 범위 내에서 매도해야 한다. 공매도는 과열된 주가를 적정가격으로 수렴하게 만드는 순기능도 있다. 그러나 주가가 하락할 때 과도

하게 주가를 급락시키는 역기능도 있다.

　대한민국은 코로나 때 공매도를 금지했다. 정부와 기업은 외국인 불법공매도가 적발된 후 2023년 11월 부터 2024년 6월 말까지 공매도를 금지했다. 정부와 기업은 "불법공매도를 개선할 수 있는 전산시스템이 완비될 때까지 금지하겠다"고 약속했다.

　2024년 8월 정부가 제안한 개선안은 1단계 기관투자자 자체 잔고시스템에서 확인하여 불법공매도를 막는 것이다. 2단계는 거래소에서 대차내역과 매매체결내역 그리고 잔고내역을 다시 확인하는 이중체계다.

코스피 순위	종목명	공매도 잔고금액
1위	LG에너지솔루션	7439억
2위	삼성전자	6059억
3위	HMM	4684억
4위	카카오	3694억
5위	카카오뱅크	3596억
6위	아모레퍼시픽	3249억
7위	셀트리온	3180억
8위	포스코케미칼	2853억
9위	SK하이닉스	2835억
10위	삼성바이오로직스	2638억

　글로벌 시가총액 비중으로 보면 미국60%, 일본5%, 중국4%, 한국1.5%다. 한국 자본시장은 제조업에 걸맞게 더욱 육성해야 한다. 대한민국은 GDP 세계9위, 제조업 수출액 세계5위다.

　그러나 국제금융에서 원화가 결제되는 비율은 0.1%로 세계35위 정도다. 한국은 제조업 중심으로 육성했기 때문이다.

　한국 자본시장을 육성하는 방안을 제언한다.

첫째 불법공매도를 막아야 한다. 외국인과 기관투자가에게 유리한 기울어진 운동장을 개선해야 한다. 외국인은 막대한 자금과 정보를 이용하여 한국 전체 공매도 80%를 차지한다. 기관투자자 18%, 개인 1%다. 주식 대차기간, 담보비중 등 기울어진 운동장을 개선하여 개인, 기관투자자, 외국인에게 동일한 기준을 적용해야 한다.

코스닥		
순위	종목명	공매도 잔고금액
1위	에코프로비엠	4683억
2위	엘앤에프	2984억
3위	HLB	913억
4위	위메이드	705억
5위	펄어비스	687억
6위	에코프로	654억
7위	카카오게임즈	541억
8위	나노신소재	534억
9위	셀트리온헬스케어	520억
10위	대주전자재료	467억

그래픽 이han경

둘째 불법공매도를 막는 전산시스템을 조기에 구축해야 한다.

2024년 8월 정부와 기업은 금융기관에 주식대여 잔고시스템을 구축할 것을 요구했다. 한국에서 공매도를 할 수 있는 증권사는 해외금융기관을 포함하여 80여개 정도다. 불법공매도를 막는 잔고시스템을 조기에 구축하여, 한국 국민들이 공매도로 받는 불이익을 막아야 한다.

순기능 vs 역기능
- ✓ 주식시장의 유동성 확보
- ✓ 주식 버블 방지

- ✓ 주가 하락세 유발
  - 공매도 세력이 악성 루머까지 퍼뜨리기도 함
- ✓ 기관/개인 투자자의 손절매 (손해를 감수하고 파는 것) 유도

위험성
순매도의 경우 최대 손실률이 -100%이지만 공매도는 주가가 계속 상승할 경우 무한대 손실 발생 가능

PART 2. 2025년 한국경제 핵심 이슈 10개

셋째 주가조작 등 불공정거래를 엄하게 처벌해야 한다.

한국 주식시장은 불법공매도를 포함하여 주가조작 등 불공정 거래가 매년 수십 건씩 발생한다. 한국은 전 세계 어떤 나라보다도 주가 조작이 많이 일어나는 나라다.

2022년 주가 조작은 105여건이 발생을 했지만, 기소되어 재판을 받는 비율은 10% 정도다. 한국은 시세조종 등에 대하여 솜방망이 처벌이기에 반복하여 주가조작이 발생한다. 미국 메이도프는 주가조작으로 징역 150년을 선고 받고 옥사했다.

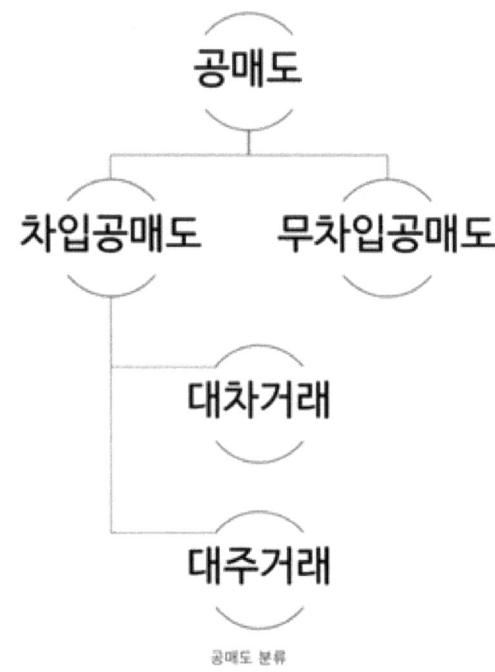

공매도 분류

개인이 외국인과 기관투자자 공매도에 대응하는 방법은 시가총액1위 기업을 장기 투자하는 것이다. 워렌버핏은 "절대 공매도를 하지 마라"고 얘기했다. 그 이유는 우량기업은 장기적으로 우상향하기 때문이다.

시가총액 1등 한국 삼성전자(500조원)와 미국 마이크로소프트(3600조원)가 가장 좋은 주식 투자법이다. 불공정거래는 우량기업에 불가능하다. 한국에 상장된 기업

2,500여개 중 매년 20여개가 부도난다.

개인과 외국인·기관의 공매도 요건 비교

	신용대주	주식대차
대여자	증권사/증권금융	외국인,증권사 등
차입자	개인투자자	외국인 증권사 등
재원	고객동의주식 및 차입주식	대여자 보유 및 차입주식(재대차)
수수료	연2.5% 이상	종목별 상이(0.1~5%)
취급(중개)기관	증권사	예탁원, 증권사, 증권금융
담보	주식 매각대금, 증권 등	국공채·주식 등
담보비율	140%이상	105%이상
기간	최대 60일	당사자간 협의
리콜	대여자 불가능/차입자 가능	대여자·차입자 모두 가능

자료=한국증권

우리나라 자본시장이 더욱 성장하고 발전하기 위해서는 불법행위를 미국 수준으로 엄하게 처벌해야 한다. 불법공매도는 한국 주식시장을 혼탁시키는 주요인이다. 정부가 구상 중인 불법공매도 방지 전산시스템을 구축하려면 2025년 하반기쯤 가능할 것이다.

한국 시가총액은 2024년 8월 약 2,500조원이다. 1994년 한국종합주가지수는 1000포인트, 2024년 9월 2,700이므로 30년간 코스피는 3배 올랐다.

그러나 같은 기간 삼성전자는 100배, 미국 애플 3,000배 정도 상승했다. 우량한 주식을 장기 투자하면 초과 수익을 얻을 수 있다.

경제학의 목적은 공정성과 효율성이다. 사람 몸의 피와 같은 존재가 금융이다. 자본시장을 건전하고 공정하게 발전시켜야 한국경제가 도약할 수 있다.

07 국민연금 개혁

2025년 국민연금은 수익률 중심으로 개편돼야 한다

국민연금은 수익률 중심으로 개혁해야 한다. 2024년 정부가 국민연금 개혁 방향을 제시했다. 국민연금 2024년 8월 연금납부율은 9%다. 그러나 국민 연금 납부율상향비, 연금지급 시기, 소득 대체율 40%다.

국민연금은 수익률 중심으로 개혁하고 국민을 설득해야 한다.

국민연금 10년간 평균 수익률은 4.5%다. 그러나 한국의 국민연금 수익률은 캐나다 연금 수익률 11% 절반도 되지 않는다.

캐나다 연금은 전체 자산 포트폴리오 중 85%를 해외의 투자한다. 모두 수익률 중심으로 촛점을 맞춰 주고 있다. 캐나다 국민연금은 법에 수익률 중심으로 추진한다고 명시되어 있으며 모두 전문가로 되어 있다.

그러나 대한민국의 국민연금은 전 세계에서 유일하게 정부가 국민연금 이사장을 임명한다. 수익률 중심이 아니라 이해관계자인 정부, 한국노총, 민주노총 등으로 구성되어 있기 때문이다.

2024년 기준 국민연금 수급자는 622만 명, 전체 가입자는 2,222만 명이다.

연금 지급액은 2024년 약 35조원으로 2057년경 고갈된다. 총액은 973조원이며, 2024년 8월 추세대로 연금납부가 이루어지면 2040년에 1,755조 원이 된다.

우리나라 기금운용위원회는 보건복지부 장관이 위원장, 정부 6명, 노동계 3명, 사용자 단체 6명이다. 운용위원 20명중 노조, 농업인, 소비자 단체, 자영업단체 등으로 금융전문가는 한명도 없다.

<출처: 구글, 뉴욕>

국민연금이 수익률보다 이해관계자 중심이다. 2024년 8월부터 국민연금은 독립된 기금운용위원회에서 수익률 중심으로 운용돼야 한다.

국민연금은 2024년 8월 납부율 9%, 소득대체율 40%다.

2024년 8월 10년간 연금수익률을 보면 한국4.7%, 네덜란드5.7%, 일본5.7, 노르웨이 6.7%, 캐나다11%다. 한국 국민연금 수익률이 캐나다 연금의 절반도 안 된다. 국민연금은 전 세계 연금수익률 중 거의 꼴찌다.

2025 한국 국민연금 투자 비중을 보면 국내52%, 해외48%다. 수익률 1위인 캐나다는 국내16%, 해외 84%다. 캐나다는 철저하게 수익률 중심으로 해외비중이 매우 높다.

캐나다 연금 수익률이 높은 이유는 대체투자 비중59%, 네덜란드33%, 한국11%다.

2023~2024년 국민연금 투자 비중을 보면 국내주식17%, 해외주식27%, 채권44%, 대체투자11%다.

전 세계 글로벌 시가총액으로 보면 미국 60%, 일본6%, 중국5%, 영국4%, 한국1.6%다.

따라서 우리나라 국민연금도 수익률 올리기 위해서는 캐나다 연금처럼 미국을 포함한 해외 중심으로 운용해야 한다.

2025년 국민연금 운용수익률을 1% 올리면 기금고갈을 2060년경으로 5년 이상 늦출 수 있다.

캐나다는 연금수익률을 올리기 위하여 1997년 투자운용조직을 만들어 공사화했으며, 법 조문에 수익률 극대화를 명시했다. 정부인사가 한명도 없으며 자율성이 보장되고, 12명 금융투자전문가에 의해 운용된다.

캐나다는 채권비중을 7%로 줄이고, 부동산과 인프라투자 등 대체자산 투자를 증가했다. 최고의 인재를 영입하여 수익률 중심으로 개편했기에 한국 수익률 두 배다.

한국 국민연금은 정치권과 개미투자자, 노조 등 이해관계자 요청으로 국내 주식부양 등에 이용된다. 국민연금은 한국 주요 상장기업에 대부분 투자하여 2대 주주다.

매년 국민연금은 주총에서 수익률보다는 여론과 정치권의 눈치를 본다. 국민연금은 한국전력이 한전공대에 출자하는 것에 찬성을 했고, 대한항공 경영에도 개입했다.

국민연금은 다음과 같은 방향으로 혁신해야 한다.

첫째 국민연금 투자 비중을 캐나다처럼 해외 85%, 국내 15%로 개편해야 한다.

글로벌 시가총액 비중이 미국60%, 한국1.6%이다. 국민연금은 한국 국내 주식 비중을 줄이고 해외비중을 올려야 한다. 캐나다처럼 대체투자로 경기와 상관없이 안정적인 수익을 올려야 한다.

둘째 국민연금 기금운용본부를 서울로 옮기고 우수인력을 확보해야 한다.

국민연금 본사를 전주로 옮기면서 매년 운용인력 10%가 이탈하고 있다.

정치권에 의해 한국 주요 금융기관들이 전국으로 흩어졌다.

국민연금은 전주, 사학연금은 나주, 공무원연금은 제주도, 신용보증기금은 대구, 부산에는 증권거래소와 증권예탁원이 있다.

외국인이 한국 금융담당자를 만나려면 전국을 돌아야 한다. 한국 금융경쟁력이 싱가포르에 비하여 떨어진 이유다. 금융기관은 뉴욕, 싱가포르처럼 집중화로 효율성을 올려야 한다.

셋째 국민연금을 캐나다처럼 독립된 공사로 만들어야 한다.

전 세계에서 한국이 유일하게 국민연금 이사장을 정부가 임명한다. 투자의 지속성과 안전성이 없다. 5년마다 정권이 바뀌면 투자 방향이 바뀐다. 정부에서 독립된 공사로 전환하여 해외투자 등으로 수익률을 캐나다 이상으로 올려야 한다.

국민연금 2025년 수급자는 본인이 납부 한 것에 비해 세배 정도를 더 받는다. 초기에 국민연금 가입자를 늘리기 위하여 납부하는 것보다 더 많은 돈을 지급함으로써 가입자를 늘렸다.

국민연금 수익률이 개선되지 않으면서 연금 납부율을 올리고, 수급연령을 늦추는 것은 국민을 더 불신하게 만든다.

국민연금은 국민노후 대비를 위한 유일한 대안이므로, 2025년부터 수익률 중심으로 혁신해야 한다.

2025년 우리 후손은 국민연금을 못 받는다. 국민연금 개혁해야 한다.

22대 국회는 가장 우선적으로 국민연금을 개혁해야 한다. 21대 국회가 국민연금 개혁안을 최종적으로 처리하지 못했다. 국민연금은 우리나라가 당면한 가장 중요한 문제다.

2024년 9월부터 30년 뒤 2055년경 국민연금은 완전 고갈된다.

국민연금은 최초 시행 당시 가입자 확대를 위하여 납부한 금액의 세배 정도를 지급했다. 이러한 이유로 2024년 8월 국민연금이 추세대로 진행되면 2055년경 소멸된다.

2024년 8월 국민연금 납부율은 9%다. 영국과 미국 등 보험료율은 15% 이상이다. 국회 국민 연금 특위는 13%로 보험료율를 올리고, 소득대체율도 44%로 조정했다.

그러나 소득대체율에서 국민의 힘은 43%, 민주당은 45%를 고집하면서 이견을 보였다. 금액으로 계산하면 겨우 1만원이다. 1만원 때문에 여야가 국민연금 최종 합의안을 통과시키지 못했다.

국회의장은 보험료율과 소득대체율부터 먼저 고치자는 수정안을 제시했지만, 이것 역시 불발됐다. 국민연금 개혁에는 여야가 없다. 두 정당이 합심하여 우리 국민의 노후보장을 위하여 최선을 다해야 한다.

지난 10년 기준으로 캐나다 연금은 수익률은 10.5%, 한국은 4.5%다. 글로벌 시가총액 비중에서 미국60% 한국1.5%다. 캐나다 연금은 전체 투자금 85%를 해외에 투자한다.

그러나 대한민국은 해외투자보다 국내 증시를 중요시 한다. 한국 국민연금은 수익률 중심이 아니라, 노조 등 이해관계자가 많기 때문이다.

한국 국민연금은 전 세계에서 유일하게 정부가 임명한다. 캐나다 연금은 완전한 독립법인으로 수익률 중심으로 운용된다. 따라서 한국 국민의 유일한 노후보장인 국민연금은 철저하게 수익률 중심으로 개혁돼야 한다.

22대 국회에서 국민연금 보험료는 9%에서 13%까지 올리고, 소득대체율도 44%로 조정될 것이다. 국민연금 본부는 2024년 8월 전주에 있다. 국가균형발전이라는 명목으로 국제 금융기관이 하나도 없는 전주에 국민연금이 있다. 전주에 있다 보니 국민연금에서 필요한 충분한 전문운용인력을 채용 못하고 있다.

외국인이 한국에 금융투자를 상담하러 오면 전국을 돌아야 한다. 금융 공공기관이 전국으로 흩어졌다. 사학연금은 나주, 공무원연금은 제주도, 증권거래소와 증권예탁원, 자산관리공사는 부산에 있다. 대구에는 신용보증기금이 있다.

한국의 주요한 금융기관이 모두 전국에 산재해 있다. 국민연금은 기금운용본부라도 서울에 설치하여 수익률 중심으로 혁신해야 한다.

국민연금 본부가 2024년 8월 수익률 4.5%를 캐나다 10.5%로 올리면 국민이 납부해야 할 보험료도 낮출 수 있다. 국민연금은 철저하게 수익률 중심으로 개혁하고, 정치권과 관련없이 운용돼야 한다. 22대 국회가 가장 우선적으로 해야 할 일은 국민연금 개혁이다.

08 국내 모든 기업 4차 산업혁명 혁신해야 생존한다.

<산업자원부>

4차 산업혁명에서 가장 중요한 것이 기업들이 변화를 수용하고 혁신하는 것이다. 2025년 소프트웨어 인재육성과 변화가 생존전략이다.

2024년 7월 4대 시중은행이 소프트웨어웨어 인력을 양성하는 삼성그룹에 20억 원을 기부하면서 금융인재 공급을 요청했다.

우리나라 대학이 소프트웨어 인력을 제대로 양성하지 못해, 은행들이 삼성그룹에 구조 신호를 보낸 것이다.

삼성그룹이 우리나라에 청년 실업자 구제를 위하여 만든 <삼성 청년 SW 아카데미>는 대졸 미취업자에게 1년간 코딩 교육을 1800 시간을 시킨다.

세종대학 근처에도 소프트웨어 아카데미가 있다. 소프트웨어 인력 양성소를 방문하여 시설을 둘러보고 감탄을 했다. 삼성그룹은 전 세계에서 하드웨어를 가장 잘 만드는 기업이다. 삼성이 가지고 있는 가장 취약점은 소프트웨어 인력 부족이다.

4차 산업혁명이 시작되면서 전 세계 모든 IT기업은 소프트웨어가 하드웨어 기업을 인수하고 있다. 구글은 YouTube를 인수했고, 마이크로소프트가 세계적인 통신기업을 인수하고 챗 GPT를 가장 먼저 활용했다.

삼성은 우수한 소프트웨어 인재를 인도 등에서 수입하여 인재를 양성하고 있다. 정부와 기업은 삼성과 힘을 합쳐 취업을 못한 한국의 우수한 대졸 미취업자들을 구제해야 한다.

이들을 100만명 소프트웨어 인재로 양성한다면 세계적인 기업에 취업 시킬 수 있다. 또한 한국의 부족한 소프트웨어 인재를 공급함으로써 한국은 하드웨어뿐만 아니라 소프트웨어 강국이 될 수 있다.

국가예산과 교육 예산을 이제는 소프트웨어 인재 양성에 쏟아야 한다.

전세계는 인공지능과 소프트웨어 전쟁을 벌이고 있다 챗 GPT를 비롯한 소프트웨어가 세계 경제를 주도 하고 있다.

한국은 4차 산업혁명이라는 거대한 물결에 편승하여 SW고급 인재 100만 명을 키워야 한다.

첫째 정부와 기업은 코딩교육을 초등학교 1학년부터 가르쳐야 한다. 4차 산업혁명의 선두를 차지하기 위하여 영국은 초등학생부터 의무적으로 코딩을 가르치고 있다. 서울대학교 컴퓨터공학과 졸업생은 30년 전과 마찬가지로 2024년도 55명이다. 그러나 미국 등 선진국은 모든 학생들에게 코딩 교육을 의무화하여 가르치고 있다.

4차 산업혁명 관련 산업은 매년 30%이상 높은 성장을 한다. 생산의 4대 요소는 토지, 노동, 자본, 그리고 모바일이다. 정부와 기업은 핵심역량을 SW인재 양성에 집중해야 한다.

인공지능, 빅데이터, 사물인터넷 등 4차 산업 혁명에 대비하여 인재를 얼마나 키워냈는가에 국가운명이 달려있다. 미국 FAMANGT 기업들은 자율주행, 인공지능 그리고 사물인터넷 등 4차 산업혁명을 주도하기 위하여 핵심인재를 집중 양성하고 있다.

이들 기업은 제조업보다 서비스로 이익을 내고 있다. 애플은 매출액의 30%가 애플TV 등 구독경제와 서비스에서 발생한다. 아마존, MS, 넷플릭스, 구글 등 빅테크 기업들은 SW인재가 핵심인 플랫폼 기업이다.

둘째 정부와 기업은 4차 산업 인재양성으로 언택트산업과 서비스산업을 육성해야 한다. 제조업, 건설, 서비스, 교육 등 모든 산업은 핸드폰과 연계된 모바일을 중심으로 혁신해야 한다.

2024년 한국의 소매판매액은 650조원이며, 35%가 온라인구매이다. 향후에는 전체 매출액의 65%가 온라인 구매로 이루어진다. 국가는 소프트웨어 인재양성에 심혈을 기울여야 한다. 온라인산업은 임대료, 인건비, 그리고 거래비용을 큰 폭으로 낮춘다. 한국이 4차 산업혁명을 주도하면 SW인재 수요 증가와 해외진출 등으로 일자리도 해결된다.

셋째 자율주행과 인공지능 등 4차 산업혁명 기업을 키워야 한다.

2025년 애플 시가총액은 4500조원이고, 삼성전자는 50조원이다. 한국경제가 성장하려면 기업하기 좋은 나라를 만들어 삼성전자와 같은 기업을 10개 이상 키워야 한다. 우리나라는 제조업 기준으로 세계 5위이고, GDP 기준으로는 세계 9위다. 한국은 제조업에 탁월한 능력이 있으므로, 소프트웨어 등 4차 산업인재를 육성한다면 우리가 세계경제를 주도할 수 있다.

우리나라는 교육에 대한 높은 열정이 있다. 국가에서 강력한 추진력만 발휘한다면 세계 최고가 될 수 있다. 한국은 소프트웨어 인재양성으로 세계경제를 주도해야 한다.

09 경기부양에 도움되는 건설업 육성 필요하다

☑ 2025년 금리인하로 건설업 살아난다

2025년 금리가 내리면서 건설업이 살아난다. 미국 기준금리 5.5%, 한국은 3.5%다. 미국은 9월부터 0.25% 기준금리를 세 번 내리기로 했다. 미국 연방준비은행 목표 물가는 2%다.

2024년 12월 미국 근원물가는 2.9%다. 미국 연준은 5.5% 기준금리가 유지 될 경우 2024년 12월 소비자물가가 2%가 될 것으로 본다. 한국은행도 미국과 함께 기준금리를 10월부터 내릴 예정이다.

고금리가 지속되면서 소상공인, 중소기업 그리고 태영건설 등 대기업마저 어려움을 격고 있다. 업종별로 보면 일반제조업보다 건설업이 가장 크게 타격을 받았다. 정부와 기업은 경기를 살리기 위해 우선적으로 건설업을 부양해야 한다.

2025년 한국에 상장된 기업은 2500개다. 고금리, 고물가, 고환율 등으로 상장기업 30%가 이자도 못 낼 정도로 매우 어려운 상황이다. 시중은행 연체율 0.5%, 제2금융권 연체율 7%, 증권사 PF대출 연체율은 17%다. 어려운 한국경제를 고려한다면 한국은행은 선제적으로 기준금리도 인하도 필요하다.

인플레이션은 물가인상을 말한다. 경제학에서 물가인상의 가장 큰 이유는 유동성 공급이다. 시중에 돈이 많이 풀렸기 때문에 물건 값이 오른다.

코로나를 극복하기 위해 미국은 6조 달러를 풀었고, 물가가 9%에 이르자 기준금리를 0%에서 5.5%까지 올렸다. 한국도 기준금리를 0.5%에서 3.5%까지 기준금리를 올려 물가를 3%대로 낮췄다.

부동산시장과 은행금리 상관관계는 마이너스 0.8이다. 부동산 경기와 은행이자는 반대로 움직인다. 집 담보대출 기준으로 은행 이자가 7~8% 이상 올라가게 되면 부동산 가격은 내린다.

그러나 반대로 은행이자가 7% 밑으로 내려가게 되면 부동산은 다시 상승한다. 2024년 9월부터 기준금리가 인하하면 부동산 경기는 다시 활성화된다.

이미 서울지역은 2024년 1월부터 사상 최고가를 다시 갱신하고 있다. 이미 최고치 95%까지 회복했다.

우리 국민66%는 아파트에 거주한다. 안전성과 편리함 때문이다. 무주택자는 한강이남 아파트를 분양받으면 좋다.

정부와 기업은 용인에 약 300조원을 투자하여 반도체 클러스터를 만들기로 했다. 삼성전자, 하이닉스 등 많은 반도체 공장이 설립되면서 동탄이 가장 잘 사는 도시가 됐다.

2024년 8월 부동산과 관련하여 비관적인 전망이 많다. 그러나 장기적으로 지난 50년간 한국 부동산은 90%확률로 올랐다. 2008년 금융위기 등 몇 년간 조정은 있었지만, 긴 시간으로 보면 부동산은 상승했다.

한국 인구는 5,200만 명이다. 일부 사람은 2025년 출산율이 0.60명으로 낮아지면서 집값이 하락한다고 주장한다.

그러나 2024년 9월 우리나라 단독세대주는 약 40%다. 향후 10년 동안 단독세대주는 최고 50%~60%까지 증가할 것으로 예상된다. 따라서 10년 정도는 부동산 가격이 상승할 것이다.

2025 우리나라는 집을 소유한 사람 51%와 무주택 49%다. 서울 평균 집값은 13억 원이다.

경제는 긍정70%가 부정30%를 언제나 이겼다. 장기적으로 본다면 부동산 가격은 여전히 상승추세다. 한국인 자산 70%는 부동산이다. 부동산 가격 하락은 금융기관 부실로 이어지기에 정부가 하락을 방치할 수 없다.

건설업은 10억 원 매출이 발생할 경우 11명 일자리를 만든다. 정부와 기업은 가덕도 신공항을 포함한 대형 건설 프로젝트로 부동산 경기를 살려야 한다.

가덕도 신공항을 만들면서 정부가 간척사업을 함께 할 경우 약 203조원 부가가치가 발생하고, 220만 명의 일자리가 만들어진다. 싱가포르는 국토 40%가 간척을 했으며, 창이공항은 100% 간척지다. 네덜란드는 국토 30%가 간척지다. 가덕도 방파제 건설은 부산을 획기적으로 발전시킬 것이다.

국회는 부동산 1.3 대책에 포함된 실 거주 의무 개정안 등을 처리해야 한다. 정부정책은 일관성과 예측가능성이 필요하다. 국회는 모든 정책판단 기준을 국민으로 하면 된다. 2025년은 한국은행 금리인하로 건설업 경기가 개선될 것이다.

10 노동시장 혁신

📑 2025년 한국 노동생산성 33위.

한국 경제 SWOT

강 점	기 회
세계 최고 교육, 우수한 인재, 대학진학80%	모바일(90%), 인터넷(제조업),구독경제
세계 최상 IT, 통신 인프라, 스마트폰 1위	반도체, SW인재 양성,
지정학적 위치(중국, 일본)	시가총액: 미국60%,한국1.5%, 부동산90%상승
2024년 제조업 세계5위, 경제 9위, 금융30위,	4차 산업혁명, IT 융합, 벤쳐 육성
신속한 의사결정, 정확성, 창의성	우수한 기술과 브랜드(한류, BTS, 오징어겜)
약 점	위 험
고임금, 고물가, 고환율(24년 1300~1,400원)	미 기준(24년5.5%-→4.5%)
국제금융 30위권, 에너지 99%수입	미 연준 물가목표 9%→2%(2024)
4차산업: 포지티브(허가)—>네거티브(모두허용)	외환위기, 금융위기: 한미, 한일 통화스와프
규제: 법인세26%, 소득세(45%), 상속세(60%)	중국 봉쇄, 북핵, 우크라 전쟁지속- 방위산업
해외직접(FDI):유출 4배>유입, 청년취업율45%	미중 패권전쟁, 인구 71년 105만명-→27만명

  한국은 노동생산성을 올려야 한다. 대한민국은 전 세계 OECD 국가37 개국 중 노동생산성이 33위다.

  대한민국보다 노동생산성의 낮은 나라는 멕시코, 콜롬비아, 그리스, 칠레뿐이다.

  한국경제학회는 노동생산성을 올리지 않으면 2040년부터 한국 경제성장률이 0%가 된다고 전망한다.

  대한민국은 주 52시간제가 도입되어 있다. 2024년 기준 우리나라 실제 근로시간은 1904시간이다.

OECD 평균 1719시간 보다 185시간 많다. 2002년 이후 실제 근로시간이 500시간 줄면서, 이제는 최장 근로시간 국가가 아니다.

이제 한국은 집중적인 업무 몰입으로 노동생산성을 올려야 한다.

한국은 근무시간 중에 사적인 전화를 하거나, 흡연 등이 관대하게 허용된다. 전 세계에서 노동생산성 가장 낮은 이유다.

1810년대 영국의 수공업자들은 방직기를 파괴하는 러다이트 운동을 벌였고, 머지않아 투표권을 확보하는 차티스트 운동도 벌였다. / 조선DB

전 세계에서 노동생산성에 가장 높은 나라는 아이슬란드, 미국이다.

특히 아이슬란드는 주 4일제를 실시하면서 몰입도와 생산성이 최고다.

전체근로자의 85%가 주 4일을 시행하면서 불필요한 회의시간을 없앴다. 회의는 메일로 처리하면서 집중적으로 업무에 몰입한다.

대한민국도 이제는 근로시간 감축이 아니라 생산성을 올려야 한다.

특히 한국 2025년 출산율이 0.6명대로 내려간다.

근로자가 줄어들고 생산가능 인구가 급속하게 감소하기에 노동생산성을 올려야 한다.

노동생산성 회복을 위해서는 노동시장이 탄력성을 가져야 한다.

한국은 전 세계에서 유일하게 대체 근로가 금지돼 있다. 외국인들이 한국에 투자를 줄이는 가장 큰 이유가 강력한 노조 때문이다. 또한 근로자에 대한 해고가 불가능하기 때문에, 전체 근로자의 50%가 비정규직이다.

한국이 위기를 극복하는 방법은 세계 표준 노동정책을 수용해야 한다. 또한 근로자들이 업무에 몰입하여 생산성을 올릴 수 있도록 해야 한다.

2025년 한국은 경기불황, 구조조정, 인력감축 등으로 인하여 근로시간 단축은 어렵다. 그러나 장소와 시간 제약이 없는 금융과 서비스업에서는 근로시간이 줄었다.

우리나라는 제조업 중심 국가이기 때문에, 하나의 조립라인이 쉬게 되면 전체 공장이 문을 닫는다.

제조업에서는 근로시간 단축은 동일 품질을 위하여 많은 인력 채용이 필요하다. 생산비 증가와 인력충원 등의 문제로 근로시간 단축은 어렵다.

젊은 MZ세대는 급여보다는 여가를 더 중시한다. 혁신적인 국내기업들은 우수한 인재를 지키려면 생산성을 올리는 대안을 찾아야 한다.

2025년 모든 경제활동이 정상화됐다. 기업들은 불황을 극복하기 위하여 재택근무 등을 모두 없애고 정상출근으로 전환했다. 원격근무와 재택근무는 효율성이 30% 낮다.

이제 한국 기업들도 회의를 줄이고 업무집중도를 높여서 생산성과 효율성을 올려야 한다. 노동생산성을 올릴 수 있는 특단의 대책을 강구해야 한다.

2025년 한국 근로시간을 조절하고 워라밸해야 한다

요약

중국에서 3.5일에 하나 꼴로 유니콘기업이 탄생하는 것으로 나타났다. 유니콘기업은 기업가치 10억 달러 (약 1조 원) 이상의 비상장 스타트업 기업을 말한다.

중국 기업전문 조사기관인 후룬(胡潤)연구원이 지난달 18일 발표한 '2018 상반기 후룬 중화권 유니콘 지수'에 따르면 올해 6월 말 기준 중국 내 유니콘기업은 총 162개로 올 상반기 새롭게 등장한 유니콘기업 수

MZ세대는 '워라밸(일과 삶의 균형, work and life balance)'을 중시한다.

워라밸은 "일과 여가를 조화롭게 하면서 살아가는 것"을 의미한다.

1970년대 개발시대 때는 근로를 통하여 급여를 받는 것이 중요했다. 그러나 2025년 급여를 많이 받는 것보다, 본인의 여가를 더 중요시하고 있다.

2024년 노동부가 주 69시간을 제안하며, 집중 근로 시간을 제안했다. 그러나 MZ세대와 근로자의 거센 반발이 일어나면서 정부가 전면 재검토중이다.

대통령도 주 60시간 이상은 무리라고 얘기를 하면서 근로시간이 원점에서 재논의 되고 있다.

아이스크림업체는 여름에 집중 근무가 필요하다. 정부에서는 업종간 탄력적인 근무와 집중적으로 일을 몰아서 한 뒤, 여유가 될 때 장기간 휴가를 쓰자는 것이

정부의 최초 의견이었다.

그러나 근로자들은 이미 임금포괄제가 적용되고 있어서, 주말 특근을 해도 추가적인 임금 보상을 받을 수 없다고 주장했다. 또한 주어진 법정휴가도 모두 못쓴다고 주장하며 반발했다.

민주당은 정부제안과 반대로 근로시간을 줄이는 주 4일제 내지 4.5일제 법안을 제안했다. 여가와 개인시간을 중시하는 MZ세대의 지지를 얻고자 근로시간 단축을 제안한 것이다.

한국 중소기업에 가장 중요한 용어가 "9988"이다. "전체 기업 중 99%가 중소기업이고, 근로자 88%가 중소기업인"이라는 의미다.

전체 근로자의 88%가 넘는 중소기업은 집중적인 근로가 더 필요하다.

중소기업과 대기업 등 사용자측은 연구개발이나 집중적인 근로가 필요한 업종에서는 정부 제안에 긍정적이다.

대한민국은 전 세계에서 근로시간이 두 번째로 길다. 멕시코가 세계 1위, 대한민국이 2위다.

그러나 한국은 OECD 국가 중에서 생산성이 가장 낮다. 우리 국민은 근로시간 중에 약 30%를 개인적인 업무로 시간을 보낸다. 은행업무, 인터넷 검색, 개인적인 전화 등으로 업무 외적인 일을 한다.

주 4일제를 시행한 나라 아이슬랜드, 아랍에미레이트 등은 주 4일제로 오히려 생산성이 증가했다.

주 4일제에 대한 선행의 요건은 세가지다. 급여가 100% 동일할 것, 생산성이 동일할 것, 근로시간 20% 감축이다.

위 세 가지 요건만 맞으면 주 4일제 32시간이 성공이다. 주 4일제를 시행한 기업 근로자 90%가 32시간 근로제를 찬성한다.

주 4일제가 확산되는 또 다른 원인은 노동시장 변화다. 2024년 코로나 이후 미국과

유럽에서는 사상 최대 구인난이 발생하고 있다.

해외 정부와 기업은 인재를 유치하기 위해 주 4일제를 추진하고 있다.

한국은 제조업 수출액 세계 5위, GDP 세계 9위다. 제조업 중심으로 성장을 했고, 향후에는 금융, 서비스, 관광 등으로 국가 경쟁력을 확보해야 한다. 근로시간 단축과 세계적인 흐름을 살펴봐야 한다.

성공방법

근로시간을 줄인 대부분 기업은 '내부회의는 5분, 고객 회의는 30분, 근로시간 업무 집중화'로 생산성을 높였다.

2024년 8월 유럽과 미국 아랍 등에서는 근로 성과와 효율성이 중시되면서 주 4일 근무가 확산되고 있다.

시험적인 주 4일 근무제가 유럽과 미국에서 성공하면서 아이슬란드 등은 이미 85%가 주 4일제다.

주 4일제를 시험적으로 도입한 미국과 영국에서는 회의시간을 줄이고, 업무에 집중하게 하면서 생산성과 업무성과에서 성공을 거두었다.

특히 근로자의 97% 이상이 주 4일제를 적극 찬성했고, 생산성도 100% 수준이다.

대한민국 세브란스병원, 카카오, 배달의 민족을 포함한 많은 기업들이 주 4일 근무를 시험적으로 도입했고 좋은 결과를 얻었다.

과거 주 5일 근무제 도입을 처음 시행할 때 기업들은 생산성 하락과 경쟁력 추락을 걱정했지만, 2024년 당연한 것으로 받아들인다.

대한민국의 입장에서는 상황이 다르다. 한국은 서비스 중심이 아니라, 제조업 중심 국가다. 한국은 제조업 수출액 기준으로 세계 5위다. 자동차, 철강, 반도체, 석유화학 등 제조업이 중심이다.

주 4일 근무가 도입이 된다면 제조업에서는 불가능하고, 일부 금융과 서비스업에서만 가능할 것이다. 주 4일제가 확산한다면 근로자의 입장에서는 제조업은 기피하고, 서비스업으로 인력 공급확대가 일어나면서 인력 불균형이 확대 될 것이다.

한국 금융업은 국제금융 원화 결제비중에서 세계35위로 최하위다. 금융업에서 주4일이 도입된다면 경쟁력이 더욱 저하 될 것이다.

또한 주 4일 제도를 도입하지 못하는 제조업과 중소기업 근로자들의 불만이 증가할 것이다. 주 4일제가 어떤 내용인지 알아보고, 해외와 한국의 사례를 찾아보고 결론을 맺겠다.

1) 주 4일 근무제 실험 결과

국제 비영리단체 '포데이위크 글로벌(4 day Week Global)'은 2021년과 2022년에 걸쳐 미국, 영국 등 각 국가별로 6개월간 33개 회사, 근로자 900여 명으로 상대로 주 4일제를 시험했다. 주 4일제에 대한 결과는 기업과 근로자 모두가 대만족이었다.

기업은 전반적인 효율성과 생산성에 만족하며 100점 만점에 90점을 줬다. 매출액은 전년 동기 대비 38% 증가했다. 직원 97%는 주4일 근무가 계속돼야 한다고 주장할 만큼 만족도가 높았다.

전체 직원들이 일과 삶의 균형을 찾았고, 스트레스가 크게 감소하면서 정신 건강이 크게 개선됐다고 답했다.

미국, 영국, 벨기에, UAE(아랍에미레이트), 아일랜드 등 해외에서는 주4일제 도입이 본격화되고 있다. 벨기에는 2022년 2월 유럽연합 최초로 주4일제를 도입했다. 아랍에미레이트는 모든 정부 부처가 금요일 오후부터 쉬는 주 4.5일제를 시행하고 있다. 미국 캘리포니아주 의회도 '주 4일 근무제도'법안을 발의했다.

미국, 영국 등 영어권 직장인들이 가장 좋아하는 표현이 'TGIF! (Thank God It's Friday!)'이다. 금요일을 주셔서 신에게 감사하다는 의미. 주 4일제가 도입된다면 이 말은 'TGIT!'로 바뀐다. 'Thank God It's Thursday!' 목요일을 주셔서 고맙습니다.

미국, 호주, 아일랜드, 스페인, 그리고 영국에서도 요식업과 의료 서비스, 금융업까지 다양한 업종에서 주 4일제가 추진되고 있다.

가장 핵심적인 사항은 주당 근로시간을 40에서 32시간으로 줄이고 임금은 동일하게 유지하는 것이다. 주 4일제를 시행해본 결과 대부분 생산성이 향상됐다. 회의시간 등을 줄이고 업무에 집중하면서 성과가 좋아졌다.

영국에서도 백화점과 대형마트 등에서 주 4일제 시범 프로젝트가 진행됐다. 대부분 물류와 판매 종사자들로서 100% 만족했다. 시험평가에 참여한 기업 86%는 시범 기간이 끝나도 이 제도를 계속할 것이라고 답했다.

- 아이슬란드 주 4일제 성공

아이슬란드 근로자의 85%는 주 4일제를 시행하고 있다. 주 4일제에도 불구하고 생산성과 효율성은 오히려 상승했기에 근로자와 경영자들이 만족하고 있다. 아이슬란드는 전세계 생산성 1위다.

아이슬란드는 생산성과 효율성을 올리기 위해 회의는 무조건 오후 3시 이전에 한다. 꼭 필요한 회의만 하고, 불필요한 회의는 최대한 줄였다. 또한 가능하면 회의를 이메일 등 온라인으로 대체하면서 근로시간을 늘였다.

아이슬란드는 집중적인 몰입도와 생산성 향상으로 주 4일제가 성공했다.

- 프랑스 실패

프랑스는 생산성, 근로시간, 임금 등 세가지 요소 외에도 고용률을 올리려 했으나 실패했다. 프랑스는 1998년 근무시간을 주 39시간에서 주 35시간으로 단축하고 초과근무는 연간 130시간으로 제한했다.

그러나 경제협력개발기구 보고에서 프랑스 직장인들의 주 평균 근무시간은 39시간으로 근무시간이 전혀 단축되지 않았다. 뉴욕타임스는 프랑스 주 4일 근무제는 실업률은 개선되지 않았고, 시간제 계약직만 늘었기에 실패라고 지적했다.

- 스웨덴 실패: 비용 상승

스웨덴은 하루 6시간 근무를 1990년대부터 수차례 시범 운영됐다. 가장 유명한 것은 스웨덴 예테보리의 노인 요양병원에서 2015년 부터 2016년까지 2년간 실시했다.

격무에 시달리던 간호사들은 임금 삭감 없이 하루 6시간, 주당 30시간 근무했다. 그 결과 8시간 근무했을 때보다 병가와 결근이 4.7% 줄었다. 절반 정도가 몸이 건강해졌고 활력이 넘친다고 말했다.

그러나 간호사를 추가로 고용하면서 큰 비용이 들었고, 결국 이익보다 비용이 과도하게 지출되면서 실패했다.

2) 한국 시험

우리나라에서도 주4일제를 위한 움직임이 나타나고 있다.

2022년 대통령 선거때 정의당 심상정 후보가 주4일제를 포함한 '신노동법'을 공약으로 만들었다.

우리나라 근로자들은 여가시간이 늘어나면서 삶을 훨씬 더 윤택하게 할 것이라며 크게 환영했다. 근로자들은 4일간 업무를 다 해결하려고 업무시간 동안 열심히 일할 것이라고 주장한다.

한국리서치 조사 결과 국내 직장인 100명 중 97명이 주4일제 도입에 찬성했다. 코로나 장기화로 재택 및 원력근무가 보편화되면서 업무수행 방식이 변한 것이다.

주 4일제는 급여보다는 여가시간을 중시하는 MZ세대가 부상하고, 워라밸(일과 삶의 균형)을 추구하는 세계적인 흐름에 따라 더욱 주목받고 있다. 주4일제에서 가장 중요한 것은 기업은 생산성 유지고, 노동자는 임금 100%다.

노동시장의 양극화가 심화할 것이다. 제조업은 기피하고 서비스업에는 사람이 몰릴 것이다. 사회적인 측면에서는 반대가 더 많다. 주4일제를 시행하는 기업과 못하는 기업 간의 격차 더 크기 때문이다.

특히 제조업에서는 주 4일제를 시행하면 사람을 더 뽑아야 하기에 비용이 크게 증가한다. 한국이 주 4일제 도입하려면 어떤 부문에서부터 주4일제를 도입을 할 수 있을지 단계적 시험이 필요하다.

소득은 동일하게 보장되면서 근로시간이 줄어도 된다는 좋은 결과가 있어야 주4일제가 된다.

결론

기업들은 주4일 근무제가 가져올 변화와 노동 환경 트렌드를 예의주시해야 한다. 세계적인 경기 불황으로 주 4일 근무는 2025년에는 요구가 어려울 것이다. 2025년 미국 연방준비 은행이 기준금리를 내린다.

미국의 기준금리는 2024년 4.6%, 2025년 3.6%까지 인하한다.

2024년 8월 미국의 물가는 2.9%다.

2025년 한국의 담보대출 금리가 최고 7~8%다. 한국 공기업은 2025년 약 12,000명을 줄이기로 했다. 공기업은 방만한 경영과 업무 비효율로 인하여 정부에서 가장 많이 줄이는 분야다.

이러한 경기불황, 구조조정, 인력감축 등으로 인하여 2025년에는 주 4일 요구가 커지는 않을 것이다.

그러나 주 4일 근무는 어디에서나 일할 수 있는 금융과 서비스업에서 요구가 증가할 수 있다.

주 4일 근무가 확산이 된다면 노동과 환경에 있어서 큰 변화가 온다. 우리나라는 제조업 중심 국가이기 때문에, 하나의 조립라인이 쉬게 되면 전체 공장이 문을 닫는다.

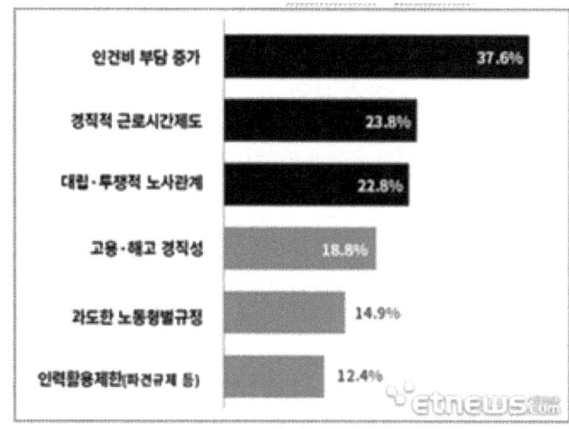

<대한상공회의소는 외국인투자기업이 한국에서의 경영에서 인건비 부담을 크게 느끼고 있다고 20일 밝혔다. 대한상공회의소 제공>

　삼성과 LG 등 대기업은 재고자산 증가와 불황이 오면 생산직 근로자들이 열흘이 넘는 장기간 휴가를 떠난다.

　이와 같이 제조업에서는 주 4일 제도가 도입된다면, 동일 품질의 생산을 위하여 많은 인력 채용이 필요하다. 생산비 증가와 인력충원 등의 문제로 제조업에서는 주4일제 도입이 어려울 것이다.

　그러나 금융과 서비스업 등에서는 주4일 근무제 도입 요청이 증가할 것이고, 근로자들은 워라벨 요구가 확대될 것이다. 따라서 근로자들은 주4 일이 허용되는 서비스 금융업종으로 이직도 대거 발생하게 될 것이다.

　오늘날 젊은 MZ세대는 급여보다는 여가를 더 중시한다. 혁신적인 국내기업들은 우수한 인재를 지키려면 주 4일제 등 노동과 환경의 변화를 따라가야 한다.

　대한민국은 전 세계 스마트폰 보급률 95%, 통신인프라와 전자정부도 세계1 위다.

　주 4일을 요구하는 근로자들과 기업간에 조화가 필요하다. 구글을 포함한 세계적인 기업들은, 근로자가 원하는 지역에서 스마트폰과 노트북으로 일하는 것으로 변화하고 있다.

2025년 한국의 혁신 기업들은 주 4일제에 대비해야 한다. 또한 금융과 서비스 등 원격지에서 일을 할 수 있는 분야에서는 주 4일 근무라는 세계적인 변화에 따라가야 한다.

노트북과 스마트폰으로 모든 업무를 처리할 수 있는 서비스와 금융업에서는 주 4일제로 인한 노동과 환경의 변화를 따라야 한다.

향후 주 4일제가 확산된다면 많은 MZ세대는 주 4일 시행 기업으로 대거 이동할 것이다. 따라서 주요기업들은 주 4일제 변화에 대하여 장단점을 사전에 파악하고, 업무효율 개선방안 등을 준비하여 변화에 순응해야 한다.

급여와 성과보다는 워라벨을 중시하는 MZ세대에 맞춰 기업들은 혁신해야 한다.

주 4일제는 근로시간을 주 40시간에서 주 32시간으로 줄이고, 일주일에 4일만 근무하게 된다. 임금을 그대로 유지하면서 근로시간을 단축하는 것이 핵심이다.

한국의 연간 노동시간은 OECD 회원국 중 가장 많이 일하는 국가다. 그러나 생산성은 OECD국가 중 최하위다.

근무 중에 사적인 대화나 흡연 등 근로시간 중에 관대하게 허용된다. 그러나 미국에서는 사적인 전화마저도 회사전화를 이용하지 않는다.

2024년 당연한 주 5일 근무제 역시 처음 도입될 당시 우려가 컸다.

1926년 미국 포드자동차 설립자 헨리 포드가 세계 최초로 주 6일제에서 주 5일제를 시행했다.

사람들이 여유 시간을 가져야 자동차를 비롯한 소비재를 구매한다는 것이다.

주 4일제 성과가 좋아지면 서비스와 금융 등 여러분야로 확대요구가 늘어날 것이다. 그러나 2024년은 세계적인 불경기로 불가능하다.

미국의 기준금리 인하되고 경기활황이 예상되는 2025년경에는 다시 주 4일제 요구가 크게 증가할 것이다.

한국 기업들은 새로운 주 4일제라는 변화에 대하여 대비해야 한다. 회의를 줄이고 업무집중도를 높여서 주 4일제가 기업생산성과 효율성이 이전과 동일하다면 기업들도 도입을 검토해야 한다.

성장하는 2025년 경제 大 전망 -30대 경제트렌드-

PART 3

2025년 주요산업 이슈와 트렌드

01. 인공지능과 반도체 전망
02. 전기자동차와 배터리, 무인자동차
03. 금융시장 대혁신 필요
04. 2025년 플랫폼 사업 전망, 온라인 쇼핑, 유통산업 혁신
05. 한국 방위산업 기회다
06. 원자력 산업 전망
07. 로봇산업, 항공과 드론산업 전망
08. 물 산업 전망
09. 클라우드와 보안산업, 사물인터넷 전망
10. 구독경제가 필수 생존전략이다

01 인공지능과 반도체 전망

2025년 인공지능 시대가 왔다

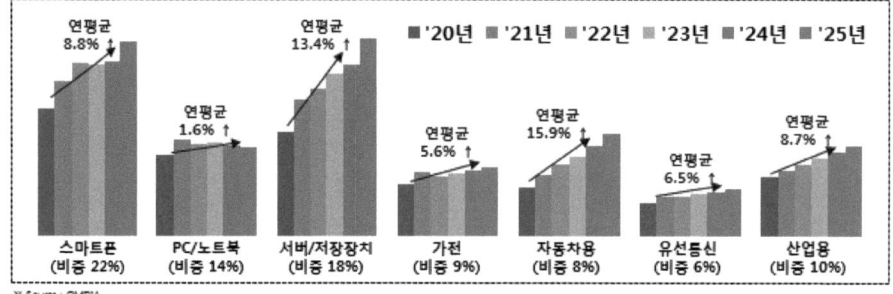

삼성전자와 LG전자 등 세계 최고 기업들이 모든 전자제품에 인공지능탑재하기로 했다.

인공지능은 우리나라 산업의 새로운 혁신이다. 삼성전자는 내년부터 판매하는 스마트폰에 인공지능을 탑재하여, 해당 국가 언어로 자동 번역하는 제품을 출시한다.

LG전자는 가전제품에 인공지능을 탑재하여 새로운 돌파구를 만든다. 4차 산업혁명에서 가장 중요한 것은 바로 인공지능이다.

세계 최고의 투자자 손정의 회장이 4차 산업혁명에서 가장 중요한 것은 첫째 인공지능이라고 말했다. 두 번째 중요한 것과 세 번째 중요한 것도 모두 인공지능이라고 말했다.

그는 전 세계 경제에서 인공지능이 가장 중요하다고 주장했다.

글로벌 반도체 공급망 재편 추진 중

➡ 2000년대 초반까지 반도체 생산능력은 미국(시스템반도체 IDM), 일본(메모리) 위주였으나, **메모리반도체 주도권이 한국으로 넘어오고, 대만의 파운드리 생산능력이 증가하면서 2025년 대만(23%), 한국(21%)이 주도**

<국가별 반도체 생산능력의 변화 (SEMI)>

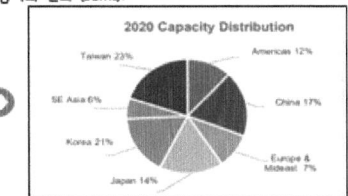

➡ 반도체 제조시설 아시아 편중 문제점 인식 → 美 자국내 반도체 제조시설 유치 강력 추진
  • 반도체 제조 시설의 70~80%, 7nm이하 첨단제조 100%가 동아시아(대만,한국) 편중

➡ **2025년 글로벌 공급망 분업체계의 취약성 부각, 반도체 수요 증가 등으로 각국의 자국內 반도체산업 육성 정책이 확대되는 추세**

Korea Semiconductor Industry Association

삼성전자와 LG전자는 전 세계 가전제품과 하드웨어 시장 1위다.

삼성전자는 전 세계에 판매하는 스마트폰에 인공지능을 탑재함으로써 애플보다 선두에 서게 됐다.

또한 엘지전자와 삼성전자는 가전제품에 인공지능을 탑재함으로써, 한국 전자제품의 새로운 돌파구가 될 것이다. 앞으로 모든 기업은 자사 상품에 인공지능을 탑재하지 않는다면 도태하게 된다.

2024년 세계는 인공지능으로 혁신하고 있다.

인공지능과 챗 GPT 등 새로운 인공지능 시장이 세계 경제를 주도하고 있다.

마이크로소프트는 오픈AI 대주주로서 56% 투자를 했으며, 전 세계에서 가장 빠르게 시가총액이 증가했다. 앞으로 전 세계 모든 기업은 인공지능으로 혁신해야 한다.

한국은 세계 가전시장과 전자시장을 선도해야 한다. 가장 먼저 인공지능을 확대하여 시장을 선점해야 한다.

또한 초 기술격차를 유지함으로써 가전제품과 스마트폰시장 그리고 인공지능 반도체 시장에서도 우위를 지켜야 한다.

향후 4차 산업혁명은 인공지능을 탑재한 제품만이 생존한다. 한국은 지속적인 연구 개발과 투자 확대로써 인공지능 기술 우위를 지켜야 한다.

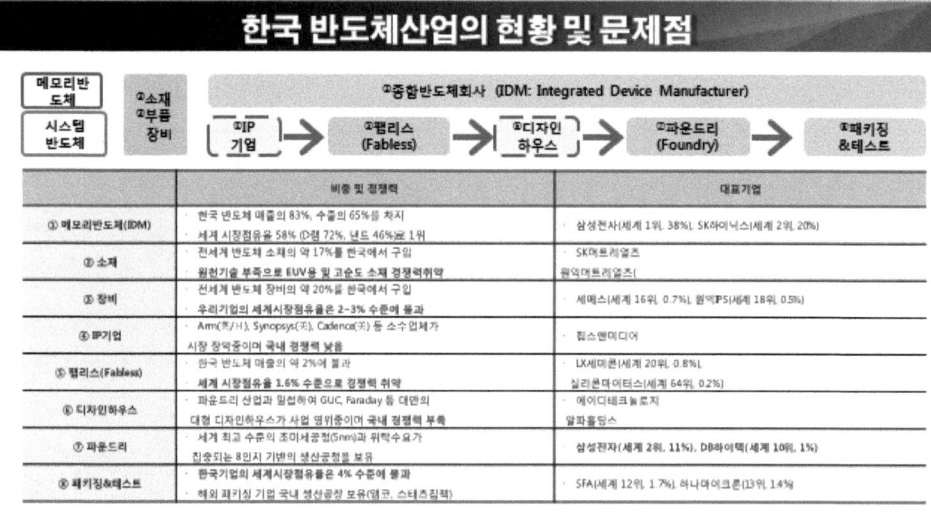

정부와 기업은 인공지능과 반도체 기술우위를 지키기 위해서 기업하기 좋은 환경을 만들고 투자를 이끌어야 한다. 미국과 OECD 평균 법인세 21%, 한국은 26%다.

정부는 투자세액공제와 법인세 등을 미국과 OECD 수준으로 낮춰야 한다.

2022년 대졸 취업률이 45%다. 국내에 일자리를 만들고 해외로 진출한 기업을 국내로 불러들이기 위해 기업하기 좋은 환경을 만들어야 한다.

2022년 외국인직접투자 유출액이 유입액보다 4배 많다. 우리나라 기업이 한국보다 미국과 베트남을 공장을 옮기고 있다. 정부는 세금인하 등으로 기업하기 좋은 환경을 만들어야한다.

한국은 이제 인공지능과 AI전자제품으로 세계시장을 선점해야 한다. 기술격차로 세계 1위를 지킬 수 있도록 정부의 적극적인 투자와 지원이 필요하다.

2025년 세계는 반도체 육성한다.

2025년 한국 정부와 기업은 반도체 수출확대 기회를 잡아야 한다. 2024년 반도체 수출이 전년보다 36% 늘었다.

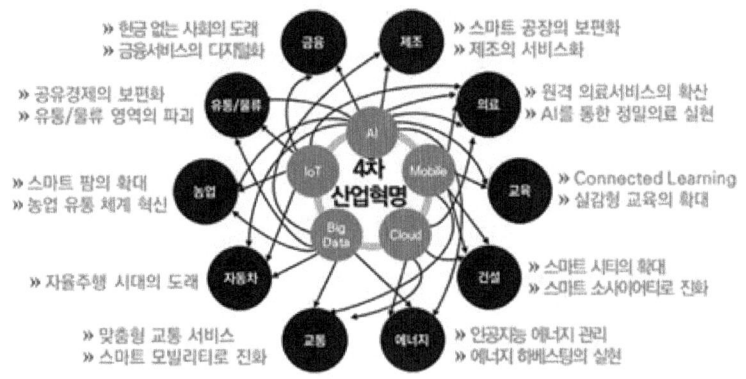

인공지능 반도체 수요가 급증하면서, 한국 메모리 반도체도 함께 증가했다. 2024년 반도체 생산은 전년 같은 기간보다 65% 증가했다. 반도체 장비 투자도 10% 증가했다.

삼성전자는 8만원을 넘어서면서 50%이상 상승했다. 2025년 삼성전자는 신고가를 갱신할 것이다. 2024년 9월 미국의 기준금리 인하가 시작되면, 전 세계 IT기업들은 반도체 구매 등 투자를 확대한다. 한국 반도체에 기회가 온 것이다.

주가는 경기의 6개월 선행지수다. 6개월 뒤 반도체 경기가 호황임을 앞서 반영한 것이다. 한국 정부와 기업은 반도체 호황기회를 잡아야 한다.

2025년 SK하이닉스 역시 20만원을 넘어서면서 최고점을 향해 질주할 것이다. 한국은 전 세계 메모리 반도체 70%를 차지하고 있다. 엔비디아를 비롯한 반도체 기업들이 인공지능 투자 등으로 크게 성장하고 있다.

인공지능 반도체와 HBM 반도체 매출이 증가하면서 삼성전자와 하이닉스도 최고점을 향해 가고 있다. 정부와 기업은 반도체 특수에 맞춰 투자를 적극적으로 해야 한다.

정부와 기업은 삼성전자와 하이닉스반도체를 포함해 용인 반도체 클러스터에 300조원을 투자하기로 했다. 그러나 5년이 지난 2024년 8월까지 하이닉스는 용수문제를 해결하지 못해 첫 삽을 못 떴다.

삼성전자 역시 평택 공장 송전문제로 3년을 허비하고 있다. 이와 같이 정부가 용인 반도체 클러스터를 조성하여 300조원을 투자해 세계 최고의 반도체 클러스터를 만들기로 했지만, 각종 규제로 시작도 못하고 있다.

대한민국 반도체는 과거 스마트폰 시장 때처럼 인공지능 반도체로 인하여 반도체가 최고의 호황을 누릴 것이다. 대한민국 전체 수출 20%를 반도체가 차지한다. 그러나 한국 반도체 투자는 정부와 국회의 각종규제 등으로 미래가 불확실하다.

한국 반도체에 선두 자리를 뺏긴 인텔은 파운드리 분야에서 세계2위를 노리고 있다. 삼성전자 파운드리 비중은 18%에서 2024년 11%로 감소했다.

TSMC와 대만 기업이 전체 파운드리 분야 80%를 독점하고 있다. 인텔은 삼성전자를 능가하여 2030년까지 2위가 되겠다고 선언했다.

일본은 미국 인텔, 대만 TSMC와 함께 반도체 공장을 짓고 있다. 한국 용인 반도체 클러스터가 시작도 못한 상황에서, 미국과 일본이 반도체 영광을 되찾기 위하여 급속한 속도로 나가고 있다.

한국은 전체 투자액의 15%에 그치는 반도체 세액공제를 더욱 확대하고, 보조금을 지급해야 한다. 한국이 기업하기 좋은 환경을 만들고, 투자를 확대해야 반도체를 주도할 수 있다. 정부와 기업은 2024년 반도체 호황 기회를 절대로 놓쳐서는 안 된다

한국과 네덜란드 반도체 협력 필요하다.

2025년 한국과 네덜란드 반도체 협력은 더욱 강력하게 진행돼야 한다.

윤석열 대통령이 네덜란드를 국빈 방문했다. 한국과 네덜란드 반도체 동맹과 협력은 양국에 큰 도움이 될 것이다.

대한민국은 전세계 메모리 반도체 70%를 차지한다. 네덜란드 ASML은 전 세계에서 유일하게 초정밀 반도체를 생산하는데 필수적인 장비를 생산한다. 네덜란드는 차량용 반도체 세계1위 등 반도체 강국이며, 무역 강대국이다.

미국은 중국의 반도체 생산과 수준이 크게 따라 오자, 한국과 네덜란드의 중국수출 규제를 시작했다.

중국GDP(16조 달러)가 미국 GDP(22조 달러)의 70%까지 따라 오자 본격적으로 무역과 반도체 등 규제를 시작했다.

반도체는 제조업과 산업의 쌀로 불리며 가장 필수적인 부품이다. 반도체가 없으면 모든 하드웨어는 작동을 멈춘다.

미국은 중국이 인공지능 반도체 등 최신형 반도체를 무기로 전용하는 것을 가장 크게 우려한다. 윤 대통령의 네덜란드 방문은 한국과 네덜란드의 반도체 교역과 협력을 더욱 강화하게 된다.

우리나라로서는 안정적인 반도체 장비를 수입해야 한다. ASML 방문때 윤 대통령은 직접 생산시설을 둘러 볼 예정이다. 이번 방문에 이재용 삼성전자 회장, SK 회장 등도 함께 방문한다.

전 세계 반도체를 100이라고 했을 때 비메모리가 65%, 메모리가 35%다.

한국은 메모리 반도체에서는 60%를 차지하지만, 비메모리 반도체 비중은 15% 정도다.

대한민국은 용인에 반도체 클러스터를 조성하여 약 300 조원 정도를 투자 할 예정이다.

한국은 반도체에 대한 지속적인 투자와 연구개발로 세계1위 경쟁력을 계속 유지해야 한다

반도체는 2024년 기준 한국 수출 품목1위다.

다행히 2024년 8월 반도체 가격이 원가를 회복하면서 삼성전자가 흑자로 전환됐다.

대한민국 수출 품목 1위인 반도체는 한국경제에서 가장 중요하다. 이런 이유로 윤 대통령의 네덜란드 방문은 아주 중요한 의미가 있다. 한국은 안정적인 반도체 교역으로 세계1위 반도체 수출국이 돼야 한다.

2024년 8월부터 미국 기준금리를 인하로 세계경제가 다시 활성화 될 것이다.

대한민국도 2024년 10월 금리를 내릴 예정이다. 고금리 고물가로 어려움을 겪고 있지만 2025년은 2024년보다 경제가 좋아진다.

대한민국은 세계 경제 회복에 맞추어 네덜란드와 반도체 협력을 더욱 굳건히 해야 한다. 반도체 우수한 인재확보와 양성, 법인세 인하와 기업하기 좋은 환경을 만들어 대한민국이 강대국이 돼야한다.

한국이 반도체 초 기술격차로 반도체 세계 1위를 유지 할 수 있도록, 정부와 기업의 적극적인 투자가 필요하다.

2025년 반도체 초 기술 격차를 확대하라

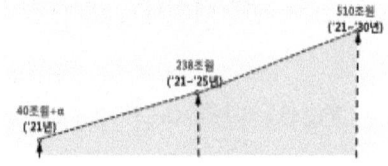

정부와 기업은 반도체 초 기술 격차를 확대하는데 최선을 다해야 한다.

대한민국 반도체 수출이 16%늘었다.

삼성전자는 반도체 가격이 원가에 미치지 못 할 경우에 매월 5% 감산을 추진하면서 수출이 증가한 것이다. 한국 전체 수출 20%는 반도체다. 반도체 수출 60%는 중국이다.

반도체는 스마트폰, 태블릿PC 등 4차 산업혁명의 가장 중요한 전자기기에 들어가는 필수 품목이다. 반도체 시장을 100%라고 했을 때 비메모리 분야가 65%, 메모리 분야가 35%다.

정부와 기업은 초 기술격차를 통하여 한국 반도체 수출을 확대해야 한다.

반도체는 대한민국에 가장 큰 효자 상품이다.

대만 TSMC는 비메모리 분야 세계 1등으로 미국, 일본, 대만 등에 대대적인 투자를 확대하고 있다. 대한민국은 초 기술격차를 통하여 TSMC를 압도해야 한다.

대한민국은 전 세계 메모리 분야 80%를 공급하면서 거의 독점이다.

한국은 초 기술 격차를 통하여 메모리와 비메모리 분야에서 우위를 지켜야 한다.

비메모리 분야는 스마트폰과 같이 연결을 할 때 가장 중요한 부품이다.

대한민국은 용인 반도체 클러스터에 300조 원을 투자하면서 반도체 성장을 이어 갈 수 있도록했다.

반도체는 대한민국이 가장 잘할 수 있는 분야다.

삼성전자와 하이닉스는 2024년 8월 메모리 반도체와 함께 고대역반도체(HBM) 공급이 증가하면서 매출이 성장하고 있다. AI 반도체 등 최신 반도체들이 매출 성장에 기여하고 있다.

대한민국이 중국 추격을 따돌리는 길은 초격차 기술로 최신 제품을 만들어 내는 것이다.

2024년 8월 미국은 중국에 반도체 공장에 5% 증설만 허락했다. 반도체는 1년만 업그레이드를 하지 못 해도 문제가 발생한다.

한국은 미국을 설득해야 한다. 중국에 공급하는 한국 반도체는 최신형 반도체가 아니라 산업용이며 18나노미터 이하의 기존반도체라는 것을 확신시켜야 한다.

한국 삼성전자와 하이닉스는 중국에 각각 35조 원을 투자했다.

전 세계 반도체 단일공장으로 가장 큰 것이 삼성전자 시안공장이다.

한국은 반도체 초 기술격차를 유지함으로써 우위를 지켜야 한다.

향후 4차 산업혁명은 미래산업인 반도체, 인공지능 등에 크게 영향을 받을 것이다.

한국은 지속적인 연구 개발과 투자 확대로써 기술 우위를 지켜야 한다.

한국이 기술우위를 지키기 위해서는 기업하기 좋은 환경을 만들고 투자를 이끌어 내야 한다.

미국과 OECD 평균 법인세 21%, 한국은 26%다.

투자세액공제와 법인세 등을 최소한 미국과 OECD 수준으로 낮춰야 한다.

2022년 대졸 취업률이 45%다.

국내 일자리를 만들고 해외로 진출 기업을 국내로 불러들이기 위해서는 기업하기 좋은 환경을 만들어야 한다. 반도체 초 기술격차로 반도체 세계 1위를 유지 할 수 있도록 정부의 적극적인 투자와 지원이 필요하다.

반도체 칩4 동맹 적극 추진해야 한다.

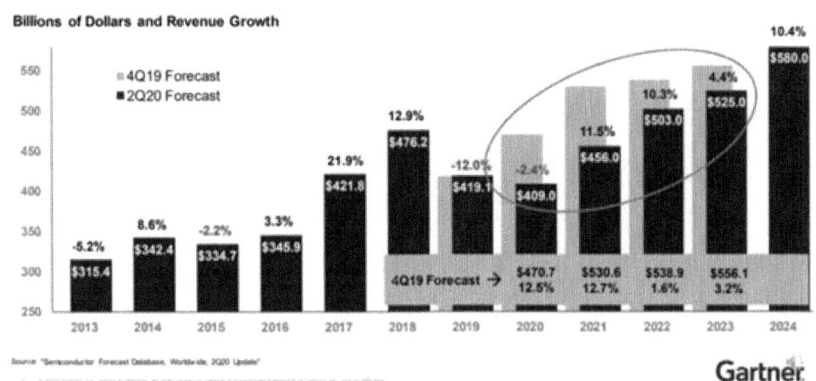

<가트너의 연도별 반도체 시장 규모 예상치. <자료=가트너>>

한국의 칩4 동맹 가입을 적극 지지한다. 2024년 8월 전세계 반도체는 4개국으로 나누어져 있다. 미국 장비, 일본 부품, 한국과 대만이 생산을 주도하고 있다.

반도체는 한국 수출품목 1위다. 다음과 같은 이유로 한국의 반도체 칩4동맹 가입을 적극 지지한다.

첫째 반도체는 한국 수출품목 1위다.

한국은 삼성전자와 하이닉스가 전 세계 메모리 반도체의 80%를 차지하고 있다. 미국은 기준금리를 낮춘다.

2025년 경기가 회복되면 반도체는 한국 경제 수출품목 1위로서 역할을 한다. 한국은 메모리 반도체와 비메모리 반도체에서 더 큰 역할을 해야 한다.

메모리 반도체는 한국이 시장점유율 80%, 비메모리 반도체는 시장점유율 17%다. 전세계 반도체를 100이라고 했을 때, 비메모리 시장이 70%, 메모리 시장은 30%다. 이런 이유로 한국은 비메모리 시장을 더욱 육성해야 한다.

비메모리 반도체에서 1등 대만 TSMC가 반도체 매출액 세계 1위가 된 이유는 팹리스 등 비메모리 분야를 집중 육성했기 때문이다. 한국도 수출품목 1인 반도체를 육성하기 위해서는 비메모리 분야의 적극적인 지원이 필요하다.

둘째 미국 주도의 자유시장 경제체제에 적극 참여해야만 한다.

미국이 주도하는 반도체 4동맹은 4개국이 분업화되어 있다. 미국, 일본, 한국·대만으로 분업화된 반도체 시장에서 한국이 생존하기 위해서는, 미국 주도의 시장 경제체제에 적극 가입해야만 한다. 미국이 주도하는 자유무역시장에 적극 참여해야만, 무역의존도 75%인 한국경제는 시장 점유율 우위를 지킬 수 있다.

세계는 지금 4차 산업혁명 전쟁중

첨단기술과 자금력을 보유한 민간 기업이 주도
사물인터넷, 인공지능, 무인자동차 등 정부는 사물인터넷 및 로봇공학 기술 등 R&D 대상기술로 선정하고 지원 강화

정부주도 Industry 4.0 추진 통해 제조강국 재탈환 노력
제조업과 ICT융합에 의한 수직·수평적 통합(스마트공장)으로 제조업의 고도화를 지향하며 여타국가들의 role model역할

중국제조 2025추진으로 제조업체 혁신능력 제고 주력
건국100년(2049년) 까지 제조 대국→제조강국으로 변하기 위해 혁신능력제고, 품질보장구축 제조업과 IT의 융합, 녹색 제조 등을 지향

국가 총체적 대응을 통해 변화주도
첨단기술 개발 지원 뿐만 아니라 고용, 노동, 금융 등 경제 및 사회 전반에 걸쳐 4차 산업혁명을 준비하는 전략 추진

셋째 한국은 반도체 인재양성에 더욱 많은 힘을 기울여야 한다.

2024년 국회에서 통과한 반도체법은 오직 입지 선정에 관련된 것만 허용한 반쪽짜리 법안이다. 대한민국이 가지고 있는 것은 인재뿐이다.

서울대 반도체 공학과 입학정원은 40년 전과 같다. 대학이 자율적으로 인원을 증가할 수 없었다. 다행히 2024년 8월 정부와 기업은 반도체학과와 인공지능 학과 등 첨단학과 증원을 대학이 자율적으로 하기로 했다.

2015년 골드만삭스는 대한민국이 2040년 1인당 GDP기준으로 세계 2위가 된다고 했다. 세계 최고의 교육열과 우수한 인재가 많기 때문이라고 했다. 한국은 반도체를 비롯한 4차 산업혁명을 주도해야만 생존할 수 있다. 저출산으로 가뜩이나 어려운 한국경제를 유지하기 위해서는 적극적인 인재육성만이 살 길이다. 대만이 반도체 인재양성에 국가역량을 총결집한 것을 배워야 한다.

국회는 반도체와 관련된 혁신을 조속히 개정하고, 한국이 반도체 1위를 지킬 수 있도록 적극 지원해야 한다.

정부와 기업은 미국이 주도하는 반도체 칩4 동맹에 적극 참여하여, 대한민국을 강대국으로 만들어야 한다.

2025년 한국 반도체 세액공제 25%로 올려야 한다

한국의 반도체 세액공제율이 8%로 정해졌다. 국회와 정부는 반도체 세액공제율을 25%로 올려야 한다. 2024년 8월 미국과 대만의 반도체 세액공제율은 25%다.

한국은 최소한 미국과 대만 수준으로 반도체 세액공제율을 올려야만 경쟁력을 가질 수 있다.

중국은 2024년 8월 반도체 세액공제율이 100%다. 중국에서는 반도체 시설투자에 1조원를 투자하면 1조원 만큼 세액을 감면해준다.

반도체는 한국의 수출품목 1위다. 한국은 메모리 반도체에서 세계 시장점유율이 80%다. 비메모리분야는 17%다. 2022년 4분기 삼성전자 반도체 영업이익이 전년 동기보다 83% 감소했다. 하이닉스 반도체는 1조원 적자가 예상되고 있다.

세계적인 경기침체로 반도체 영업이익이 감소하고 있는 시점에, 정부의 지원은 너무나 미비하다.

당초 세액공제 여당 안은 20%, 야당은 10%였다. 그러나 기획재정부가 반대하여 8%에 묶인 것으로 알려지고 있다. 기획재정부는 반도체 세액공제율이 확대될 경우에 세수가 2조 7천억원 감소한다는 이유로 세액공제 확대를 반대했다.

정부는 법인세도 세계 평균 22%로 내리려고 했으나, 야당의 반대로 24%로 확정됐다.

반도체에 대한 세액공제는 세계 평균 25%로 올려야만 한다. 왜냐하면 반도체는 한국의 최대의 수출품목이고, 반도체는 장치 산업다.

시기를 놓치게 되면 반도체에 대한 시장 주도권을 잃게 된다. 수도권 대학에 반도체학과 학생 증원은 허락됐다.

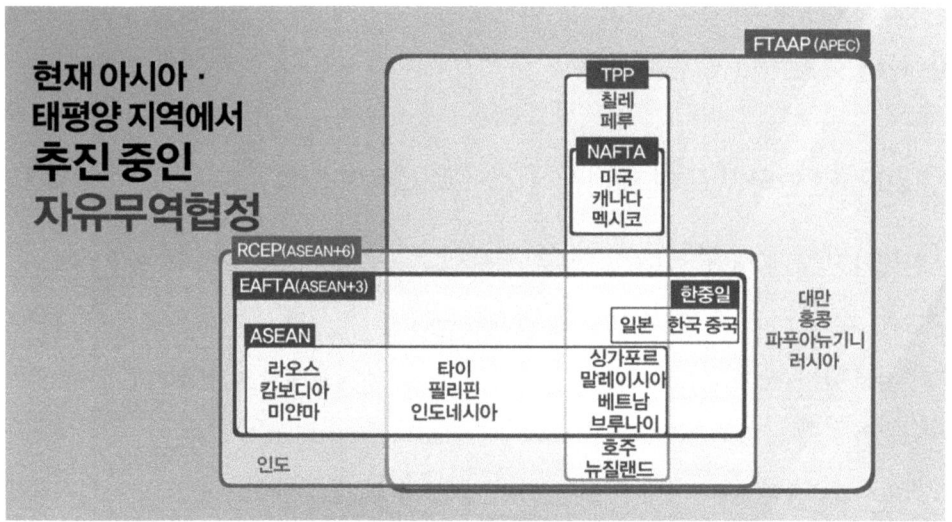

대통령실은 법인세 인하를 통하여 장기적으로는 일자리와 세수가 증가된다고 했다. 그러나 실제 세율을 담당하는 기획재정부가 세액공제 확대를 반대했다고 하니 기가 막힌다.

기획재정부와 대통령실은 위와 같이 정책 엇박자를 해서는 안 된다. 윤석열 대통령이 주장하는 바와 같이 기업하기 좋은 환경을 만들고, 반도체에 대한 투자가 이루어져야만 한다.

따라서 국회와 기획재정부는 조속한 시간에 최소한 미국과 대만 수준으로 반도체,

바이오, 배터리 등 첨단산업분야에 대한 세액공제율을 25%로 올려야 한다.

8% 세액공제라고 하는 것은 기업 10조 원을 투자했을 경우에 8000억을 세금에서 공제 해주는 것이다.

미국과 대만이 25%세액공제를 하면서 외국인 직접투자를 유치하고 있다.

2024년 외국인 직접투자 유출액이 유입액의 2배다.

한국의 우수한 기업들이 국내에 공장을 짓지 않고, 해외에 공장을 짓고 있는 이유가 바로 기업하기 좋은 환경이 아니기 때문다.

기획재정부는 단기간 법인세 감소를 우려할 것이 아니라, 장기에는 세수가 증대되고 일자리가 증가되는데 역점을 두어야 한다.

결론은 국회와 정부는 조속한 시일 안에 반도체 시설투자 세액공제율을 25%로 올려야 한다.

02 전기자동차와 배터리, 무인자동차

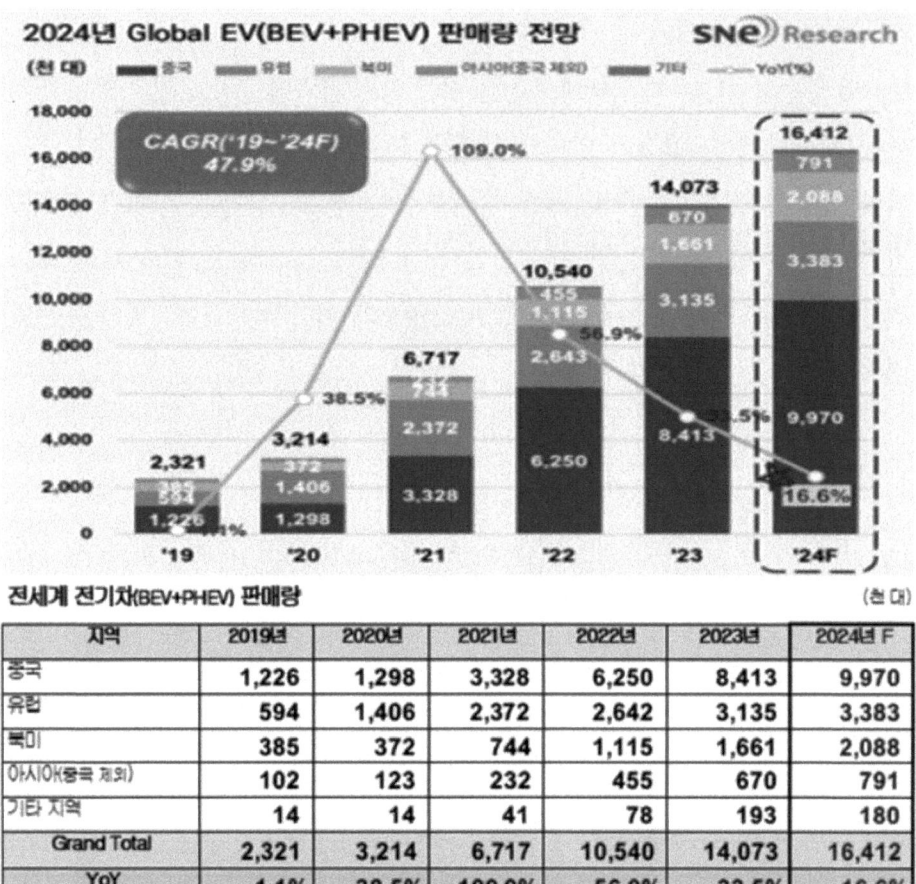

▲ SN3리서치에서 발표한 최근 5년간 전기차 판매량과 2024년 예측량.

2024년 2분기 현대자동차와 기아자동차가 각각 4조원에 이르는 영업이익을 냈다. 전기자동차가 큰 역할을 했다. 현대자동차와 기아자동차는 미국 전기자동차 시장에 3~4위를 하고 있다, 트럼프 대통령 후보는 전기자동차 보다 석유화학 중심이다.

2024년 8월 테슬라 일론 머스크는 트럼프 대통령후보에게 매월 600억원 정도를 선거자금으로 지원하면서 적극적으로 지원하고 있다. 트럼프도 테슬라의 정치 후원금에 감사를 표했다.

테슬라는 자동차 시장 변화와 혁신을 트럼프에게 인식시키려 한다. 한국은 전 세계에서 전기 차에 들어가는 배터리 분야 세계 1위다.

LG엔솔, 삼성SDI, SK온는 전 세계 최고수준의 전기자동차 배터리를 공급하고 있다.

전기자동차 시장이 성장해야 한국 전기자동차와 배터리도 성장한다.

한국 에코프로와 같은 전기자동차 부품 공급업체도 장기적으로는 성장 할 것이다.

그러나 트럼프 대통령이 만약 당선 된다면 그는 전기자동차 보다 기존 석유화학 등을 선호한다. 전기자동차와 배터리 분야는 트럼프 대통령과 해리스 대통령 중 누가 당선 되느냐에 따라 크게 변화 된다.

해리스 후보는 바이든 대통령과 같이 전기자동차에 대하여 우호적이다. 미국의 신재생에너지와 친환경 에너지를 지원한다. 전기자동차 분야에 대해서도 적극적으로 지원하고 있다.

그러나 트럼프 대통령은 전기자동차보다 기존의 석유화학과 전통산업, 은행 등을 중시한다. 이런 이유로 트럼프 대통령이 당선 된다면 전기자동차 시장은 위축 될 우려도 있다.

미국 대통령에 누가 당선 되느냐에 따라 전기자동차 시장과 배터리 분야는 크게 달라질 것이다. 한국은 전기자동차 시장과 배터리 분야에서 세계 최고의 기업들이 포진해 있다.

한국은 치밀하게 잘 준비해야 한다.

트럼프와 해리스 후보중 누가 대통령이 당선되는가와 상관없이 한국은 미국 현지에서 생산을 적극 고려해야 한다.

트럼프 대통령후보는 만일 본인이 당선 된다면 중국산 전기자동차에 대해서는 100%에서 200% 고관세를 부여하겠다고 선언했다.

한국과 일본에 우방국에게도 10% 관세를 부여하겠다고 말했다.

이와 같이 트럼프가 대통령에 당선된다면 미국 중심, 자국 우선주의 정책으로 선회하게 된다.

한국은 무역의존도가 가장 높은 국가이기에 정교하고 치밀하게 대비해야 한다

2025년 전기자동차와 배터리 시장, 무인자동차 전망

제1차 산업혁명	제2차 산업혁명	제3차 산업혁명	제4차 산업혁명
18세기	19~20세기초	20세기 후반	2015년~
증기기관 기반 "기계화 혁명"	전기에너지 기반 "대량생산 혁명"	컴퓨터와 인터넷기반 "지식정보혁명"	IoT/CPS*/인공지능 기반 "만물초지능 혁명"
증기기관을 활용, 영국 섬유공업 거대산업화	공장에 전력 보급, 컨베이어 벨트사용 대량생산 보급	인터넷과 스마트 혁명으로 미국주도 글로벌IT기업 부상	사람,사물,공간을 초연결·초지능화 산업구조사회 시스템 혁신

자동차 시장은 스마트폰시장의 10배 정도 크기다. 자율자동차 등이 등장한다면 세계산업에 큰 혁신을 불러오게 된다.

테슬라와 구글 등 전세계 빅테크 기업이 자율자동차를 준비하고 있다.

전기자동차는 전 세계 모든 자동차의 10%정도를 차지하고 있다. 전기자동차 시장 핵심 요소는 충전 인프라다. 전기 충전 인프라가 부족하다 보니 전기자동차 판매가 정체되고 있다.

그러나 장기적으로 전기자동차 시장은 계속 확대 될 것이다. 그 이유는 유럽에서는 10년 뒤 더 이상 기존 내연자동차를 판매하지 않는다.그 이유는 환경보호와 자동차 매연예방 등을 위해서다.

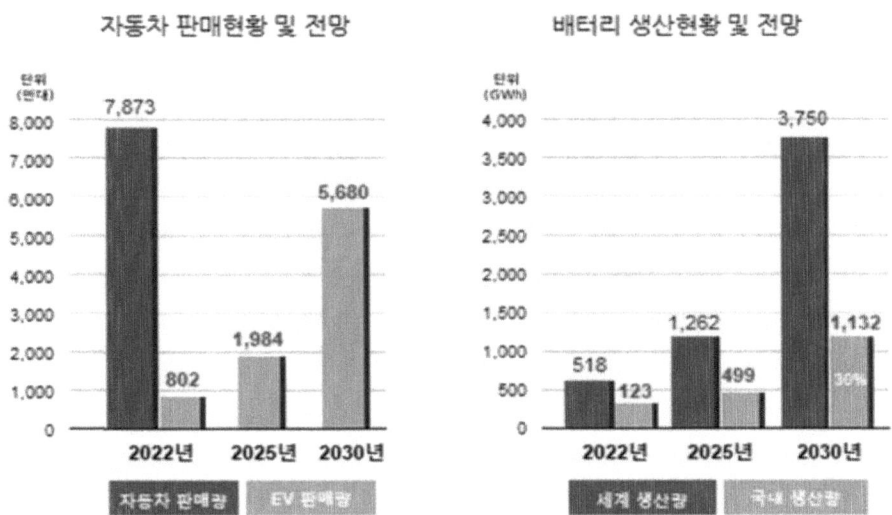

전세계 전기자동차 산업현황 및 전망

노르웨이, 핀란드 등에는 이미 전기자동차가 큰 비중을 차지한다. 전 세계에서 가장 많은 전기자동차가 판매 되는 곳이 바로 스웨덴, 노르웨이, 핀란드 등이다.

2024년 8월 현대자동차와 기아자동차가 각각 4조원이 이르는 영업이익을 냈다. 전기자동차 시장이 큰 역할을 했다. 현대자동차와 기아자동차는 미국 전기자동차 시장에 3~4위를 하고 있다, 트럼프 대통령 후보는 전기자동차 보다는 석유화학 중심이다.

2024년 8월 테슬라 일론 머스크는 트럼프 대통령후보에게 매월 600억원 정도를 선거자금으로 지원하면서 적극적으로 지원하고 있다. 트럼프도 테슬라의 정치 후원금에 감사를 표했다.

테슬라는 자동차 시장 변화와 혁신을 트럼프에게 인식시키려 한다. 한국은 전 세계에서 전기 차에 들어가는 배터리 분야 세계 1위다.

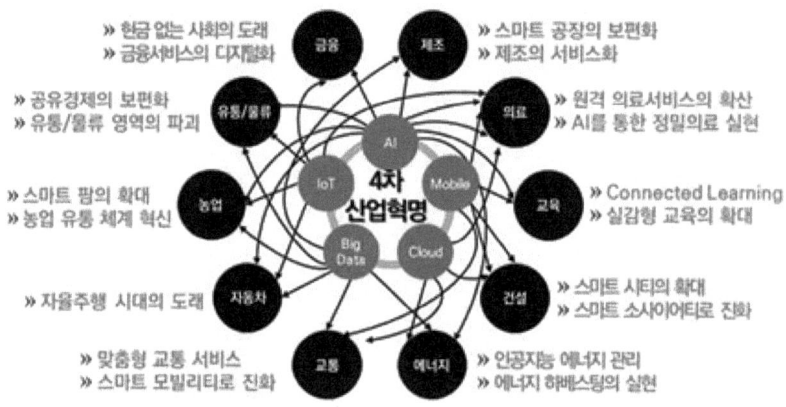

<출처 : 전자신문>

LG엔솔, 삼성SDI, SK온는 전 세계 최고수준의 전기자동차 배터리를 공급하고 있다.

전기자동차 시장이 성장해야 한국 전기자동차와 배터리도 성장한다.

한국 에코프로와 같은 전기자동차 부품 공급업체도 장기적으로는 성장 할 것이다.

그러나 트럼프 대통령이 만약 당선 된다면 그는 전기자동차 보다 기존 석유화학 등을 선호한다. 전기자동차와 배터리 분야는 트럼프 대통령과 해리스 대통령 중 누가 당선 되느냐에 따라 크게 변화 된다.

해리스 후보는 바이든 대통령과 같이 전기자동차에 대하여 우호적이다. 미국의 신재생에너지와 친환경 에너지를 지원한다. 전기자동차 분야에 대해서도 적극적으로 지원하고 있다.

그러나 트럼프 대통령은 전기자동차보다 기존의 석유화학과 전통산업, 은행 등을 중시한다. 이런 이유로 트럼프 대통령이 당선 된다면 전기자동차 시장은 위축 될 우려도 있다.

미국 대통령에 누가 당선 되느냐에 따라 전기자동차 시장과 배터리 분야는 크게 달라질 것이다. 한국은 전기자동차 시장과 배터리 분야에서 세계 최고의 기업들이 포진해 있다.

한국은 치밀하게 잘 준비해야 한다.

트럼프와 해리스 후보중 누가 대통령이 당선되는가와 상관없이 한국은 미국 현지에서 생산을 적극 고려해야 한다.

트럼프 대통령후보는 만일 본인이 당선 된다면 중국산 전기자동차에 대해서는 100%에서 200% 고관세를 부여하겠다고 선언했다.

한국과 일본에 우방국에게도 10% 관세를 부여하겠다고 말했다.

이와 같이 트럼프가 대통령에 당선된다면 미국 중심, 자국 우선주의 정책으로 선회하게 된다.

한국은 무역의존도가 가장 높은 국가이기에 정교하고 치밀하게 대비해야 한다.

2025년 전기자동차, 안전이 가장 중요하다.

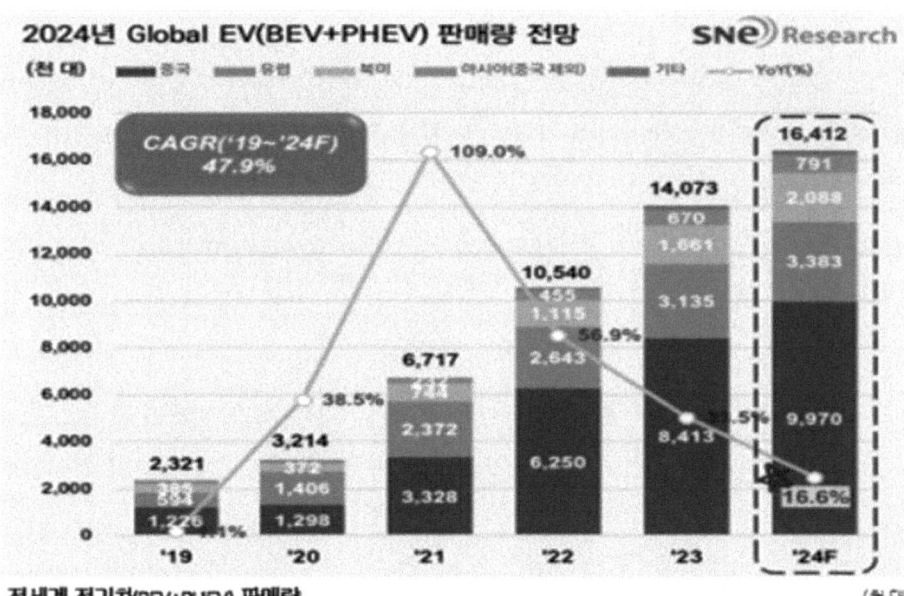

▲ SN3리서치에서 발표한 최근 5년간 전기차 판매량과 2024년 예측량.

전기자동차 화재 위험성이 크게 증가하고 있다. 자동차는 안전이 가장 중요하다. 모든 자동차는 사람 생명과 직결된다. 이런 이유로 인류 최고의 발명품인 자동차는 안전하게 이동하게 해야 한다.

인천 청라지구에서 발생한 벤츠자동차 화재로 전기자동차에 대한 두려움이 커지고 있다. 많은 국민들은 전기자동차 타기를 거부하고, 매물로 중고차 시장에 내놓고 있다.

2024년 중고차 시장에 매물로 나온 전기자동차가 두 세배 이상 급증하고 있다. 특히 벤츠와 같은 최고급 자동차에 중국산 저가 전기배터리가 장착 된 것은 큰 충격이다.

화재가 발생한 벤츠 전기자동차는 4일 정도 뒤 자연발화했다. 서울시는 100% 충전된 차는 지하주차장 이용을 금지시키고 있다. 모든 전기자동차를 90%까지만 충전하도록 해야 한다.

청라지구 화재로 피해를 입은 자동차는 600여대가 넘는다. 많은 주민들이 대비 시설에서 고생을 하고 있다.

벤츠사도 책임을 통감하고 45억원을 먼저 지급했다. 철저한 화재규명과 대책이 마련돼야 한다. 전기자동차는 2025 전세계 자동차시장 10~15%를 차지하고 있다. 전기자동차는 화재가 발생하면 열폭주 현상으로 1000°이상의 고열이 발생한다.

기존 소방 방식으로는 불을 껄 수도 없다. 인산철 등에 물이 닿으면 더 큰 화재가 발생한다. 특수한 화학 염료로 불을 꺼야 하는데, 이러한 장비도 부족한 상황이다.

자동차 제조 기업은 전기자동차에 대한 두려움을 불식시켜야 한다. 전기자동차에 사용된 배터리에 대한 투명한 공개가 국민들을 안심시킬 수 있다.

전기자동차 배터리를 제작한 국가와 제품명을 공개해야 한다. 테슬라를 포함한 전기자동차 제조 기업들은 가장 중요한 것이 안전이다.

자동차를 이용하는 이유는 빠르고 안전하게 이동하기 위함이다. 그러나 전기자동차에 이러한 불편함과 위험성이 내포 되어 있다면 많은 사람들이 전기자동차를 꺼리게 된다.

2024년 전기자동차가 10%까지 증가하다가 2025년 정체되고 있다. 가장 큰 이유는 충전 인프라 시설 부족과 안전때문이다.

전기자동차 제조업체들은 사람들이 전기자동차를 거리는 가장 큰 이유가 안전이라는 것에 대한 인식을 하고 대비책을 마련해야 한다.

한국을 포함한 배터리 기업도 열 폭주 현상을 막고 화재가 일어나지 않도록 안전에 최대한 노력을 해야 한다. 배터리에 대한 충격과 열이 가해지면 열폭주 현상이 발생한다.

전기자동차에 대한 안전이 확보돼야만 사람들은 전기자동차를 이용하게 될 것이다.

전기자동차는 환경에 크게 도움이 된다는 이유로 2050년 전체 자동차의 50%까지 증가 할 것이다. 그러나 2024년 발생한 안전 문제가 해소되지 않는다면 전기자동차는 팔리지 않을 것이다. 자동차 제조업체는 가장 중요한 것이 안전이란 것을 인식하고, 안전한 자동차를 만들어야 한다.

03 금융시장 대혁신 필요

국제 결제시 통화비율 순위

순위	통화	비율
1	미국 달러	39.92%
2	유럽연합 유로	36.56
3	영국 파운드	6.30
4	중국 위안	3.20
5	일본 엔	2.79
6	캐나다 달러	1.62
7	호주 달러	1.25
8	홍콩 달러	1.13
9	싱가포르 달러	0.93
10	태국 바트	0.75
11	스웨덴 크로나	0.67
12	스위스 스위스프랑	0.64
13	노르웨이 크로네	0.63
14	폴란드 즈워티	0.54
15	덴마크 크로네	0.36
16	말레이시아 링깃	0.36
17	남아프리카공화국 랜드	0.28
18	뉴질랜드 달러	0.25
19	멕시코 페소	0.20
20	헝가리 포린트	0.18

자료=국제은행간통신협회(SWIFT)

☑ 2025년 인구 절벽 시대, 금융시장 역할

2025년 대한민국은 인구절벽이라는 큰 위기에 직면했다. 금융시장은 인구감소에 대비하여 외국인 영업확대, 노인 서비스 확대, 다양한 수익원 확보 , 달러비중 증가 등으로 위기를 극복해야 한다.

대한민국에서 가장 인구가 많이 태어난 것은 1971년으로 105만명이 태어났다. 2024년 신생아 수는 26만 명 정도다. 신생아수가 80% 감소했다. 출산율이 0.7명으로 떨어지면 인구는 한 세대가 지나면 3분의 1이 된다. 두 세대가 지나면 인구는 9분의 1로 급격하게 하락한다.

국회예산처는 2700년 경 한국인은 지구상에서 소멸된다고 예고했다. 인구감소에 대비하여 한국 금융시장은 철저하게 대비해야 한다.

한국은 출산율을 올리기 위하여 적극적인 정책을 실시해야 한다. 프랑스처럼 현금 지급을 해야 하고, 낳기만 하면 키워 준다는 대통령공약을 실천해야야 한다. 한국의 인구 출산율 제고 방법을 제시하고, 금융시장의 역할을 제언한다.

2022년 세계 경제규모 순위 (단위 : 달러)

순위	국가	GDP
1	미국	25조4627억
2	중국	17조8760억
3	일본	4조2256억
4	독일	4조752억
5	영국	3조798억
6	인도	3조96억
7	프랑스	2조7791억
8	캐나다	2조1436억
9	러시아	2조503억
10	이탈리아	2조105억
11	브라질	1조8747억
12	호주	1조7023억
13	한국	1조6733억
14	스페인	1조5207억

*GDP 규모6월1일 기준)/시장환율
*자료: 한국은행
그래픽: 이지혜 디자인기자

우리나라 경제 규모가 세계 10위권 밖으로 밀려났다. /사진=이지혜 디자인기자

대한민국의 출산율을 올리는 방법은 다음과 같다.

첫째 적극적인 육아 지원이다. 한국에서 출산을 꺼리는 가장 큰 이유는 육아환경 부족이다. 모든 대통령 선거공약은 "낳기만 하면 키워 준다"는 것이다. 그러나 신혼부부들은 아이를 돌봐줄 여건이 안돼 어려움을 겪는다. 아이를 낳으면 유치원, 초등학교 등에 이르기까지 돌봄 환경이 부족하다. 인구 감소를 막기 위해 정부와 기업은 프랑스

수준으로 적극적인 지원을 해야 한다. 프랑스는 출산율이 1.6까지 떨어지게 되자 현금지원과 주택지원을 했으며, 대학까지 모두 무료다. 출산율이 2.1로 회복됐다.

둘째 정부와 기업은 매년 20만명 이상 해외 이민자를 받아야 한다.

2024년 8월 국내 금융기관도 외국인에 대한 통장 개설, 외환송금 등을 적극적으로 영업하고 있다. 한국은 매년 외국인 이민을 받아야 한다. 한국 전체 인구의 15%인 750만명 정도가 좋다. 한국은 경제성장률과 경제 활동인구 유지를 위해 해외 이민을 받아야 한다.

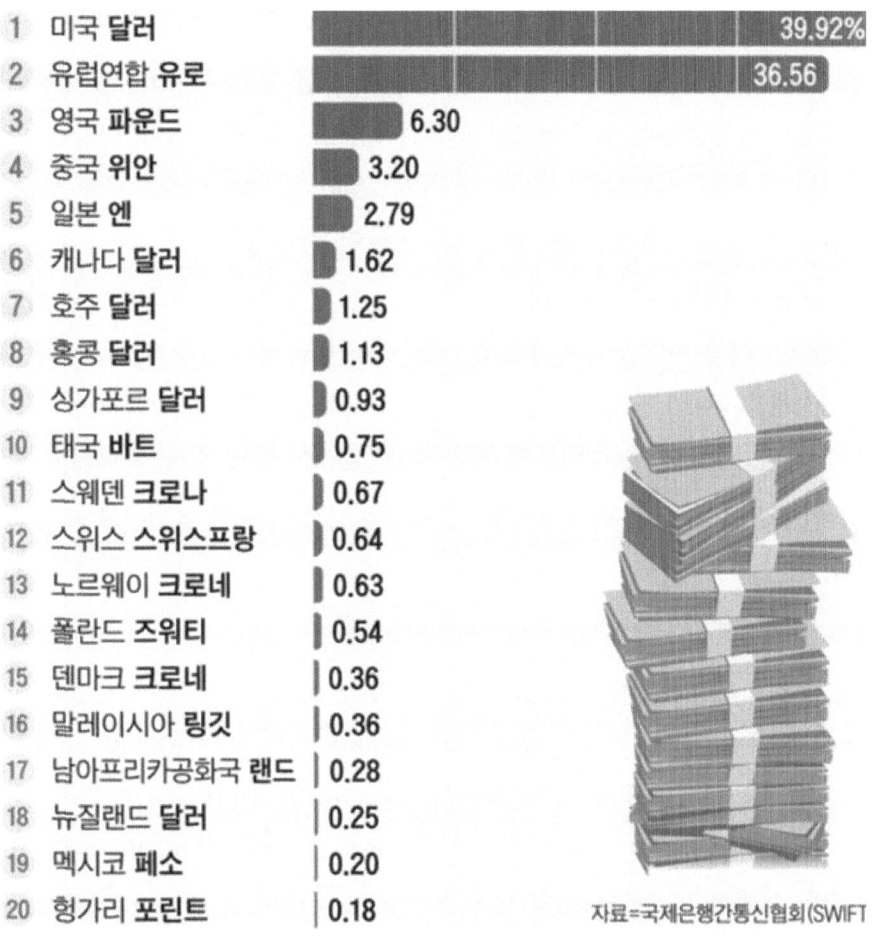

자료=국제은행간통신협회(SWIFT)

금융시장 역할은 다음과 같이 제언한다.

첫째 정부와 기업은 금융시장에 대해 규제를 완화하고 금융시장 간의 장벽을 없애야 한다. 금융은 사람 몸의 피와 같다. 적재적소에 현금을 지원하고, 유동성을 공급한다. 2024년 4월 중동사태가 악화되면서 한국 환율은 사상 네번째로 1400원까지 올랐다. 한국에 환율은 1997년 2000원, 2008년 1600원, 2022년 1400원다.

국제금융에서 원화가 결제되는 비중은 0.2%로 세계 30위권다. 정부가 제조업만 육성하고, 금융을 육성하지 않았기에 원화 경쟁력이 낮다.

우리나라 은행 전체 수입 70%는 예대마진이다. 그러나 골드만삭스는 전체 수입 중 40%만 예대 마진이다. 60%는 주식, 보험, IPO 등 다양한 수입원이 있다.

미국은 금융시장 간의 장벽이 없다. 은행, 증권, 보험 등 금융장벽이 없기에 다양한 수익사업을 한다. 2024년부터 애플은 3억 원까지 예금을 받고 있다. 이자는 4.5%로 기존 은행 10배다. 애플페이는 국제결제 세계 2위다. 정부와 기업은 금융 업종 간의 장벽을 없애고, 은행에 다양한 수익원을 만들어 줘야 한다.

둘째 은행은 출산율 저하에 대비하여 외국인 영업을 확대해야 한다. 한국은 외국인을 매년 20만명 이상 이민을 받아야 한다. 외국인이 한국에서 가장 불편한 것은 송금, 환전, 통장개설 등이다. 금융기관은 보다 더 신속하고 정확하게 금융서비스를 지원해야 한다. 외국인 직원을 채용하고, 환전과 금융 서비스 등도 더욱 확대해야 한다.

2024년 8월 부터 외국인에 대한 서비스 확대는 시장점유율을 올리는데 크게 기여할 것이다.

셋째 금융기관은 달러비축을 늘려야 한다.

한국 환율이 사상 네번째로 1400원까지 오르면서 국제금융위기가 확대됐다. 아르헨티나는 12번째 외환위기를 겪고 있다. 아르헨티나는 기준금리가 100%다. 국제금융위기는 반복하여 일어난다. 한국 외환보유고는 4200억 달러로 GDP 대비 22%다. 대만은 GDP 대비 외환보유고를 70%까지 비축하고 있다. 대만GDP는 한국절반도 안되지만, 외환보유고는 5500억 달러로 한국보다 많다. 스위스, 싱가포르, 홍콩,

대만 등은 GDP 100% 가까이 외환보유고를 비축하고 있다.

금융기관은 외국인 거래가 증가하게 되면 달러가 더 많이 필요하다. 환율은 지난 50년 기준 85%확률로 계속 상승중이다. 국제결제에서 달러비중이 확대되므로, 금융기관은 달러 비축을 늘려야 한다.

한국 금융기관은 인구감소, 환율상승, 중동사태 등에 대비해야 한다.

금융시장은 인구감소에 대비하여 외국인에 대한 영업확대와 금융서비스를 확대해야 한다. 예대 마진 의존도를 낮추고, 증권 보험 등 다양한 수익원을 갖춰야 한다.

넷째 금융시장은 일본처럼 인구감소와 노인인구 증가에 대비해야 한다.

한국 65세 이상 노인 인구 비중이 확대되고 있다. 전체 인구 중 65세 이상 노인 인구는 2024년 8월 35%로서, 향후 50%까지 증가한다. 금융시장은 인구 감소, 노인 인구 증가, 외국인 영업 확대 그리고 해외 진출이 필요하다.

한국 인구는 앞으로 출산율이 낮아지고, 외국인 이민 확대, 노인 인구 증가 등이 특징이다. 금융기관은 초등학생부터 친밀도를 올리고 계좌개설부터 시작해야 한다. 단기적 이익보다 장기 고객이 되도록 지원해야 한다.

다섯째 미국 주식과 달러 비중을 올려야 한다.

글로벌 시가총액 비중에서 미국60%, 한국 1.5%다. 금융기관은 수익 다변화를 위해서도 미국 금융시장도 함께 개척해야 한다. 2024년 주식투자 국민 중 50%이상이 이미 해외 주식을 한다. 2024년 미국 주식은 연평균 이익률이 22%, 한국은 11%다.

금융기관은 국내에서 벗어나 이제는 해외시장도 적극 진출해야 한다. 인구 감소는 금융시장 위기이면서 또한 기회다.

한국에 오는 외국인 학생에 대한 영업 확대는 크게 도움이 될 것이다. 필자 소속 대학도 외국인 유학생이 3500명이다. 매년 1천명이상 크게 증가한다. 금융시장은 대학과 손잡고 외국인 학생을 상대로 적극 영업을 확대해야 한다.

금융시장은 인구감소 위기를 기회로 삼아야 한다. 외국인 비중확대, 해외시장개척,

노인 서비스 확대, 미국 금융시장 확대와 달러비중 확대로 기회를 만들어야 한다.

2025년 은행 생존전략 - 철저한 내부 통제 필요하다.

우리나라 은행에 철저한 내부 통제와 관리 강화가 필요하다. 은행에서 끊임없이 비리와 횡령이 발생하고 있다. 은행은 내부관리를 강화하고, 자금 집행과 결재자를 분리해야 한다.

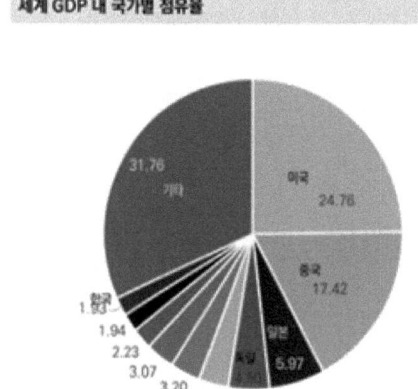
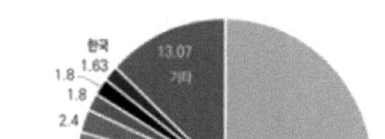

정부는 금융기관을 더욱 철저하게 관리 감독해야 한다. 은행은 순환 보직을 통하여 비리를 막아야 한다. 우리은행 창원지점에서 발생한 100억 원 횡령사고는 직원이 대출 서류를 조작했다. 그는 횡령한 돈으로 60억 원 정도를 선물투자로 손실봤다고 한다. 우리은행은 2024년 8월에도 700억원 횡령사고가 있었다. 은행은 주인이 없다보니 방만한 경영과 비리가 연이어 발생한다.

정부와 은행 본부는 끊임없이 이어지는 금융사고를 막아야 한다. BNK 경남은행은 3000억원, NH농협은행, 우리은행 등 한국의 대표 금융기관에서 끊임없이 비리와 횡령이 발생한다.

다음과 같은 조치가 필요하다.

첫째 은행은 순환보직을 확대해야 한다. 과거 은행 직원들은 2~3년씩 순환 보직으로 근무했다. 그러나 전문성을 키운다는 이유로 5년 이상 한 부서에 있게 되면서 비리가 발생했다. 경남은행 직원은 10년 이상 수출입 업무를 담당하면서 수천억원 횡령을 했다. 자금을 다루는 부서는 순환 보직을 해야한다. 2년에 한 번씩 담당업무 순환과 이동으로 비리를 예방해야 한다.

둘째 내부통제를 확대하고 철저하게 관리해야 한다.

자금의 집행자와 결재자를 분리해야 한다. 자금을 집행하고 결제하는 사람이 같을 경우 비리가 발생한다. 이번에 발생한 우리은행은 3개월 미만 대출은 본부의 승인이 없다는 것을 알게 된 직원이 서류를 조작했다. 우리은행이 철저하게 관리했다면 막을 수 있었다. 과거 베어링은행을 파산시킨 닉리슨도 자금 집행과 결제를 혼자서 했다. 130년 영국 베어링은행은 직원 한명의 선물투자 손실로 1파운드에 ING생명에 매각됐다. 자금 결제 절차를 3단계로 구분하여 자금집행, 결제, 감사 등으로 철저하게 내부통제를 해야 한다.

셋째 금융기관 직원에 대한 윤리교육 확대다.

은행 직원은 비리와 횡령을 하게 되면 엄한 형사처벌을 받는다는 것을 반복 교육해야 한다. 금융기관은 신뢰와 믿음이 가장 중요하다. 고객의 소중한 돈을 다루는 직업이므로 청렴결백해야 한다. 반복된 교육으로 도덕적 정신 무장을 해야한다. 은행원이라는 직업적 소명의식에 대한 윤리교육을 확대해야 한다.

위에서 열거한 것처럼 은행은 철저하게 내부관리를 통하여 횡령과 비리를 막아야 한다.

반복되는 금융기관 횡령에 국민들은 놀라고 있다. 고객이 맡긴 소중한 돈을 은행 직원들이 제돈처럼 주식과 선물투자로 횡령하게 해서는 안 된다. 은행은 철저한 내부통제, 자금 집행과 결재자 분리, 윤리교육 확대가 절실하다.

2025년 금융시장 전망

원-달러 회귀 분석 (1964~2024)

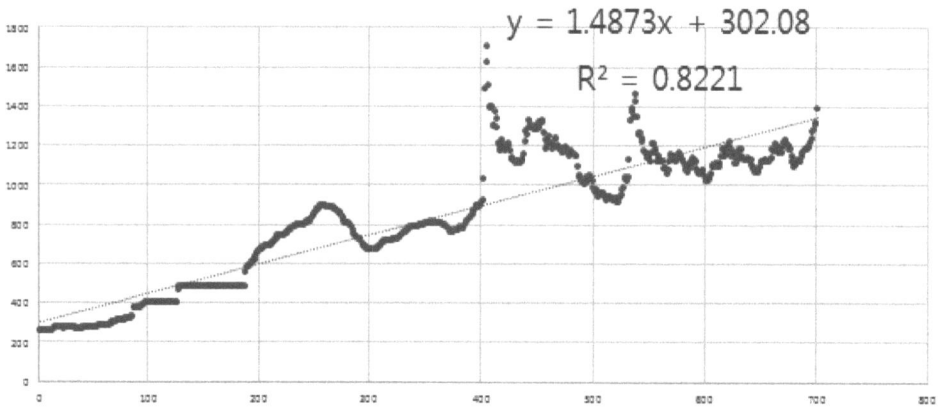

$y = 1.4873x + 302.08$
$R^2 = 0.8221$

2024년 종합주가지수가 2800, 환율은 1400원까지 상승했다. 2024년경에는 레고랜드 사태와 고환율 고금리가 지속되면서 금융위기와 외환위기 우려가 높았다.

2025년 윤석열 정부가 해야 할 가장 중요한 업무는 미국 6조 달러환수로 금융위기와 환율인상에 대비하는 것이다.

2024년 9월부터 2026년까지 미국은 기준금리를 5.5%에서 2.6%까지 내린다.

한국정부는 우크라이나 전쟁으로 인한 유가70% 폭등과 물가인상, 중국 고관세, 미국의 달러환수로 인한 국제금융위기를 대비해야 한다.

2024년 8월 GDP 대비 외환보유고 비중을 보면 한국은 23%로 가장 낮다. 스위스 120%, 홍콩 110%, 대만91%, 사우디아라비아 59%로 외환위기에 철저하게 대비하고 있다.

1997년 아시아 외환위기 때 대만이 건재한 이유는 GDP 91%를 외환보유고로 비축했기 때문이다. 국제금융시장에서도 우리가 자력으로 경제를 지켜야 한다. 한국은 제조업 세계 5위, GDP 세계9위다.

그러나 외환시장에서 한국 원화가 결제되는 비율은 0.1%로 30위권이다. 정부가 제조업은 육성했지만, 경제의 혈액인 금융은 육성하지 않았다. 1997년에는 환율이 2,000원까지 상승하면서 한국은 외환위기를 겪었다.

2008년 금융위기 때도 환율이 1,600원까지 상승했다. 당시는 기재부장관이 미국을 방문하여 한미통화스와프가 체결됐다. 그때는 한일통화스와프 700억 달러도 있었다. 그러나 2024년 8월 외환위기를 방어할 두 개의 방어막이 없다.

환율이 외환위기의 가장 좋은 지표이다. 2024년 환율은 1,400원까지 상승했다. 2025년 스리랑카, 파키스탄, 아르헨티나, 방글라데시 등 많은 나라가 이미 파산했다.

터키는 환율이 두 배 올랐고, 아르헨티나는 12번째 외환위기를 맞았다. 외환위기는 반복하여 발생하기에 한국이 철저하게 대비해야 한다.

한국은행은 외환보유고가 충분하다고 하지만, 원화 환율이 25%올랐다. 아르헨티나는 IMF지침대로 외환보유고를 비축했지만 파산했다. 이런 이유로 한국도 IMF 권고이상으로 충분한 외환보유고를 비축해야 한다.

한국은 싱가포르 수준으로 금융시장을 육성해야 한다. 싱가포르는 외환보유고를 GDP대비 120%, 법인세 17%, 양도세·배당세가 없다.

증권거래세는 우리보다 낮은 0.2%다. 상장기업의 35%가 외국기업이다.

정부는 싱가포르처럼 법인세를 인하하고 기업하고 좋은 나라를 만들어야 한다. 윤석열 정부가 해야 할 가장 중요한 경제정책은 다시는 한국에 금융위기가 오지 않도록 하는 것이다.

당장 정부가 할 수 있는 대책은 한미·한일통화스와프 체결, 외환보유고 두 배 확대와 외환보유고 현금 비중을 30%로 늘이는 것이다.

2025년 은행, 홍콩 ELS펀드 책임 무겁다

홍콩ELS 파생금융상품을 불완전 판매한 경우 은행 책임이 무겁다. 홍콩 ELS 펀드 만기는 2025년에도 계속된다. 이미 절반 정도는 해소됐다.

은행과 증권사 등 금융기관들은 불안전 판매에 대하여 보상을 해야 한다. 홍콩 ELS 펀드 총판매 금액은 19조원이다. 2024년 상반기 만기는 7조원이다.

2021년 홍콩 ELS펀드를 만들었을 때 보다 50%이상 손실이 예상된다. 65세 이상의 어르신들이 매입한 금액도 30%가 넘는다.

2024년 8월 정부와 금감원 조사에 의하면 은행들이 홍콩 펀드 판매를 직원 실적에 반영했다고 한다. 직원들이 실적압박으로 파생금융상품을 많은 고객들에게 팔았던 것이다.

가장 큰 문제는 나이 드신 분들에 대한 불완전판매다. 불완전 판매는 원금 손실이 있었다는 것을 고지하지 않은 경우가 가장 많다.

원금 손실이 발생하는 펀드를 은행에서 파는 것 자체가 잘못된 것이다. 우리나라 국민은 은행은 원금 손실이 없고, 가장 안전한 금융기관으로 알고 있다.

은행은 적금, 예금, 청약저축 등 안전한 금융 상품을 팔아야한다. 원금 손실이 50%이상 발생하는 파생상품을 고객들에게 팔아서는 안 된다.

은행이 파생금융 상품과 펀드상품을 팔게 된 것은 수년 전 일이다. 몇 몇 사람의 로비에 의하여 은행에서도 원금 손실이 발생하는 펀드상품을 팔게 된 것이다.

앞으로 은행에서는 원금손실이 발생하는 펀드와 파생금융 상품을 팔지 않도록 해야 한다. 반복되는 펀드금융 상품이 큰 문제다.

라임펀드, 옵티머스펀드, 그리고 홍콩 ELS 펀드 등 원금손실이 발생하는 상품을 은행에서 팔아서는 안 된다.

우리 국민들은 제대로 된 금융교육을 받은 적이 없다. 기준금리와 대출금리, 가산금리 등을 교육을 제대로 한 적이 없다. 또한 펀드와 파생금융상품은 원금 보전이 되지 않는다는 것을 설명해도 어렵다.

일반인들은 홍콩펀드 낙인구간, 낙 아웃 등 어려운 금융 용어를 모른다.

은행 직원들도 파생금융 상품에 대하여 이해를 못 하면서, 실적과 압박에 의해 판매한 것은 큰 문제다.

제보에 따르면 많은 은행 직원들이 실적압박에 홍콩펀드를 팔았다고 한다. 가장 많이 홍콩펀드를 판매한 KB국민은행은 우리나라 최고의 금융 기관이다.

은행 직원들이 "나라가 망하지 않는 이상 손실이 날 확률이 매우 낮다"고 설득했다고 한다.

2025년 은행은 원금 손실이 발생하는 모든 펀드상품을 팔지 못하도록 금지했다. 앞으로 완전 금지가 필요하다.

또한 금융기관 은행, 증권사, 보험 등 업종간 장벽도 허물어서 경쟁을 하게 해야 한다.

홍콩 펀드가 이번 달 부터 만기가 돌아오면서 금융시장에는 대혼란이 일어날 것이다. 정부와 기업은 철저하게 대비해야 한다. 금융투자는 자기책임이다.

그러나 어르신들이 원금손실 설명을 못들은 경우나 직원이 사인한 경우 등 불안전 판매를 확인해야 한다. 정부와 은행은 여러 가지 사례를 기준으로 하여 철저하게 대비해야 한다. 불안전 판매시 은행은 충분한 보상을 해야 할 것이다.

2025년 한국은행 기준금리 인하한다

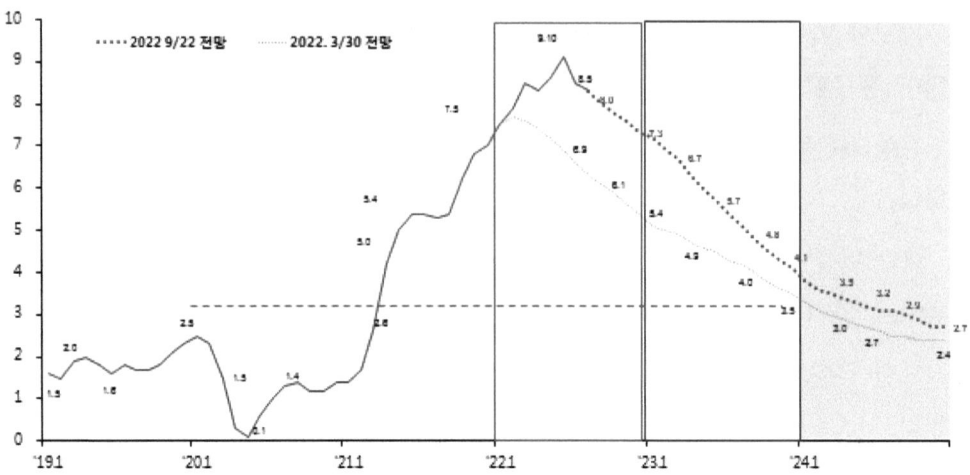

한국은행이 2024년 8월 기준금리를 동결했다. 한국은행이 금융통화운영위원회를 열어 어려운 경제상황을 고려하여 기준금리를 3.5% 동결한 것은 타당하다.

한국은행 기준금리는 3.5%로 1년 가까이 유지되고 있다. 2024년 8월 미국 물가는 2.9%, 기준금리는 5.5%다.

미국 연방준비은행은 2024년 9월부터 기준금리를 내리겠다고 예고했다.

미국 물가가 3.1%로 충분히 안정됐고, 2024년 12월 경에는 2%로 낮아질 것으로 예측했다.

따라서 미국 연방준비은행은 2024년 9월부터 기준금리를 인하 예정이다. 대한민국 금융통화운영위원회도 미국이 기준금리를 인하하면 동반하여 내리게 된다. 한국 물가는 미국과 비슷한 3.2%를 유지하고 있다.

경제학에서 물가가 오르는 이유는 시중에 유동성이 너무 많기 때문이다. 코로나를 극복하기 위하여 정부와 금융 기관들이 많은 돈을 풀었다. 시중에 돈이 많으면 물건을 사려는 욕구를 자극하여 물가가 오른다.

미국은 코로나를 극복하기 위하여 약 6조 달러를 풀었고 물가가 9%까지 올랐다. 이런 이유로 미국은 기준금리를 0%에서 5.5%까지 급속하게 올렸다. 대한민국도 기준금리를 인상하면서 시중 유동성을 흡수했다.

건설사 워크아웃 등 부동산 경기가 매우 어려운 상황이다. 한국 경제상황과 부동산경기를 고려한다면 기준금리를 내려야 한다. 그러나 여전히 물가가 3.2%로 높아 한국은행은 동결했다.

한국은행은 전 세계 경제상황을 지켜보면서 기준금리 인하 등으로 고려해야 한다.

중동 전쟁이 확대되고 있다. 이스라엘·하마스 전쟁이 1년 이상 지속되고 있다. 예멘과 이란에 상황도 악화되고 있다. 한국은행은 더욱 치밀하게 기준금리를 조절해야 한다.

정부의 경제정책은 재정정책과 금융정책 두 가지다. 재정정책은 국가 예산 660조원을 통하여 예산을 집행하는 것이다. 금융정책은 기준금리를 조절하여 물가를 잡고, 통화정책과 금융정책을 실시하는 것이다.

기준금리 인하는 시중에 유동성을 공급하기에 장·단점이 있다.

가장 큰 단점은 물가를 인상시킨다. 한국은행은 물가를 2%로 잡는 것이 최고의 목표다.

기준금리 인하 장점은 경기를 부양하고 부동산투자를 활성화시킨다. 부동산은 기준금리와 마이너스0.8로 반대로 움직이는 역의 상관관계가 있다. 기준금리 인하는 부동산상승으로 이어진다. 은행이자 하락은 기업 투자로 확대로도 경기가 호전된다. 기준금리 인하 좋은점은 경기부양과 기업투자 증가다.

한국은행은 치밀하고 정교한 금융정책을 통하여 기준금리를 잘 조절해야 한다. 물가도 잡으면서 경기를 부양해야 하는 두 마리 토끼를 잡아야 한다.

04 2025년 플랫폼 사업 전망, 온라인 쇼핑, 유통산업 혁신

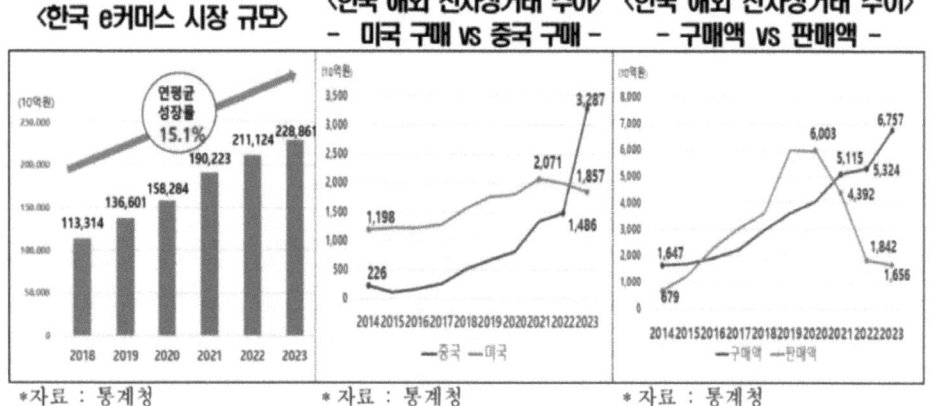

2025년 플랫폼 사업이 더욱 확대된다. 플랫폼 기업은 회원한명의 가치가 10~20만원이다.

이런 이유로 회원을 모으면 그것이 기업가치다.

2025년 온라인쇼핑은 전체 소매액 650조원중 35%이다. 앞으로 65%까지 증가할 것이다.

티메프 사태로 온라인 쇼핑은 우량기업으로 더 쏠리게 된다. 쿠팡, 신세계 쓱닷컴과 지마켓, 네이버 등이다.

2024년 9월 정산주기 단축 규제가 언급이 되고 있다. 이번 티메프 사건은 정산주기와 관계없이 사기 사건의 일종이다.

우선적으로 중소 이커머스들의 재무건전성 등 체질 개선이 필요하다. 정부와 관계기관은 자본잠식 기업, 적자기업이지만 유동성이 없는 기업은 철저히 관리해야 한다.

앞으로도 계속 이와 같은 사건은 벌어진다.

국민들도 쿠팡 등 우량기업과 거래하면 문제가 없다. 이번 사건을 계기로 온라인플랫폼법이나 대규모유통업법 등을 규제강화는 안된다.

쿠팡의 경우 매출기준 직매입이 90% 이상이다. 직매입 구조는 대형마트의 거래구조와 유사하다. 대규모 유통업법을 적용받는다. 특성상 위탁거래가 중심인 오픈마켓, 네이버, 티몬, 위메프 등은 중개만 한다.

쿠팡은 상품이 판매돼야 대금이 지급되는 오픈마켓과 다르다. 직매입의 경우 상품을 벤더사가 쿠팡에 입고하기만 하면 대금이 지급되는 구조다. 각 회사마다 구매와 판매 방식이 다르다.

쿠팡은 고객의 구매 확정과 상관없이 대금이 지급된다. 직매입의 경우 상품의 판매 여부와 상관없이 대금이 지급되고, 미판매 상품에 대한 재고 부담도 모두 쿠팡이 진다. 판매자들은 구매여부와 상관없이 정해진 시점에 대금을 안정적으로 받을 수 있다.

쿠팡과 신세계 등 우량기업은 오픈마켓 정산금을 은행 예금계좌나 MMT 등의 신탁에 넣어 금융회사 안전자산으로 보호하고 있다.

정산주기는 온라인유통업 특성상 정산을 빠르게 할 경우 교환, 환불 등 역 정산이 필요하다. 기업에게 불필요한 인력과 비용 낭비의 상황이 발생할 수 있다.

유동성 여유가 없어 판매 촉진 활동 등이 축소될 수 있으며 국내 플랫폼에만 역차별이 될 우려가 있다. 중국 알리 등에는 정부 규제가 해당되지 않는다.

장기적으로는 재무건전성 등에는 규제가 필요할 수 있지만 중소·대형 기업에 일률적인 규제는 적합하지 않다. 재발 방지를 위해 이커머스 PG사 등 재무 건전성에 우선적으로 집중할 필요가 있다.

티몬과 위메프, 인터파크 사태를 적극 해결해야 한다

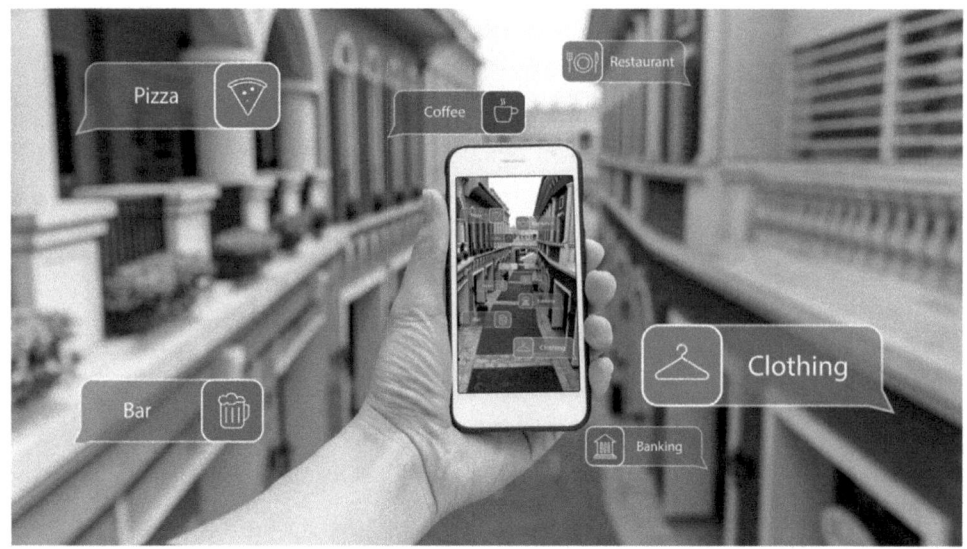

정부와 기업은 티몬과 위메프 사태에 적극 개입하여 국민을 지원해야 된다. 중소기업은 6만 개 정도가 거래를 했고, 일반 국민 피해자는 수십 만 명이다.

정부가 지원하기로 한 5,600억 원은 중소기업 지원 등에 사용 된다. 이미 2년 전부터 티몬과 위메프에 대해 감사의견 거절이 나왔음에도 불구하고 정부가 적극적으로 대처하지 못했다.

개인들도 시중가격보다 10%이상 할인 된 상품권 등에는 의심하고 주의를 해야 한다. 티몬과 위메프는 폰지사기다. "앞에 사람에게 줄 돈을, 뒷 사람 돈으로 주는 돌려막기"다.

티몬과 위메프에 창업자인 구영배 대표는 티몬과 위메프의 자금을 인출하여 미국 온라인 기업 '위시' 인수하는데 사용했다고 밝혔다.

티몬과 위메프의 총 미지급액은 1조3천 억 원이 넘는다. 구영배 대표는 지마켓을 신세계에 판매한 이후 싱가포르에 큐텐을 설립했다.

그는 큐텐 익스프레스를 나스닥에 상장하기 위하여 한국의 적자 기업인 티몬, 위메프, AK몰, 그리고 인터파크도 인수했다. 몸집을 키워 미국에 상장하기 위한 것이다.

정부와 기업, 개인에게 제언한다.

첫째 정부와 기업은 감사의견이 거절된 부실 법인에 대해서는 철저하게 관리해야 한다.

이와 같은 사태가 재발하지 않게 막아야 된다. 불과 수년 전에도 머지포인트 사태로 국민들이 큰 피해를 입었다. 반복되는 폰지사기에 정부와 기업은 더욱 철저히 관리해야 한다.

둘째 온라인쇼핑 규정과 제도를 만들어야 한다. 온라인쇼핑은 향후 65%까지 증가할 것이다.

대한민국은 전 세계에서 온라인쇼핑 산업이 가장 발달한 나라다. 5,200만 명 국민이 좁은 영토에 살고 있기에 온라인 쇼핑산업이 전체 소매액 40%를 차지한다. 앞으로도 이와 같은 사태가 재발할 수 있다. 자본잠식 기업에는 애스크로 등 자금관리 제도를 만들어야 한다.

셋째 이커머스 기업에게 에스크로 제도를 포함하여 지급방법을 엄격하게 제도화해야 한다. 오픈 쇼핑몰인 티몬과 위메프는 거의 두 달 가까이 대금 지급을 미루면서 고객 돈을 본인들이 마음대로 이용한 것이 가장 큰 원인이다. 쿠팡은 매출액 90%를 직매입하여 로켓배송을 한다. 쿠팡과 오픈 마켓은 다른 경영방식이다.

반복되는 이커머스 기업의 도덕적 해이는 철저한 관리 감독만이 예방할 수 있다.

중국 업체 알리와 테무 등이 한국 온라인 시장을 급속한 속도로 차지하고 있다, 국내 기업 뿐 아니라 어떤 해외 기업에게도 에스크로 제도를 포함한 지급 결제에 대한 확실한 기준을 마련해야 한다.

한국은 스마트폰 보급률, 통신인프라, 전자정부 등에서 1위다. 이런 이유로 온라인 쇼핑산업이 전 세계에서 가장 빠르게 성장하고 있다. 한국 이커머스 기업 쿠팡과 네이버 등도 해외로 적극 진출하게 독려해야 한다. 삼성전자는 전체 수익 80%가 해외에서 벌어 드린다.

국회와 정부와 기업은 온라인 쇼핑기업들에 대한 명확한 기준과 제도를 정비함으로서 국민들이 안심하고 사용하게 해야 한다. 동시에 한국 기업들도 해외로 적극 진출하여 한국경제에 도움이 되게 해야 한다.

2025년 온라인 쇼핑산업과 유통업 전망

Ⅰ. 요약

2025년 온라인 쇼핑산업이 우리나라 경제에 큰 영향을 주고 있다. 온라인 쇼핑산업의 구체적 범위[1]는 한국온라인협회 홈페이지에서 자세히 안내되어 있다. 협회는 온라인산업의 범위를 '우리나라 통신판매 표시 및 광고에 관한 심사지침'에 따른다고

---

1) 한국온라인쇼핑협회, 온라인 쇼핑산업의 범위.
   http://www.kolsa.or.kr/neopress/index.php

명시한다.

온라인 쇼핑산업은 신문전단지, 잡지, 우편물 카탈로그, 등 인쇄매체와 TV홈쇼핑 등 방송매체를 포함한다. 또한 인터넷과 핸드폰을 포함한 모바일 등 전자매체를 이용하여, 광고하고 구매하는 것을 포함한다.

예금계좌, 우편물, 그리고 전기통신설비 등을 통하여 소비자의 주문을 받아, 상품을 판매하는 모든 행위를 포함한다. 온라인 쇼핑산업은 한국은행의 도매와 소매업에 이미 약 60%정도가 포함되어 있다. 2024년 기준 전체 소매액 650조원중 35%가 온라인쇼핑, 65%가 오프라인 쇼핑 등이다.

구독경제(subscription economy)의 세 가지 모델

	넷플릭스 모델	정기배송 모델	정수기 모델
주요 적용상품	술, 커피, 병원, 헬스클럽, 영화관 관람, 동영상 및 음원 디지털콘텐트 등	면도날, 란제리, 생리대, 칫솔, 영양제 등 소모품	자동차, 명품 옷, 가구, 매장 등 고가제품
이용방식	월 구독료 납부한 후 매월 무제한 이용	월 구독료 납부한 후 매달 집으로 수차례 배송	월 구독료만 납부하면 품목 바꿔가며 이용가능
대표업체	무비패스 (월 9.95달러 내면 매일 영화관 관람 가능)	달러쉐이브클럽 (월 9달러 내면 매달 면도날 4~6개씩 배송)	캐딜락 (월 1800달러 내면 모든 차종 바꿔가며 이용가능)

그래픽: 유정수 디자인기자

복합쇼핑몰인 이마트는 오프라인 매장만을 운영하다가, 수년전 시작한 쓱 닷컴, 지마켓 등을 통해 온라인몰에서도 약 40% 내외의 매출이 발생하고 있다. 이처럼 기존의 오프라인 중심의 기업들이 최근 대부분 온라인판매를 동시에 진행하고 있다.

온라인에서 가장 많이 판매가 되고 있는 의류와 가전제품의 경우, 위 제품을 유통하는 기업은 온라인 팀과 오프라인 팀을 분리하여 운영하고 있다.

2024년 한국온라인쇼핑협회는 전체 상품 판매액의 약 40%가 온라인에서 유통되는 것으로 추정하고 있다. 네이버와 카카오톡의 온라인 쇼핑산업 확대와 IT산업은 하루가 다르게 성장하고 있음을 알 수 있다. 온라인 쇼핑산업은 2024년 기준으로 거래총액이 230조원[2]이다.

이처럼 온라인 쇼핑산업은 어느 산업보다 성장속도가 가파르다. 온라인 쇼핑산업이 우리나라 경제에서 차지하는 비중이 매우 높다.

온라인 쇼핑산업이 국가경제에 미치는 영향중에 생산유발효과, 부가가치효과, 취업자수, 그리고 고용유발효과를 분석한 것에 그 의의가 있다.

2024년 온라인 쇼핑산업은 모바일쇼핑이 크게 늘어나면서 전체금액은 증가했다. 온라인 쇼핑산업의 성장률은 매년 약 20%로 우리나라 경제성장률을 많이 초과한다. OECD 경제전망에 따르면 우리나라의 실질 경제성장률은 2025년까지는 2.7%로 성장할 것으로 예측하고 있다.

온라인 쇼핑산업은 연평균 약 20%이상 성장세를 유지하며 2024년에는 시장규모가 약 250조원이다.

온라인 쇼핑산업의 성장률에 영향을 주는 요인은 매우 많다.[3] 경제성장률과 1인당 소득 등이다.

---

[2] 한국온라인쇼핑협회
[3] 우리나라의 인터넷 이용률, 경제성장률, 1인당 국민소득, 인구추이, 실업률과 고용률 그리고 많은 외생변수를 고려할 수 있다.

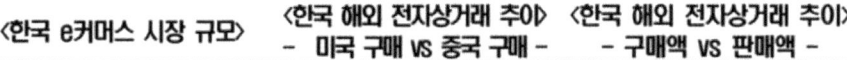

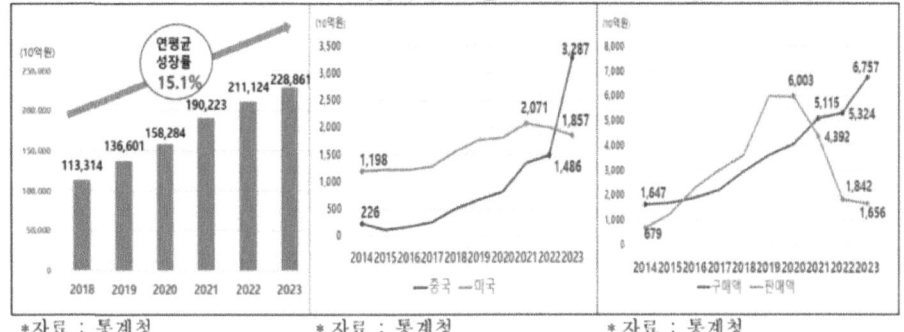

2024년 한국은행 산업분류표와 통계청 온라인 상품군별 거래 구성비다. 표에서 보듯이 통계청 온라인 쇼핑산업의 상품 군별에서, 농수산물과 꽃 등은 산업연관표의 농림수산식품과 연관된다. 또한, 온라인 쇼핑산업에서 가장 많이 판매되는 의류 및 패션 등은 한국은행의 섬유 및 가죽제품으로 매칭된다.

아래는 한국은행의 산업분류표와 통계청의 상품 군별 거래 구성비를 산업별로 연결하였다. 구성비를 보면 섬유 및 목재 제품과 전기 및 전자기기, 음식점 및 숙박의 구성비가 10%보다 큰 것으로 나타난다. 통신 및 방송과 금융 및 보험은 1%에도 미치지 못하는 구성비를 나타내고 있다.

한국은행이 가장 정확하게 생산유발액, 부가가치유발액, 그리고 취업자 수 등을 발표하기에 파급효과 분석에는 산업연관표를 이용하는 가장 바람직한 방법이다. 따라서 통계청과 한국은행의 업종 분류가 소폭 다르지만 필자가 분석에 이용했다.

2024년 한국은행 산업분류표와 통계청 온라인 상품군별 연결

한국은행 산업분류표 업종 분류	통계청 온라인쇼핑 상품군별 거래 품목	통계청 온라인쇼핑 상품군별 거래 구성비 (%)
농림수산품	농수산물, 꽃	3.1
음식료품	음식료품	6.6
섬유 및 가죽제품	의류 및 패션, 아동용품	23.1
목재 및 종이제품	서적	1.4
인쇄 및 복제	사무 문구	5.0
화학제품	화장품, 자동차용품	14.8
전기및전자기기	가전 전자 통신기기	22.9
기타제조업제품	스포츠. 레저. 음반 악기	4.8
음식점 및 숙박	여행 및 예약서비스	12.9
통신 및 방송	소프트웨어	0.7
금융 및 보험	각종서비스	0.3
기타	기타	4.4
합계		100

자료: 통계청(2024), 한국은행(2024년)

2024년 한국은행 산업분류표와 통계청 온라인 상품군별 거래 구성비다. 농림수산품이 조금 줄었고, 음식점과 숙박업이 18%로 큰 폭 증가되었다. 가장 많이 이용하는 품목은 의류 및 패션·아동용품으로 20.5%를 차지했다.

2024년 한국은행 산업분류표와 통계청 온라인 상품군별 연결

한국은행 산업분류표 업종 분류	통계청 온라인쇼핑 제품군별 거래 품목	통계청 온라인쇼핑 상품군별 거래 구성비 (%)
농림수산품	농수산물, 꽃	2.8
음식료품	음.식료품	8.9
섬유 및 가죽제품	의류 및 패션, 아동용품	20.5
인쇄 및 목재, 종이	사무, 문구	3.7
화학제품	화장품, 자동차용품	15.9
전기및전자기기	가전 전자 통신기기	17.5
기타제조업제품	스포츠 레저. 음반 악기	3.7
음식점 및 숙박	여행 및 예약서비스	18.0
통신 및 방송	소프트웨어	2.3
금융 및 보험	각종서비스	2.3
기타	기타	4.4
합계		100.0

자료: 통계청(2024)[4], 한국은행(2024).저자정리

2. 생산유발계수, 부가가치 계수, 파급효과 분석

한국은행 산업연관표에서 국산투입계수를 구할 수 있다. 국산투입계수[5]는 각 산업이 생산에 사용하기 위해 타 산업에서 매입한 재료 등의 중간투입액을 총 투입액으로 나눈 것이다. 한국은행의 투입산출분석표와 통계청 온라인 쇼핑산업의 생산유발효과를 연결하면 온라인 쇼핑산업의 생산유발계수는 2.06 다. 즉 1단위의 생산물은 온라인 쇼핑산업을 통하여 다른 산업에 2.06 만큼의 생산유발효과를 가져온다는 의미다. 이 중, 온라인 쇼핑산업에서는 섬유 및 가죽제품과 전기 및 전자기기의 생산유발효과가 큰 것으로 나타났다. 반면 금융 및 보험, 목재 및 종이제품, 통신 및 방송의

---

[4] 통계청과 한국은행 업종분류가 조금은 다르기에 약간의 오차는 있음.
[5] 한국은행 산업연관표 해설(2024)

생산유발계수는 낮다.

온라인 쇼핑산업의 생산유발 계수

한국은행 산업분류표 업종분류	통계청 온라인 제품군별 거래비중 A(%)	백분율 (A*0.01)	한국은행 업종별 생산유발계수	통계청 온라인 생산유발계수
농림수산품	3.1	0.031	1.875	0.058125
음식료품	6.6	0.066	2.128	0.140448
섬유 및 가죽제품	23.1	0.231	2.049	0.473319
목재 및 종이제품	1.4	0.014	1.997	0.027958
인쇄 및 복제	5.0	0.050	2.078	0.103900
화학제품	14.8	0.148	2.039	0.301772
전기및전자기기	22.9	0.229	1.923	0.440367
기타제조업제품	4.8	0.048	2.242	0.107616
음식점 및 숙박	12.9	0.129	2.065	0.266385
통신 및 방송	0.7	0.007	1.867	0.013069
금융 및 보험	0.3	0.003	1.734	0.005202
기타	4.4	0.044	2.828	0.124432
합	100%	1		2.062593

자료: 통계청(2024), 한국은행(2024) 산업연관표 기준, 저자정리

결론

첫째 온라인 쇼핑산업의 파급효과는 전통적인 도매와 소매업의 파급효과보다 크게 나타났다. 2024년 기준 온라인 쇼핑산업의 생산유발계수는 2.06으로 도매업의 생산유발계수 1.62, 소매업의 생산유발계수 1.75보다 크다.

2024년 기준 온라인 쇼핑산업의 생산유발계수는 2.01로 나타났다. 즉 온라인 쇼핑산업이 일반도매업과 소매업보다 생산유발효과가 높아 국가소득 증가에 큰 영향을 주고 있다는 것을 알 수 있다. 일부 연구자들은 일반도매와 소매업의 비중이

줄어들고, 온라인 쇼핑산업이 증가하는 것은 대체 구매이기에 전체적으로는 큰 영향이 없을 것이라고도 말한다.

그러나 온라인 쇼핑산업의 이용은 엄청난 비용절감 효과를 가져와, 전체적인 경제효과에는 큰 영향을 준다. 즉 온라인의 이용은 기업과 개인들에게 통신비와 물류비 등에서 절감효과가 매우 크다. 따라서 온라인 쇼핑산업이 일반도매와 소매업의 대체 구매 수단임에도 불구하고, 앞에서와 같이 전체적인 비용축소 효과가 매우 높다.

2024년 기준으로도 온라인 쇼핑산업의 생산유발효과는 일반도매와 소매업의 생산유발효과 보다 높다. 즉 온라인 쇼핑산업은 전체적인 경제적 파급효과가 매우 크다는 것을 알 수 있다.

셋째 온라인 쇼핑산업의 업종별 취업 및 고용유발계수는 10억 원 당 취업유발계수는 13.7명, 고용유발계수는 7.8명다. 취업유발계수 측면에서는 음식점 및 숙박과 섬유 및 가죽제품의 계수가 높다. 반면 통신 및 방송과 금융 및 보험은 낮은 것으로 나타났다. 가중된 고용유발계수 측면에서는 섬유 및 가죽제품과 전기 및 전자에서 높았으나, 통신 및 방송과 금융 및 보험은 낮았다. 취업자 증가를 위해서는 서비스업 확대가 필요하다.

05 한국 방위산업 기회다

📈 2025년 한국 방위산업 크게 성장한다.

한국의 방위산업 총액이 2024년 말 기준으로 40조에 이른다. 2024년 미국에 155mm 자주포 포탄 10만발을 미국에 수출했다. 대한민국은 방위산업을 적극 육성하여 수출증대와 함께 자주국방에 총력을 기울여야 한다.

러시아와 우크라이나 전쟁이 3 넘게 지속되고 있다. 우크라이나와 인접한 폴란드는 국방력 강화를 위하여 한국에서 K2전차 980대, K9 자주포 670문, KF-50 경공격기 48대를 포함한 약 30조원 무기를 구매했다.

향후 장갑차와 탄약을 포함하면 한국의 총수출액은 50조 원에 이른다. 대한민국은 제조업 수출액 기준으로 세계 5위다. 우리나라는 국방력은 세계6위 정도로 평가받고 있다. 방위산업 수출 국가는 미국, 러시아, 중국, 프랑스, 독일이다. 한국의 방위산업은 강력한 제조업을 바탕으로 전자산업이 뒷받침되어서 가능한 것이다.

한국은 철강, 전자, 화학분야에서 세계최고 수준이다. 이러한 산업을 바탕으로 한국경제 효자산업이 바로 방위산업이며, 평화산업이다

대한민국은 2024년 8월 GDP 기준으로 세계 9위를 기록하고 있으며, 국방력은 세계 6위로 평가받고 있다.

우리나라는 북한과 대치하고 있는 상황이므로 실전 경험이 있는 무기를 생산하는 것이 강점이다. 폴란드는 미국에 자주포와 탱크 등 주문 가능성을 타진했지만 공급이 불가능했다. 대한민국의 방위산업의 장점은 신속성과 정확성, 실전가능성이다

폴란드는 대한민국과 비슷한 지정학적 위치로 인하여 과거 독일과 러시아로부터 침입을 받았다. 이러한 이유로 폴란드는 한국산 탱크, 자주포 등 국가방위를 위한 무기구매에 적극 나서고 있다. 한국은 방위산업을 반도체와 석유화학 다음으로 주요한 산업으로 육성해야만 한다.

방위산업의 수출과 육성은 한국의 자주 국방에도 큰 영향을 준다. 우크라이나는 과거 1800개나 되는 핵무기를 전부 폐기했다. 미국, 영국, 러시아 등이 보호해준다는 약속을 믿고 폐기했다. 그러나 러시아는 EU의 세력확장을 막는다는 명분으로 우크라이나를 불법 침략했다.

냉정한 세계질서 속에서 국가의 생존은 자주 국방이 필수적이다. 튼튼한 국방력을 바탕으로 전쟁을 두려워해서는 안 된다. 프랑스 드골대통령은 99회에 이르는 핵무기 실험을 통하여 핵무기를 갖췄다. 당시 미국은 프랑스에 핵우산을 포함한 보호를 약속했지만 프랑스는 독자적인 핵무장을 했다.

우리도 "내 조국은 내가 지킨다"는 자주국방을 해야 한다. 세계최고 수준의 군사무기를 만드는 한국의 방위산업 육성은 국방력 향상에도 큰 기여를 한다. 국가의 가장 중요한 덕목은 국민들을 외세로부터 안전하게 보호하는 것이다.

한국의 방위산업 육성은 수출확대와 동시에 자주국방의 기틀이 된다. 정부와 기업은 방위산업을 국가의 전략적인 수출산업으로 적극 지원하고 육성해야 한다.

2025년 한미통맹과 군사력 확대 필요하다.

한미상호방위조약 체결로 한반도에서 70년 동안 전쟁이 없었다. 한미상호방위조약은 1953년 체결됐다.

1953년 이후 한반도에서 70년간 전쟁이 없어지고, 한국이 5천년 역사 중에 가장 잘 사는 나라가 됐다. 대한민국을 전쟁의 위협으로부터 해방시킨 것이다.

우리는 역사를 정확히 보고 배워야 한다.

첫째 우리 정치지도자들은 한미상호방호조약을 잘 지켜야 한다.

1950년 전쟁을 불러 온 것은 애치슨라인이다. 애치슨 미국 국무장관이 한반도를 미국이 지켜야 하는 애치슨라인에서 제외시켰다. 이것이 북한이 남침을 하는 오판을 불러왔다.

한반도가 다시는 전쟁 구렁텅이로 빠지지 않도록 미국과 굳건한 한미동맹을 맺었다. 한국은 1953년 이후 2024년 8월 까지 한 번도 전쟁이 발생하지 않으면서. 한국 경제 발전에 큰 기여를 했다.

둘째 여성교육이 큰 기여를 했다.

한국 경제발전에 가장 큰 기여를 한 것 중 하나가 여성교육이다. 대한민국에서 가장 힘없고 나약한 사람이 바로 여성이다. 그런 이유로 여성학교를 만들어서 처음으로 여자아이들을 교육시켰다. 여성에 대한 투표권을 스위스보다 먼저 시행했다. 대한민국은 전 세계에서 그 어떤 나라보다도 여성투표권을 먼저 인정한 나라다. 여성이 문맹을 빨리 벗어났고, 교육을 받았기 때문에 가능한 일이다.

셋째 국민 90%가 교육을 받았다. 대한민국이 성장하고 발전하기 위해서는 교육이 가장 중요하다. 교육덕분에 대한민국 국민 99%가 문맹을 벗어났다. 문자해독이 가능해지면서 그 비율은 세계에서 가장 높다. 3.15 부정선거를 포함해서 불의에 항의할 수 있었던 것은 바로 교육의 힘이다.

넷째 토지개혁이다. 토지개혁을 함으로서 지주들로부터 받은 땅을 농민들에게 나눠 주었다. 자기 땅을 가진 사람들은 그 누구보다 목숨을 걸고 자기재산과 자기 땅을 지켰다.

또한 기존 지주들은 자기 땅을 팔아서 산업화 역군이 됐다. 북한보다 먼저 사유재산을 인정하고, 자기 땅을 가지게 됨으로써 목숨을 걸고 싸운 것이다.

국민들이 자기 땅을 가짐으로써 자녀 교육을 더 많이 시킬 수 있었다. 자기 땅과 자산을 가지게 됨으로써 교육에도 매진하게 됐다.

박정희 대통령 기념관은 상암동에 이미 세워져 있다. 대한민국을 세계 10대 강국으로 만들고 자유시장체제로 우뚝서게 해야 한다.

한국 정치 지도자들도 혜안을 가지고 대한민국이 미래에도 생존 할 수 있는 방법을 찾아야 한다. 미국과 굳건한 한미상호방위조약을 잘 유지해야 한다.

트럼프와 해리스 후보 중 누가 대통령이 되든 우리나라를 지킬 수 있는 핵재처리 시설 등 대안을 요구해야 한다. 한국인 70%가 핵무장을 찬성하고 있다.

프랑스 드골은 미국의 반대도 불구하고 핵을 보유했다. 우크라이나는 미국과 영국이 지켜 준다는 약속을 믿고 1400개 핵무기를 모두 폐기했다. 2025년 러시아의 침략으로 3년째 전쟁을 하고 있다.

결론은 그 어떤 나라도 우리나라를 지켜 주지 않는다.

한국은 강력한 국방력을 유지하여 자주국방을 해야 한다. 처칠은 "전쟁을 두려워해서는 전쟁을 막을 수 없다"고 했다. 미국 대통령 선거와 미군 철수 등 위기에 대비해야 한다. 한국은 핵잠수함과 핵무기 등 강력한 국방력을 가져야한다.

2025년 한국 방위산업 육성 필요하다

우크라이나 전쟁 교훈과 방위산업

안정효의 하얀전쟁에서는 '자살을 하려는 젊은이를 전쟁터로 보내라. 살아남기 위해 치열하게 다투는 전쟁터에서는 살고자 하는 의욕이 생길 것이다'라는 글이 있다.

3년 넘게 지속되는 우크라이나 전쟁을 보게 보면서 조국이 얼마나 소중한지 우리는 뼈저리게 느끼고 있다. 한국보다 다섯 배 큰 우크라이나 모든 지역이 폐허로 변했다.

우크라이나 전쟁으로 인하여 일반 국민 수만여명이 사망을 했고, 어린이 수천명, 군인은 수십만 명이 사망했다. 도합 100만명 이상이 큰 피해를 입었다.

한 국가가 타국으로부터 침략을 받는 이유는 힘이 약하기 때문이다. 대한민국은 2천년 역사 이래로 가장 강력한 군사력을 가지고 있다.

어떤 나라도 한국을 넘보지 못할 정도로 강력한 국방력을 유지해야 한다. 한국 경제는 GDP 규모로 세계 9위다. 군사력도 세계 6위 정도로 평가받고 있다. 대한민국이 강력한 전쟁 억제력을 가지려면 굳건한 국방력이 뒷받침돼야 한다.

강력한 군사력을 유지하고 언제든 전쟁을 불사하는 의지를 가져야만 전쟁을 막을 수 있다. 윤석열 대통령은 미국이 주도하고 있는 쿼드와 IPEF 등 자유시장경제 체제에 더욱 가까이 가면서 강력한 동맹신호를 보냈다. 한국은 강력한 군사력으로 단 한 발의 총알이라도 국경을 넘어왔을 때 그 열배를 보복한다는 각오가 있어야 한다.

과거 2차 세계대전은 전쟁을 두려워하여 충분하게 대비하지 못했기 때문에 발생했다. 히틀러의 공격에 대하여 영국 처칠 수상은 온 국민의 일치단결과 전쟁을 각오했기에 승리했다.

전국민이 모두 목숨을 바쳐서 강력하게 대응한다는 마음이 있어야만 나라를 지킬 수 있다. 전쟁을 두려워해서는 절대로 국가를 방어할 수가 없다.

한국은 강력한 군사력으로 북한의 도발은 폭망에 이른다는 것을 상기시켜야 전쟁이 일어나지 않는다.

대통령의 가장 중요한 업무는 국가를 보위하는 것이다. 우리나라는 혈맹관계인 한미관계를 복원하는 것과 함께 강력한 자주국방을 해야 한다.

한국은 동북아시아 최북단에 있다. 한반도 위에는 북한, 중국, 러시아가 있다. 주한미군은 한국을 지키는 것과 동시에 아시아 세력균형에 가장 중요한 역할을 한다.

한국은 우크라이나 사태를 보면서 스스로 국가를 지킬 수 있는 역량을 키워야 한다는 것을 다시 한번 깨달았다. 그 어떤 나라도 자국에 도움이 안 된다면 한국을 돕지 않을 것이다. 우리나라는 미국과 혈맹관계를 유지하면서, 내 힘으로 조국을 지킬 수 있도록 자주 국방력을 키워야 한다.

우크라이나 인구는 한국보다 작은 4,400만 명이다. 과거 우크라이나는 핵무기 1,800개와 ICBM를 보유한 세계 3위 핵 강국이었다.

1994년 12월 5일 헝가리에서 미국, 러시아, 영국은 우크라이나가 핵무기를 모두 폐기하더라도 '독립과 안전을 보장하겠다'는 부다페스트 양해각서 서명식을 했다.

우크라이나는 서방과 러시아의 약속을 믿고, 하나의 핵무기도 남기지 않고 폐기했다. 그러나 2022년 푸틴은 러시아 세력 확장과 NATO의 동진을 막겠다는 명분으로 우크라이나를 침략했다. 우크라이나가 단 하나의 핵무기만 있었다면 이 전쟁을 일어나지 않았을 것이다.

북한은 100여개 정도 핵무기가 있다. 재래식 무기가 아무리 강력하더라도 위력은 핵무기 1만분의 1이다. 2024년 8월 유럽에 배치된 미국의 핵무기는 나토와 함께 운영하는 것으로 협의됐다. 한국은 핵을 가질 수 없는 상황이다.

따라서 한국은 핵을 가진 북한에 대응하기 위해서는 동등한 성능을 가진 한미 핵 공동 운용 등 긴밀한 협력이 필요하다.

미국을 포함한 강대국과의 군사적인 협력은 매우 긴요하다. 그러나 더 중요한 것은 자국의 영토를 스스로 지키겠다는 확고한 신념과 자주국방이다.

06 원자력 산업 전망

2025년 한국은 원자력을 더욱 육성할 것이다. 정부와 업계는 더욱 실력을 키우고 원자력 기술을 고도화해야 한다.

또한 전기요금은 시장가격에 연동해야 한다.

2024년 정부는 전기 요금을 5.3% 인상했다. 전기요금은 4인 가족 기준으로 3000원, 가스 요금은 4,400원 정도 인상됐다.

한국전력은 2022년도 32조원 적자를 냈다. 2024년 8월 2년간 한국 전력의 적자는 44조원이다.

과거 정부는 전기요금이 오르게 되면 생산자 물가가 오르고 원전 축소 등 정책 오류가 드러날 것을 우려했다. 이런 이유로 전기요금 올리지 않았다. 전기요금이 생산가격에도 미치지 못하면서 한국전력은 매년 적자가 발생했다.

생산단가가 가장 저렴한 원자력 생산 비중을 줄이고, 생산단가가 높은 신재생에너지와 화력발전 등을 늘이게 되면서 한전 적자가 확대 됐다.

대한민국은 전 세계에서 제조업 수출액 기준으로 세계 5위다. 안정적인 전기의 공급은 한국 경제에서 가장 중요한 요소다.

한국경제에서 가장 중요한 것이 바로 안정적인 전기의 공급다. 전기는 그 어떠한 자원보다도 가장 중요한 생산 요소다. 전기의 공급이 부족해지면 원시 시대로 돌아간다.

대한민국은 제조업 중심 국가이기 때문에 1인당 전기소비량이 세계1위 수준이다.

대한민국이 에너지를 많이 사용하는 것에 비하여, 에너지 효율은 OECD 36개국 중 33위로 최하위다.

생산은 단가에도 못 미치는 전기요금으로 인하여 국민들은 에너지를 절약하지 않고 낭비하고 있다.

과거 대한민국은 전기 불 끄는 캠페인을 할 정도로 에너지 절약 운동을 했다. 그러나 2024년 8월 에너지 절약 캠페인을 하지 않는다.

윤석열 정부에서는 과거 정부가 전기요금을 올리지 않았다는 이유로 올리지 않고 있다.

한전이 한전공대 지원, 원전 감축, 등 스스로 제 역할을 못했다고 보는 것이다.

2024년 한국전력은 25조원 자구책을 대안으로 제시했다.

한국전력의 전기요금이 위와 같이 정치 논리로 결정되고 있다. 유럽과 미국 등에서는 한국 보다 2배 비싼 전기 요금을 부과하고 있다.

한국 무역적자는 에너지 수입확대와 전기 과소비 등으로 인하여 계속 증가하고 있다. 대한민국은 에너지 100%를 수입하는 국가다. 100% 수입한 석유와 가스로 공장을 돌리고 냉난방을 하는 나라다.

가장 중요한 것은 전기요금을 시장경제 원칙에 맞춰, 에너지 원가에 연동하여 계산해야 한다. 전기요금이 정치 논리로 이루어져 전기요금이 원가에도 미치지 못하는 것이다.

한국 전기요금을 높여 시장가격에 맞춘다면, 가게가 문을 열어 두고 냉방하는 일은 없어질 것이다.

2025년도 무더운 날씨가 될 것이다. 한국이 아열대화가 되고 있다. 정부는 원재료에 연동하여 전기요금을 인상해야 한다.

한국전력도 스스로 자구책을 마련해야만 한다. 국민들이 어려운 상황에서 한전은 급여인상과 성과급 잔치를 벌이는 것은 바람직하지 않다.

전기 요금에 대한 가장 좋은 경제 정책은 시장경제에 맡기는 것이다.

2025년 22대 국회가 해야 할 일

22대 국회는 법인세 등 세율을 낮춰 기업하기 좋은 환경을 만들어야 한다.

2024년 기준 외국인직접투자(FDI) 유출액이 유입액의 2배가 넘는다. 한국 법인세가 높고, 기업하기 어려운 환경이어서 국내기업이 해외로 공장을 옮긴다. 해외기업이 한국에 투자한 것보다, 국내기업 유출이 4배나 많다.

2024년 한국 대학생 청년취업률은 45%다. 대학을 졸업하고도 일자리를 얻은 비율이 절반도 안 된다. 국회와 정부는 규제를 줄이고, 기업하기 좋은 환경을 만들어 해외기업을 유치해야 한다. 다음과 같이 제언한다.

첫째 법인세율 인하로 기업하기 좋은 환경을 만들어야 한다.

법인세 기준 대한민국26%, 미국과 OECD 평균 21%, 싱가포르17%, 아일랜드 12.5%다. 한국 소득세45%, 상속세60%는 세계 최고 수준이다. 국내 우량 중소기업들은 상속세 부담으로 사모펀드에 팔리고 있다.

아일랜드는 법인세를 12.5%로 낮춰, 유럽에 본부를 둔 다국적 기업 본사 1,700개를 유치했다. 1인당 국민소득은 11만 달러로 유럽에서 가장 부자나라가 됐다. 선진국이 법인세를 낮추는 이유는 일자리를 만들기 때문이다. 삼성전자는 평택공장 11배가 넘는 크기로 텍사스에 반도체공장을 건설 중이다.

미국은 삼성전자에 7조원이 넘는 보조금을 지급하면서 반도체 공장을 유치했다. 현대자동차, LG엔솔 등 국내 최고 기업들이 미국에 직접투자를 확대하고 있다.

미국은 법인세를 21%로 낮추고, 토지를 무상임대 한다. 그러나 한국 야당은 정부가 제안한 법인세 인하를 대기업 특혜라며 반대했다. 국회는 조속히 법인세를 세계 평균 21%로 낮춰, 세계적인 기업을 한국에 유치해야 한다.

둘째 4차 산업혁명 혁신이다. 대한민국은 스마트폰 보급률 세계 1위다. 통신인프라, 전자정부 등에서 세계 최고다. 그러나 한국은 우버, 에어비앤비, 타다 등이 금지된 나라다.

전 세계가 4차 산업혁명을 받아들여 신산업과 구산업이 공존하지만, 한국은 국회혁신 규제로 신산업이 금지됐다.

호주는 우버를 허용하면서, 우버가 벌어들인 돈의 10%를 택시기금으로 사용한다. 이처럼 신산업과 구산업이 함께 성장해야 국가경제가 발전한다. 국회가 4차 산업혁명 신산업을 금지시키면, 1876년 개화기처럼 한국은 퇴보한다.

셋째, 규제를 완화해야 한다. 정부와 기업은 용인 반도체 클러스터에 300조원을 투자하여 반도체산업을 육성키로 했다. 그러나 삼성전자 평택공장은

송전선 문제로 시작도 못했다. SK하이닉스도 용수문제로 5년 째 발이 묶여있다. 국회와 정부와 기업은 조속히 규제를 완화해, 용인 반도체클러스터를 완성해야 한다.

전 세계가 반도체 투자에 사활을 걸고 있지만, 한국은 여전히 규제에 가로막혀있다. 2024년 한국 반도체수출이 117억 달러 36%급등하면서 연속 흑자다. 미국 인텔은 비메모리 분야 2위를 목표로 투자를 확대하고 있다.

일본은 인텔, TSMC와 합작으로 반도체공장을 건설 중이다. 국회와 정부는 규제를 완화해 국내기업이 공장을 신설하게 해야 한다. 두 개의 전쟁이 진행되면서 무역의존도 75%로 세계 2위 대한민국이 가장 크게 어려움을 겪고 있다.

넷째 노사혁신이다. 외국인들이 한국에 투자를 가장 거리는 이유가 강력한 노조다. 한국은 전 세계에서 대체 근로가 금지된 유일한 나라다. 한국은 경영상의 어려움이 아니면 해고가 불가능하다. 그러나 미국은 탄력적인 노동정책이다.

2020년 코로나가 발생하자 메리어트호텔은 직원 90%를 해고했다. 2022년 코로나가 극복되자, 메리어트호텔은 100% 채용했다. 미국과 선진국은 탄력적인 노동정책으로 성장하고 있다. 미국은 정규직과 비정규직 구분 자체가 없다.

2025년 국회는 강력한 국방력을 바탕으로, 법인세, 상속세, 소득세 인하로 세계적인 기업을 유치해야 한다. 국회가 해야 할 일은 기업하기 좋은 환경을 만들어, 대한민국을 선진국으로 도약시키는 것이다.

07 로봇산업, 항공과 드론산업 전망

2025년 드론과 항공산업을 더욱 발전하게 된다.

러시아와 우크라이나 전쟁에서 가장 핵심적인 요소가 드론이다. 100만원 드론으로 100억 원이 넘는 탱크를 요격하고 있다.

러시아 최신 탱크 T-20이 우크라이나 자폭 드론에 속수무책으로 당했다. 대한민국도 드론을 육성하여 탱크와 기갑 공격에 철저하게 대비해야 한다.

이스라엘과 하마스 중동전쟁도 계속 진행되고 있다. 이스라엘의 최신 드론은 가자지구를 정찰하고, 적을 제압하는데 큰 도움을 주고 있다.

이란에서 개발된 최신 드론은 러시아가 우크라이나 본토를 공격하는데 많이 이용하고 있다. 2024년 우크라이나 자폭 드론이 모스크바까지 침투하여 석유시설과 군사시설 등을 성공적으로 공격했다.

이와 같이 저렴한 드론이 전 세계 전쟁 판도를 바꾸고 있다. 대한민국은 드론산업을 육성하여 위기에 대비해야 한다.

2024년 전 세계 상업용 드론시장은 중국이 90%를 점유하고 있다. 한국은 까다로운 규제로 인하여 드론산업이 발전하지 못하고 있다.

이제는 정부가 전격적으로 드론산업을 허용하고 육성해야 한다. 2024년 8월 정부와 기업은 드론을 요격할 수 있는 레이저 공격 장비를 개발했다. 전 세계에서 유일무이하게 레이저 광선을 발사해 드론을 격추하는 것이다.

거의 100% 가까운 명중률로서 각광을 받고 있다. 창과 방패의 싸움이다. 드론산업 육성과 함께 드론을 요격할 수 있는 레이저 무기를 확대해야 한다. 앞으로 미래 전쟁은 드론과 무인비행기 등의 싸움이 될 것이다.

미국 캘리포니아에서 조정하는 무인기들이 중동과 아프간 전쟁 등에서 크게 활약하고 있다.

미국은 대만을 지키기 위하여 무인항공기와 드론으로 중국에 위협을 대비한다는 계획이다.

대한민국은 우크라이나 전쟁, 중동전쟁 등 전 세계 모든 분쟁을 면밀히 검토하여 무인비행기 와 드론 그리고 레이저 무기 등을 개발해야 한다.

중동과 이란의 상황이 심각해지고 있다.

8월 12일 예정된 이란의 이스라엘 공격은 대규모 미사일과 무인비행기 그리고 드론의 공격으로 이어질 것이다. 아무쪼록 전 세계가 평화를 유지하여 인류가 번영해야 한다.

한국의 방위산업은 평화산업이다.

한국이 방위산업을 육성하고 전쟁에 철저하게 대비 할수록 평화를 지킬 수 있다. 정부와 기업은 방위산업 육성과 연구개발도 지속적으로 해야 한다.

2024년 두 개의 전쟁이 역설적으로 한국 방위산업에 기여하고 있다.

한국 방위산업은 세계 5위 정도로 크게 성장했다. 2024년 한국경제에 크게 기여하는 산업 중 하나가 방위산업이다. 방위산업 육성은 한국을 지키면서 세계평화를 유지하는 디딤돌이다.

08 물 산업 전망

2025년 생수 사업을 포함한 물 산업은 계속 성장한다. 한국과 전 세계에서 가장 유망한 사업이다.

국가 물 관리가 중요하다. 물 관리는 여야 정당과 상관없이 일관성있게 이루어져야 한다. 향후 100년을 바라보고 물 관리가 돼야 한다.

2024년 강원도 영동 지역은 취수율이 30%정도로 식수가 없을 정도다. 정부도 댐을 14개 이상 건설하기로 했다.

한국 4대강을 10M 이상 준설하여 물그릇을 크게 해야 한다. 소양강댐 10배 이상을 보관할수 있도록 모든 강을 준설해야 한다.

인간을 포함한 동물· 식물 등 모든 생명체는 생존을 하는데 물과 공기가 가장 중요하다. 우리나라는 세계적으로 물 부족 국가이다.

국가 산업단지를 조성하는 데 있어서 가장 중요한 요소는 교통, 인재 그리고 물이다. 농업과 공업용수 등 모든 산업에 있어서도 물이 가장 필수적이다.

이와 같이 한국은 물 부족 국가임에도 불구하고 관리가 안되고 있다. 따라서 물을 여당과 야당 등 정부와 상관없이 일관되고 지속적으로 관리해야 한다.

국가정책은 일관성과 예측 가능성이 있어야 한다. 일관성이 유지될 때, 민간기업은 입지선정 등 장기적인 사업 계획을 추진할 수 있다.

2022~2024년 강원도에 많은 산불이 발생했다. 겨울과 가을에 산불이 많이 발생하는 이유가 강우량이 감소했기 때문이다. 특히 겨울에는 눈이 거의 내리지 않았다. 산이 마르고 습기가 없어 산불이 많이 발생했다.

물과 공기는 너무나 흔하기 때문에 우리가 공유경제라고 생각한다. 공유경제이기에 누구나 비용없이 무한대로 사용해도 된다고 생각한다. 모든 재화에는 경합성과 배제성이 있다. 경합성이라고 하는 것은 누가 먼저 사용하느냐 하는 순서의 문제다.

배제성은 돈이나 댓가를 지불한 사람만 사용할 수 있다. 물과 공기는 경합성과 배제성이 없다고 생각하여 공공재로 간주한다.

그러나 물이 없게 되면 국가 생존자체가 불가능하다. 공유경제의 비극은 주인없는 재화를 낭비하여 고갈되는 현상을 말한다. 아프리카 코끼리는 주인을 찾아줌으로서 멸종을 막았다.

세종시가 건설될 때도 가장 중요한 것이 물 조달 여부였다. 정부를 이전하고 공장을 조성하는 산업단지에서도 물을 얼마나 공급할 수 있는지가 가장 중요하다.

집권하는 정당에 따라서 물 관리도 서로 다른 방향을 가지고 있다. 한쪽에서는 물을 저장하여 농업용수 등 위기에 대비해야 한다고 주장한다. 다른 한편에서는 물을 저장하는 것보다는 자연스럽게 흘러가게 하여 환경보호가 중요하다고 생각한다.

이러한 입장의 차이로 인하여 여러 가지 문제가 발생했다. 가장 큰 피해자는 농민과 국민들이다. 물이 가까운 곳에 있는 농민들은 아무 문제가 없다. 그러나 물을 가져와야 하는 농민들은 비싼 비용을 지불하고 농수로를 만들면서 물을 확보한다.

정부와 기업은 수 십 년을 내다보고 물 관리를 해야 한다. 우리나라는 과거 강우량이 많아서 물이 풍족한 국가였지만, 이제는 물 부족 국가다. 일시적으로 홍수가 날 만큼 집중적으로 비가 내린 뒤, 수개월 동안 비가 내리지 않는 상황이 반복되고 있다.

물 부족 상황에 대비하여 국가는 대안을 준비해야한다. 정권의 뜻에 따라 물 관리가 이루어져서는 안 된다. 향후 수 십년을 바라보고 일관된 국가 물 관리를 하자.

09 클라우드와 보안산업, 사물인터넷 전망

2025년 빅데이터와 데이터 규제 완화해야 한다.

모든 기업은 스마트폰과 판매 제품을 연결해야 한다.

클라우드와 보안산업은 2025년 계속 성장한다.

사물과 사물을 이어주는 것이 사물인터넷이다. 스마트폰과 에어콘, 냉장고 자동차를 연결해야 한다.

한국기업도 만물을 서로 연결해야 한다. 사람과 스마트폰, 만물을 연결해야 한다.

정부와 기업은 한국 금융경쟁력을 올려야 한다. 한국은 제조업 수출액 기준 세계 5위, GDP 세계 9위다. 그러나 원화가 국제금융에서 결제되는 비율은 0.1%로 30위권이다. 싱가포르, 태국, 필리핀 등 아시아 후진국보다 뒤쳐진다.

한국이 이렇게 국제금융경쟁력이 낮은 이유는 금산분리와 데이터규제 등 복합적인 원인이다.

사람 몸 혈액과 같은 것이 바로 금융이다. 따라서 정부와 기업은 이제 제조업과 함께 한국 금융경쟁력도 올려야 한다.

미국 애플은 2023년부터 예금을 받고 있다. 3억 3천만 원까지 4.5%이자를 준다. 미국 시중은행 10배 이자다. 미국 GE(제너럴일레트리닉)은 에디슨의 후손 기업으로서 수십 년 전 부터 개인 대출업을 하고 있다. 미국은 금융과 산업자본 규제가 없다.

미국은 4차 산업혁명 데이터산업도 규제가 없다. 국민의 생명과 안전을 해치는 것이 아니면 모든 분야에서 사업을 할 수 있는 네거티브 제도다. FAMANT(페이스북, 애플 MS, 아마존, 넷플릭스, 테슬라) 세계적인 기업이 탄생하고 성장하는 이유다. 전 세계 시가총액 비중을 보면 미국60%, 일본6%, 중국5%, 영국4%, 한국 1.5%다.

한국은 4차 산업혁명에서 정부가 허락한 분야만 사업할 수 있다. 파지티브(Positive)를 운용하면서 우버, 에어비엔비, 타다를 금지시켰다. 2023년 9월에는 비대면 진료도 금지시켰다. 대한민국은 스마트폰보급률, 통신인프라, 전자정부 세계1위다.

세계경제를 선도하기위해서는 금산분리와 데이터규제를 해제해야 한다. 세상의 큰 흐름을 선도해야 한다. 한국이 규제하고 발목을 잡는다면 개화기 시대의 아픔을 다시 반복하게 된다. 1800년대 세상이 과학문명을 받아들이고 발전할 때, 한국은 쇄국하고 외면했기에 일본의 지배를 받았다.

이제 한국은 금산분리와 데이터산업 규제를 버리고 혁신해야 한다.

금융과 산업자본의 경계를 없애야 한다. 데이터산업 역시 규제를 없애고 전체 산업 분야에서 4차 산업혁명을 허용해야 한다. 한국이 4차 산업혁명 혁신을 허용해야 선진국이 될 수 있다.

싱가포르 수준으로 기업하기 좋은 나라를 만들어야 한다. 싱가포르는 법인세 17%고, 주식과 관련 세금이 하나도 없다. 배당세, 자본이득세, 소득세 등 금융관련 세금이 모두 없다. 증권거래세만 0.2%를 받는다.

홍콩에서 이탈하는 아시아 금융본부를 대부분 유치하여 2025 70%가 싱가포르에 있다. 법인세도 낮고 기업하기 좋은 환경을 만들어 주기 때문에 세계적인 금융기관 본부가 집결한다.

한국 법인세는 26%로 미국과 OECD 평균 21% 보다 높다. 최소한 미국이나 싱가포르 수준으로 금융특구를 만들어 법인세를 낮춰야 한다. 법인세를 낮추지 않고서, 한국이 아시아 금융허브가 된다는 것은 불가능하다.

한국이 제조업 순위는 5위지만 금융경쟁력이나 낮다. 이제는 한국 금융경쟁력을 키워야 한다. 한국이 제조업과 함께 금융서비스를 확대해야 선진국이 될 수 있다.

10 구독경제가 필수 생존전략이다

	넷플릭스 모델	정기배송 모델	정수기 모델
주요 적용상품	술, 커피, 병원, 헬스클럽, 영화관 관람, 동영상 및 음원 디지털콘텐트 등	면도날, 란제리, 생리대, 칫솔, 영양제 등 소모품	자동차, 명품 옷, 가구, 매장 등 고가제품
이용방식	월 구독료 납부한 후 매월 무제한 이용	월 구독료 납부한 후 매달 집으로 수차례 배송	월 구독료만 납부하면 품목 바꿔가며 이용가능
대표업체	무비패스 (월 9.95달러 내면 매일 영화관 관람 가능)	달러쉐이브클럽 (월 9달러 내면 매달 면도날 4~6개씩 배송)	캐딜락 (월 1800달러 내면 모든 차종 바꿔가며 이용가능)

그래픽: 유정수 디자인기자

<출처 : 머니투데이>

☑ **2025년 대한민국은 4차 산업혁명 구독경제로 혁신해야 한다.**

2024년 LG전자가 가전제품 구독경제로 분기마다 1조원이 넘는 이익을 남겼다. 삼성전자도 구독경제를 활성화 한다.

구독경제는 매월 일정금액을 받으면서 서비스를 제공하는 것이다.

넷플릭스, 테슬라, 애플, 삼성전자, MS, 아마존, 쿠팡 등 구독경제를 실시한 기업만 살아남는다.

구독경제는 기업에게는 매월 일정한 현금흐름을 제공하고 수요량 등을 예측 가능하게 만든다.

한국의 대기업과 중소기업, 소상공인 등 모든 기업은 구독경제를 활성화해야 한다.

동네 식당도 월 20만원으로 매일 점심을 제공하는 구독경제를 실시해야 살아남는다. 30% 저렴한 가격으로 가격할인을 제공하여 구독경제를 해야만 생존할 수 있다.

대한민국은 4차 산업혁명으로 혁신해야 한다. 이창용 한국은행 총재가 대한민국의 2024년 경제성장율을 낮추면서 구조개혁을 서둘러야 한다고 말했다.

대한민국은 구조개혁을 착실하게 추진하여 한국이 직면한 저 출산 문제를 해결해야 한다.

대한민국은 사교육비, 주택비 등 많은 문제점으로 인하여 저출산이 고착화 되고 있다.

<국내 구독경제 현황>

<출처 : 매일경제>

2024년 우리나라 출산율은 0.68명으로 전 세계에서 가장 낮다.

대한민국은 구조개혁과 함께 4차 산업혁명으로 혁신해야한다.

한국은 제조업 세계5위, GDP 세계 9위다. 그러나 4차 산업혁명의 대표적인 우버, 에어비엔비, 타다 등을 허용하지 않고 있다.

한국은 정부가 허락한 사업만 할 수 있는 파지티브 제도를 계속 유지하고 있다.

중국과 미국은 국민의 생명과 안전을 해치는 것이 아니면 모든 분야에서 사업할 수 있는 네거티브 제도를 운영하고 있다.

미국과 유럽은 기존에 생산된 제품을 활용하는 공유경제를 활성화하고 있다.

우버는 집에서 사용하는 자가용을 활용한 신산업이다. 이미 생산된 자가용을 활용하므로 생산비가 0원이다. 한계생산비가 없기에 환경보호에도 큰 도움이 된다.

택시가 한 대도 없는 우버는 전 세계 운송업에 혁신을 불러왔다.

유럽 미국 등은 우버를 허용하면서 출퇴근에만 이용하는 자가용에 새로운 산업혁신을 가져온 것이다.

한국은 4차 산업혁명을 주도하고 혁신해야 한다. 우리나라는 4차 산업혁명으로 혁신하기에 최고의 조건을 가지고 있는 국가다. 전체 국민 스마트폰 보급률이 95%로 세계 1위다. 전자정부와 통신인프라 등도 세계 1위다.

유럽과 미국에서는 우버가 도입되면서 택시 업계와의 치열한 경쟁으로 서비스가 개선되었다.

우버는 택시 요금 70%를 받으면서 이용자가 크게 늘었다. 직업이 없는 사람들은 우버에 가입해 본인의 승용차로서 생계를 유지하고 있다.

호주는 우버가 벌어들이는 수입 10%를 택시 발전 기금으로 사용하는 것으로 상생을 선택했다. 우리나라도 신산업이 기존산업과 상생을 선택을 해야 한다.

18세기에 기계를 부수자는 '러다이터 운동'이 일어났다. 기계가 일자리를 뺏는다고 기계를 부수는 운동이다. 그러나 기계를 만들어야 될 사람이 필요하게 되면서 인류

문명은 계속 발전했다.

대한민국은 세상을 변화시키는 4차 산업혁명의 거대한 물결을 받아들여야 한다.

대한민국은 1876년 개화기 때 새로운 문물을 받아들이지 못하여, 일본의 지배를 받았다. 대한민국은 4차 산업혁명이라는 거대한 물결을 선도해야 한다.

4차 산업혁명이 기존 일자리를 뺏는다고 금지해서는 절대 안된다. 정부도 우버, 에어비엔비 등 4차 산업혁명을 허용하여 기존 산업과 경쟁을 벌이면서 국내 서비스 산업을 개선해야 한다.

대한민국이 4차 산업혁명을 선도하는 국가가 되는 방법은 미국과 유럽의 선진정책을 채택하면 된다. 국민의 생명과 안전을 해치는 것이 아니면 모든 산업을 허용하는 네거티브 정책을 도입하여 한국은 혁신해야 한다.

성장하는 2025년 경제 大 전망 -30대 경제트렌드-

PART 4

기업과 개인의 생존전략

01. 기업 생존전략: 모바일, 인공지능, 구독경제
02. 개인 생존전략과 투자전략
03. 채권이자는 하락하고 채권가격은 오른다.
04. 금 안전자산 계속 오른다. 금을 모아라

01 기업 생존전략: 모바일, 인공지능, 구독경제

국내 구독경제형 기업 현황

구분	기업	내용
렌털 모델	웅진코웨이	정수기, 비데, 공기청정기 등 가정용품 렌털 관련 사업
	SK네트웍스	SK렌터카를 통한 카 라이프 사업과 SK매직을 통한 생활가전 렌털 사업 영위
	하츠	후드 전문 렌털 서비스 제공. 주기적으로 방문해 필터 교체, 후드 청소
	쿠쿠홈시스	공기청정기, 정수기, 비데 등 생활가전 렌털
정기배송 및 서비스 모델	에스원	보안 시스템 및 건물 관리 서비스 제공
	지어소프트	오아시스의 오픈마켓 구축과 새벽배송 사업 영위
	GS리테일	장보기 쇼핑몰 GS프레시 운영
	본느	구독형 이커머스 업체인 Boxycharm 등 미국 내 온라인 구독형 샘플 시장 진출
무제한 이용 모델	메가엠디	성인 교육과 관련한 7개의 온라인 교육 사이트 운영
	메가스터디교육	고등 온라인 메가스터디, 중등 온라인 엠베스트, 초등 온라인 엘리하이트 운영
	더존비즈온	SW패키지를 11만 개 업체와 전국 9000여 개 세무·회계사무소에 공급하는 한편 클라우드 사업
	한국기업평가	기업신용정보에 대한 검색 등을 온라인으로 제공
	디앤씨미디어	웹소설 및 웹툰 전문 콘텐츠 공급 업체
	지니뮤직	유무선 음악 플랫폼(지니·올레뮤직·엠넷닷컴)을 통해 스트리밍, 다운로드 서비스 등의 형태로 소비자에게 공급
기타 유형	SM엔터테인먼트	유료 팬클럽 리슨(Lysn) 서비스. 연회비 내면 다양한 혜택 제공
	CJ ENM	TV홈쇼핑에서 생리대 정기배송 서비스 론칭. 티빙을 통한 OTT(온라인 동영상 서비스) 사업
	엔씨소프트	PC당, 게임당 월정액으로 운영

자료 : 한국투자증권

생산의 4대 요소는 모바일, 토지 노동 자본이다.

모든 기업은 스마트폰을 기업 영업, 마케팅, 연구 등에 적용해야 한다.

구독경제를 활성화해야 생존할 수 있다.

2025년도 고물가 고금리 고환율로 기업은 매우 어렵다. 미국은 2025년 12월까지 기준금리를 3.6%로 인하한다.

한국 시중금리도 인하된다. 한국은 최고 8%까지 인상된 후 내린다. 기업은 현금비축

과 재고자산 축소, 기업 투자 등 철저한 대비가 필요하다

2025년 대졸자 청년취업률이 45%다.

외국인직접투자(FDI) 유출액이 유입액의 4배다. 호주는 우버를 허용하면서 총수익 10%를 택시 발전기금으로 사용한다. 한국도 택시부족 해결을 위해 우버, 타다 등 4차 산업혁명을 허용하고, 택시 산업 기부로 상생하자.

<통계청>

한국 법인세 26%를 OECD 평균21%로 낮춰 해외기업을 유치해야만 일자리가 생긴다.

중소기업은 한국 기업 99%, 근로자 88%다. 중소기업인은 한국경제의 풀뿌리로

고용창출과 국가발전에 가장 큰 역할을 한다. 2024년 소매액 650조원의 35%가 온라인쇼핑이며, 최고 65%까지 증가한다.

모든 기업은 직원 업무를 스마트폰, 구독경제 그리고 온라인산업 등 4차 산업혁명을 이용해야만 생존할 수 있다.

2025년 우크라이나 전쟁은 소모전으로 계속된다. 미국 대통령에 누가 당선 되느냐에 따라 종전가능성도 있다.

한국은 유가70% 폭등, 중국 교역 축소, 세계2위 무역의존도 75%, 중국 패권전쟁, 미국 기준금리 인하, 환율 1400원 등에 대비해야 한다.

환율은 1964년 300원에서 2025년 1400원까지 상승했다. 60년간 매달 1.4원씩 올랐으며, 92% 확률로 상승한다. 환율은 계속 상승하므로 기업은 달러비축이나, 애플, 엔비디아 등 미국 1~3위 주식투자로 대비해야 한다.

2025년 미국 기준금리 인하로 금리는 안정된다. 그러나 환율은 1370~1450원까지 상승할 수 있다

한국기업은 고물가 고금리 고환율로 매우 어렵지만 위기에 잘 대응해야 한다. 온라인산업 등 4차 산업혁명을 적극 활용하여 국가 경제발전에 기여하겠다.

한국은 SW인력 100만 명을 양성하여 청년실업자 문제를 해결하고, 4차 산업혁명을 선도하자.

기업은 신축적이고 탄력적인 활동을 해야 한다. 모바일과 구독경제가 생존전략이다.

02 개인 생존전략과 투자전략

한강이남 아파트 청약, 미국 시가총액 1위 애플, 엔비디어

01 청약통장종류

청약통장 4종류

- 청약종합저축통장
  - 2010년 부터 발행(민영, 공영 가능)
  - 현재 모든 통장은 이것만 가입 가능
- 청약저축 : 월 2-10만 원(공영만 가능)
- 청약부금: 월 13만 원, 300만 원(민영만 가능)
- 청약예금 :일시불 예치
  - 300(32평)
  - 600(38평)
  - 1,000(45평)
  - 1,500만 원(모든 평형)

개인이 부자가 되는 가장 빠른 방법은 대한민국에서는 아파트 청약에 당첨되는 것이다.

2024년 분양 된 아파트 중 강남에서 당첨이 원베일리와 원 펜타스는 차액이 25억원이다.

32평 기준 분양가 19억원, 시세는 45억원이다.

펜타스 32평 분양가는 22억이므로 평균 25억 원이 차액이다.

직장인들이 평생을 벌어도 모으기 힘든 돈을 아파트 당첨으로 이룰 수 있다.

아파트에 당첨이 되면 계약금을 20% 납부해야 된다. 그러나 전세로 준다면 계약금 정도면 준비하면 누구나가 부자가 될 수 있다. 저축은행과 제 2금융권 등에서는 계약금 등도 모두 빌려 준다.

아파트 당첨만 된다면 큰 돈을 벌 수가 있다.

언론에서 현금을 10억원 이상 준비해야 된다고 하지만 실제로 당첨만 되면, 높은 금리이지만 제2 금융권에서 계약금까지 빌릴 수 있다.

은행에서 대출을 받고 돈을 빌리는 것을 두려워해서는 안 된다. 차액이 무려 20억원 남는데 6% 정도 이자를 몇 달간 내는 걸 두려워 해서는 안 된다. 서울 아파트는 가급적이면 한강 이북이 아니라 한강 이남을 해야 한다.

한강이남은 분당, 성남, 판교, 용인, 동탄 등 계속 성장하기 때문이다. 따라서 한강 이북보다는 한강 이남을 추천한다.

한강 이북에 주택을 사는 것보다 한강 이남에서 전세를 살면서 어떻게 부자가 되는지를 알아보는 것도 좋은 방법이다.

강남, 서초, 송파, 강동구에 살게 되면 주변 부동산시세와 더 많은 정보를 알게 된다. 부자들과 살아야만 부자가 되는 방법을 알 수가 있다.

한국에서 가장 빠른 부자가 되는 것은 역시 아파트 당첨이다.

또한 아파트 당첨은 본인, 배우자, 양가 부모님 모두를 통장에 가입시켜 돌아가면서 청약을 해도 좋다.

한국에서는 아파트 당첨 후 3년이 지나면 다시 1순위가 된다. 집이 있어도 38평이나 넓은 평수는 추천 물량도 많다.

부자가 되려면 직장만 열심히 다녀서는 절대 안 된다.

아파트 청약과 공부를 많이 해야 한다. 틈틈이 부자가 되는 법을 배워야 한다. 필자가 저술한 "부자학" 책을 읽는 것도 좋은 방법이다. 아파트 청약 통장만 연구를 잘해도 된다.

2024년 9월 부터는 아파트 청약납입금이 월 25 만원으로 오른다. 이제는 청약저축과 부금, 예금이 사라지고 아파트 청약종합저축 통장만 남았다.

2024년 9월 이후 공공아파트를 청약 할 수 있는 청약저축 통장도 민영아파트 청약이 가능하다.

정부가 25 만원씩 납입금을 올린 이유도 주택기금 소진으로 알려지고 있다.

한국 1% 부자는 순자산 30억 원이다. 한국1% 부자의 평균 자산은 55억 원이다, 직장인들이 조금만 노력하고 공부하면 1% 부자가 될 수 있다

유태인들은 티콘 올람 사상을 가지고 있다.

페이스북과 구글을 만든 유태인들은 부자가 되어 가난한 국민들을 도우라고 가르친다.

한국인도 탈무드 교육처럼 부자가 되어 세상을 살기 좋은 곳으로 만들라고 자녀들에게 가르치자.

한국인도 부자가 되어 가난한 국민을 위하여 살아야 한다.

부자가 되는 방법은 금융공부만 하면 누구나 부자가 될 수 있다. 한국에서는 아파트 청약통장 가입과 당첨이 가장 빠르게 부자가 되는 방법이다.

청약통장은 청약저축, 청약부금, 청약예금이 있다. 2009년 5월 청약종합통장 하나로 통합됐다. 본인과 부모님이 가지고 있는 통장이 무엇인지 확인한 후에 주택유무, 가입기간 등을 고려해 당첨되는 전략을 세워야 한다.

주식하는 어린이들에게 부자가 되는 방법을 알려주는 것이 공모주 청약이다. 한국인과 외국인은 누구나 공모주 청약을 할 수 있다. 2024년 8월 적정가격에서 거래되는 유통시장보다는, 시세에서 30% 할인되는 공모주 청약(IPO)을 꼭 가르쳐야 한다.

2025년 기준 전 세계 주식 시가총액 글로벌 비중에서 미국 60%, 한국 1.5%다. 러시아와 우크라이나 전쟁 등으로 인하여 한국 주식이 30% 하락했다.

그러나 미국은 전 세계 기축통화 역할을 하면서, 오히려 주가가 사상최고치를 경신하고 있다. 지난 40년 기준으로 애플은 3,600배, 삼성전자는 400배 정도 상승했다.

미국 시가총액 1~3위 애플, MS, 엔비디어 을 사는 것이 가장 안전하고 빠르게

부자되는 방법이다.

　워렌버핏은 자기 자산의 50%를 애플에 투자하고 있다. 애플의 시가총액은 4,500조 원이다.

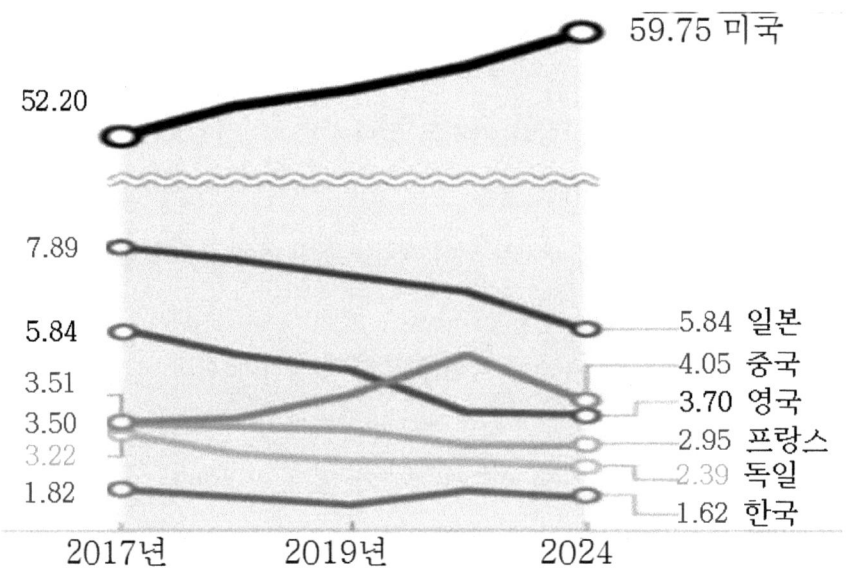

　유태인들은 자녀가 13세가 되면 성인 축하금으로 3천만 원 정도를 모아서 준다. 이 돈은 미국 우량주에 투자되어 대학을 졸업하는 25세가 되면 3억 정도 된다. 구글과 페이스북 같은 유태인 창업기업이 많은 이유다.

2024.8.19.일 기준 미국 시가총액1위 애플

<애플 그래프>

<애플은 지난 40년 동안 3500배 상승함>

PART 4. 기업과 개인의 생존전략

주식 투자 성공 사례
1조 자산가 된 80대 개인의 투자법

김용관 자산관리부장공개 2017-12-08 [the bell]

주식 투자로 돈 버는 비법 하나를 소개해 드릴까 합니다. 아주 단순하지만 엄청난 수익률을 자랑하는 비기(秘技)입니다. 현실 가능한 것이지 저도 잘 모르겠습니다. 판단은 여러분의 몫입니다.

이 분은 서울 명문대학교에서 학생들을 가르치다 은퇴한 교수님이십니다. 올해 80대 중반으로 건강하게 여생을 즐기고 있다고 합니다. 이 분의 자산이 얼마일까요? 놀라지 마십시요. 이 사례를 들려준 사람의 이야기로는 1조원이 넘는다고 합니다. 시쳇말로 '이거 실화냐'라고 의심하는 분들도 많을텐데 실화 맞다고 합니다.

주력 종목은 삼성전자 한종목. 2000년 11월 삼성전자를 대거 사들인 후 지금까지 보유하고 있다고 합니다. 재산 규모가 사실인지 믿기 어렵지만 대형 증권사의 고위 임원이 본인이 직접 관리해온 고객의 이야기를 들려준 것이니 거짓은 아닐 것입니다.

전문 투자자도 아닌 개인이 어떻게 이렇게 많은 재산을 모았을까요. 이 교수는 30대 중반인 1970년대부터 주식 투자를 시작했다고 합니다. '월급쟁이가 돈 벌수 있는 방법은 주식 투자 밖에 없다'고 생각했다고 합니다. 그당시만해도 주식 투자는 투기나 도박으로 여겨지던 때입니다. 시간이 날때면 칠판에 시세를 적던 명동으로 가서 직접 매매를 하곤 했답니다. 월급의 25%를 떼어 매월 주식에 투자했다고 하네요.

인문대 출신 교수라 주식에 대해선 아무 것도 몰랐습니다. 종목 선정의 바탕이 될 수 있는 경영이나 경제에 대해서도 지식이 전무했습니다. 그래서 단순하게 접근하기로 하고 큰 원칙을 하나 세웠습니다.

그 원칙은 '우리나라에서 가장 좋은 주식 한 종목에만 투자한다'였습니다. 문제는 수천개가 넘는 종목 중에서 가장 좋은 주식을 고르는 일이었습니다. 저PER, 저PBR, 순이익, 영업이익, 배당 등 다양한 기준이 있었겠지만 그가 선택한 방법은 아주 단순했습니다.

바로 '시가총액 1위 종목'이었습니다. 여러가지 변수가 있겠지만 시가총액 1위 종목이 될 정도면 좋은 주식이 분명하다고 생각했습니다. 단순하지만 결과적으로 탁월한 안목이었던 셈입니다.

그때부터 지금까지 시가총액 1위 종목만 투자했습니다. 매매는 시가총액 1위 종목이 바뀌면 이뤄졌습니다. 실제 이 분이 매매한 종목을 보면 우리 경제의 발전상이 한눈에 드러납니다.

80년대 수출관련주가 주력으로 부상하면서 현대차, 삼성전자, 유공, 금성사 등이 매매 대상에 올랐습니다. 현대건설이나 대림산업 같은 건설주도 눈길을 끕니다. 80년대 초반에는 한일은행, 제일은행, 조흥은행이 하루가 멀다하고 시총 1위 전쟁을 벌이기도 했습니다. 90년대 들어서는 포스코나 SK텔레콤, 한국전력, 한국통신 등이 주요 매매 대상이었습니다.

80년대만해도 1위 종목 시가총액이 1000억원 안팎이었지만 89년 종합주가지수가 1000을 찍으면서 개별 종목의 시가총액도 급격하게 오르기 시작했습니다. 그래서 한번 이익을 낼때 10배, 20배씩 내는 경우가 많았다고 합니다. 이 과정에서 재산은 급격하게 불어났습니다.

마지막으로 거래한 종목이 2000년 11월21일 15만8000원으로 시가총액 1위에 오른 삼성전자입니다. 당시 삼성전자의 시가총액은 23조8956억원. 8일 종가 기준으로 삼성전자 시가총액은 366조3815억원으로, 17년 동안 15배 가량 올랐습니다.

정말 대단하지 않습니까. 그리고 단순하지 않습니까. 필요한건 17년동안 매도하지 않고 기다린 끈기였습니다. 말이 쉽지 실제로는 거의 불가능한 이야기입니다. 우리같은 하수들은 이미 수십번은 사고 팔았을 기간입니다.

제레미 시겔의 '주식에 장기 투자하라'에도 나타나듯이 투자 기간이 길어지면 주식은 채권보다 수익률이 높아지고 변동성도 크게 낮아집니다. 이 교수는 이같은 원리를 실증적으로 보여주고 있습니다.

증권사 임원은 10년전쯤 이 사례를 다른 PB 수십명에게도 이야기 해줬다고 합니다. 그 중에 딱 한명의 PB가 실행에 옮겼다고 합니다. 이 사람은 자신의 모든 자산을 다 팔아서 시가총액 1위 종목인 삼성전자를 샀다고 합니다. 결과는 말안해도 아시겠지요.

오해하지 마세요. 삼성전자를 매수하라는게 아닙니다. 핵심은 가장 좋은 종목, 즉 시가총액 1위 종목을 매수해서 이익을 극대화했다는 것입니다. 이분이 투자한 시가총액 1위 종목 중 증시에서 사라진 종목이 꽤 많습니다. 제일은행, 한일은행, 조흥은행, ㈜대우 등등. 17년째 시가총액 1위인 삼성전자도 미래에 어떻게 될지 알수 없습니다.

삼성전자가 너무 올라서 매수하기 부담스럽다는 분도 있을 겁니다. 시총 60조원으로 2위에 있는 SK하이닉스를 사는 것은 어떨까요? 그 분 기준으로는 가장 좋은 주식이 아니기 때문에 실패한 투자라고 했습니다. 원칙을 지키라는 말이죠.

증권사 임원은 대안으로 해외 주식을 권했습니다. 미국의 시가총액 1위 종목인 애플, 일본의 토요타자동차, 중국의 텐센트, 베트남의 비나밀크, 우리나라 삼성전자 등 5개국 시총 1위 종목으로 포트폴리오를 구성하는 것도 성장성과 안정성을 담보할 수 있다고 했습니다.

성투하시기 바랍니다.

뒷말) 이 사례를 이야기해 준 임원은 어떻게 됐는지 궁금하시죠. 그도 비슷한 원칙을 세웠지만 얼마 못가 예전대로 돌아갔다고 하네요. 너무 많은 정보와 지식이 독이 됐다고 합니다. 매일 증시를 보고 있으니 흔들릴 수 밖에 없었다고 합니다. 단순하지만 지키기 힘든 투자 방법입니다.

<출처: 김용관 부장 2017년 11월 10일 thebell 기사입니다.>

2025년 채권과 금, 안전자산 가격 계속 오른다.

2025년 금은 90% 확률로 계속 오른다. 매월 일정금액 금 투자도 좋다.

03 채권이자는 하락하고 채권가격은 오른다.

1. 채권 가격은 오르고, 이자율은 하락 할 것이다.

   채권 가격은 오르고, 이자율은 2025년에 하락할 것으로 보인다.

   채권이자율에 대하여 1980년부터 2024년 10월까지 미국 국채 10년물을 회귀분석해 보았다. 회귀분석 결과 매월 단위로 마이너스 0.01%씩 하락했다. 전체 기간이 약 600개월 정도다. 채권 금리가 과거 20%까지 상승을 했지만 2024년 11월 기준으로 0.87% 로 하락을 했다.

   2025년 1월 미국 새 대통령이 취임을 한다. 미국 대통령은 미국의 경기를 되살리기를 원한다. 따라서 예산을 확대하고 긴급지원금을 지급하면서 , 강력한 재정정책을 펼 것이다. 또한 재정정책을 확대하게 되면 경제가 활성화 되면서 미국의 주식 가격이 많이 오르게 된다.

   반대로 미국의 채권 가격은 상승하면서, 이자율은 하락하게 될 것이다. 주식과 채권이자율은 반대 방향으로 움직인다.

   주식은 위험 상품이다. 경제가 성장할 때는 큰 상승을 한다. 2024년 미국 주식시장은 큰 성장을 했다.

   채권이자와 채권가격은 반대로 움직인다.

   채권 가격이 오르면, 채권 이자율은 하락한다. 2025년 미국 기준금리는 5.0%다. 그러나 채권의 미국 10년 물 기준으로는 1%대를 유지하고 있다.

   회귀분석 결과를 설명 드리면 X축은 기간이다.

   매월 기준이고, Y축은 채권의 이자율이다.

   40년 기준으로 분석 결과, 매월 기간이 시간이 흐름에 따라 채권의 이자는 하락을 했다. 매월 마이너스 0.02% 평균 하락을 했다.

결정계수가 0.88이다. 이 그래프가 미국의 채권이 하락하고 있다는 것을 88% 정도 설명을 할 수 있다는 것이다. 88%의 비율로 미국의 채권가격이 하락한다는 것을 실증적으로 보여준다.

결론은 미국의 채권 이자율이 계속 하락한다는 것이다.

미국은 2020년 기준으로 GDP가 22조 달러, 중국은 16조 달러, 일본이 5 달러, 한국이 2조 달러이다.

경제규모가 커지게 되면 주식시장은 계속 상승하게 된다.

전 세계 경제에서 미국이 차지하는 비중은 25% 정도 된다.

주식 시장에서 미국이 차지하는 비중은 50% 정도다. 25%는 유럽이 차지하고 있다. 나머지 25%는 중국 일본 한국의 차지하고 있다

한국경제가 세계 경제에서 차지하는 비중은 1%다. 한국 주식 시장이 차지하는 비율도 1.5%다.

한국의 2025년 코스피 종합주가지수와 코스닥을 합치면 시가총액이 2500조원 정도 된다.

한국의 대표 삼성전자가 500조원 정도. 미국의 애플의 시가총액은 원화 기준으로 4,500조원이다

경제가 계속 커지므로 미국의 빅테크 기업들은 기업들은 계속 성장을 할 것이다.

미국 대통령은 전기자동차, 친환경 에너지, 인프라 구축 등으로 확장 경제를 추구할 것이다. 경제가 활황이 되고 주식시장이 성장하게 되면, 채권 가격은 상승하게 된다. 즉 채권 이자율은 계속 하락하게 될 것이다 .

여러 가지 근거와 실증분석 결과 2025년도 채권 이자율은 하락하게 될 것이다. 소폭 반등은 있겠지만 장기적인 추세는 계속 하락할 것으로 보인다.

이것은 40년을 기준으로 미국 채권 금리가 하락하는 것을 보여주는 분석 결과다.

한국의 3년물 국채와 미국의 10년물 국채 추이를 비교해 보았다.

파란색이 한국의 3년물 국채이고 오렌지색이 미국의 10년 물 국채다.

미국 국채와 마찬가지로 한국의 채권도 하락 추세다.

한국의 국채는 가장 높았을 때가 9% 정도인데 2025년 3%대로 하락했다.

회귀분석 결과를 보게 되면 한국의 3년 물 국채는 매월 시간이 지남에 따라 마이너스 0.02%씩 하락을 했다.

일시적인 반등과 상승은 있었지만, 장기적인 추세는 한국 국채 이자율이 계속 하락했다는 것이다.

특히 결정계수를 보게 되면 82%다. 82% 확률로 한국의 국채 이자율이 2025년에도 하락할 것을 보여주고 있다.

한국의 국채 이자율은 미국 국채와 함께 우하향 그래프를 계속 이어가고 있다. 미국 국채 이자율이 2024년에 한국 국채 보다 더 높은 적이 있었다.

그러나 장기적으로 한국 3년 국채이자율이 미국의 10년 물 국채 이자율보다 아래에서 움직이고 있다. 거의 동조화 되어 함께 움직인다고 보면 된다.

2025년 한국도 경제가 성장하게 될 것이다. 주식시장은 3,300포인트 까지 오를 전망이다. 2024년 한국의 코스피 총 최고점은 3000 포인트다.

미국 새 대통령은 한국, 일본, 호주 등 우방국과 함께 경제를 활성화하겠다고 했다. 과거 트럼프 대통령은 미국 우선주의 보호무역주의를 취했다

당선된 미국 대통령 경제정책은 이전 대통령과는 달리 미국 우선주의가 될 것이다.

미국 신임 대통령은 미국의 진정한 가치를 되살리겠다고 했다.

그것은 전 세계 경제를 이끌어가고, 미국 중심이 아니라, 미국의 우방국들과 함께 전 세계경제를 동반성장하기를 원한다는 것이다.

미국 신임 대통령 무역정책에 대해 비 개방적이다.

미국은 중국이 주도하고 있는 RCEP에 대하여 부정적이다.

미국 대통령은 미국 경제가 세계 경제를 주도하고, 세계 무역에 표준을 이끌어야 한다.

트럼프는 2017년 2월 CPTPP를 탈퇴했다. 일본은 트럼프가 탈퇴한 CPTPP를 2018년 완전 체결시켰다.

2025년 한국은 CPTPP에 가입은 하지 않았다. 2015년 가입 선언만 했다. 미국은 중국 주도의 RCEP를 그냥 지켜보지는 않을 것이다.

중국은 일본을 방문하여 중국이 CPTPP에 가입하는 것이 세계 경제에도 도움이 되고 일본 경제에도 도움이 된다고 이야기했다. 중국은 일본이 주도한 CPTPP에 가입을 강력히 원한다.

미국이 세계 다자무역에 복귀하게 되고, 무역이 확대된다면 한국 경제에는 큰 호재다. 한국은 무역 의존도가 75%로 세계2위다.

한국경제가 성장하게 되고 발전하게 되면 주식 시장은 2025년에 3300 포인트를 넘어서게 될 것이다. 경제가 활성화되면 채권의 이자율은 하락하게 될 것이다.

2025년에는 무역이 확대되고 사람들의 교류가 더 증가 하게 될 것이다.

한국은 무역의존도가 2025년 기준으로 세계2 위로 75%다.

과거 무역 의존도가 85%까지 상승한 적이 있었다. 무역의존도는 (수출+수입)/GDP 이다.

2025년에는 세계 경제가 교역을 확대하면, 한국 경제는 큰 성장을 하게 될 것이다.

2025년에는 한국 경제성장률이 3% 증가하게 될 것이다.

주식시장은 굉장히 큰 폭으로 활성화될 것이다.

2025년에는 주식시장과 반대로 채권 이자율은 하락하게 될 것이다.

채권의 이자율은 채권가격과 반대로 움직인다.

2025년에는 교역확대와 인구 이동 증가로 경제는 다시 활성화된다.

결론은 채권이자율은 2025년에 하락하게 될 것이다. 동시에 채권가격은 2025년에 상승하게 될 것이다.

1980년부터 2024년 10월 까지 미국 국채10년물 채권 추이분석

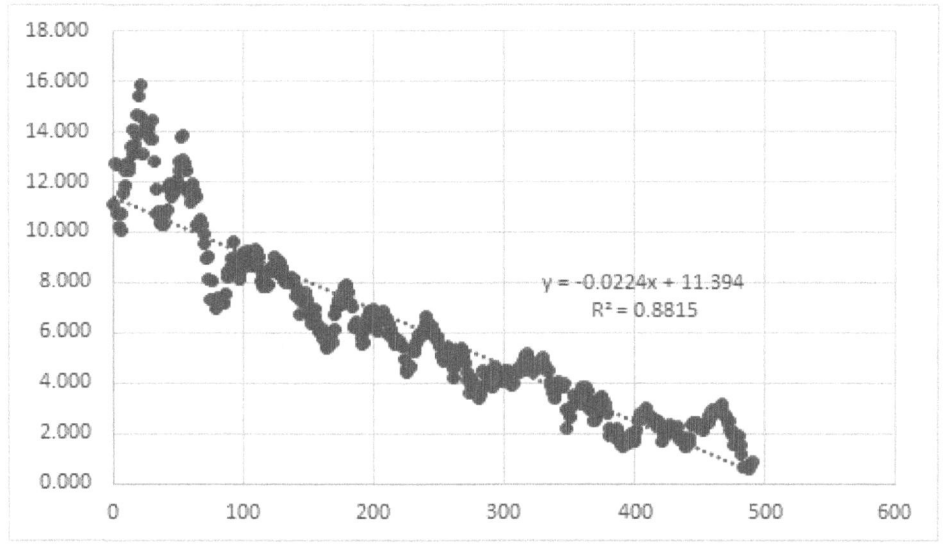

자료: 한국은행, 미국 국채 10년 T/ NOTE (1980.1 ~ 2024)

한국 3년물 국채와 미국 10년물 국채 추이

(참조: 파랑색 한국 국채, 오렌지색 미 국채)

(자료: 한국은행, 한국 국채 3년물, 미국 국채 10년 T/ NOTE (2000.1 ~ 2024.10월)

04 금 안전자산 계속 오른다. 금을 모아라

2025년 금 가격 전망

2026년부터 2030년까지의 금 가격은 4192.00달러까지 상승할 것으로 예상됩니다.

연도	연중	연말
2025년	$2,589	$2,769
2026년	$2,801	$2,809
2027년	$2,894	$3,130
2028년	$3,345	$3,560
2029년	$3,703	$3,865
2030년	$4,133	$4,192

<출처: XAUUSD>

<저자설명: 금은 안전 자산으로 매년 오른다. 미국 기준금리 인하로 금이 다시 인기를 얻고 있다. 금은 영원한 안전자산이라고 보면 된다>

2025년 금 가격은 계속 상승하게 될 것이다. 1970년도에는 금이 2달러 밖에 하지 않았다. 그러나 2024년 12월 2,500 달러까지 올랐다. 약 1000배나 오른 것이다

금 가격은 미국의 달러 가치나, 채권 이자율과 반대로 움직인다.

일시적으로 미국 경제가 흔들리거나, 미국 달러화가 강세가 됨으로 인해서 급등이나 하락은 있을 수 있다.

그러나 장기적으로 금 가격이 상승한다는 것을 이 그래프가 보여주고 있다.

회귀분석 결과에서 보듯이 금 가격은 우상향 그래프를 가지고 있다.

2025년에는 전 세계가 경제 활성화된다. 특히 미국 새 대통령 취임으로 대규모 재정정책을 통하여 많은 돈이 풀게 될 것이다.

재닛 앨런 미국 재무부 장관은 미국의 FRB 의장 출신이다.

그녀는 미국 경제를 살리기 위하여 대규모 재정 정책을 실행할 것이다.

미국은 2% 이상으로 물가가 오르는 것을 허용할 것이다.

확장적인 재정정채과 금융정책으로 물가가 오르는 것보다는, 일자리를 만드는 것을 더 중요시하게 생각한다는 의미다.

과거에도 앨런은 일자리 우선 정책을 펼쳤다. 2025년도에 미국의 경제 정책은 대규모 재정 정책을 통하여 미국의 일자리를 만드는 것이다.

미국 경제를 활성화하고 경기부양에 주안점을 둘 것이다.

2025년 미국은 경기부양을 위하여 대규모 재정정책과 금융정책을 시행할 것이다. 위 두 가지 정책이 시행되면 주식시장은 큰 활황을 하게 된다. 채권 이자율은 더 하락하게 될 것이다.

정부가 하는 정책은 두 가지 정책이 있다. 재정정책과 금융정책이다.

재정 정책은 국가가 예산을 풀어서 경기를 부양하는 것이다.

통화정책은 기준금리를 낮추는 정책을 말한다.

한국의 기준금리는 3.5%다. 미국의 기준금리는 5.5%다.

많은 사람들이 물가가 오르기 때문에, 금과 같은 실물 투자를 하게 될 것이다.

따라서 2025년도에는 주식 가격이 오르고, 채권이자율은 하락, 채권가격은 상승한다. 금 가격은 더 오른다.

미국이 통화량을 계속 증가하게 되고, 재정정책을 펴게 되면 금 가격은 더 상승하게 될 것이다. 2025년 미국 달러화가 강세지만 금 인기는 계속된다.

미국의 통화량이 많아진다는 것은 전 세계에 달러 공급은 많아지면서 달러의 가치가 하락하게 된다는 것을 의미한다.

달러가치 하락을 막는, 위험회피 차원에서 더 많은 사람들이 금을 사게 될 것이다.

따라서 금 가격은 2025년도에 상승하게 될 것이다. 또한 2024년 이후에도 금

가격은 우상향 그래프를 그리면서 상승할 것으로 보인다.

원자재에 포함이 되는 것이 금 가격이다. 금은 원자재로도 사용이 되고 가치저장의 수단도 된다.

따라서 금 가격은 지난 45년을 기준으로 했을 때 계속 상승하는 그래프를 가지고 왔다. 2025년에 채권 이자율은 하락하게 되겠지만, 금 가격은 상승할 것이다.

금 가격 추이와 회귀분석

(온스당 달러기준)

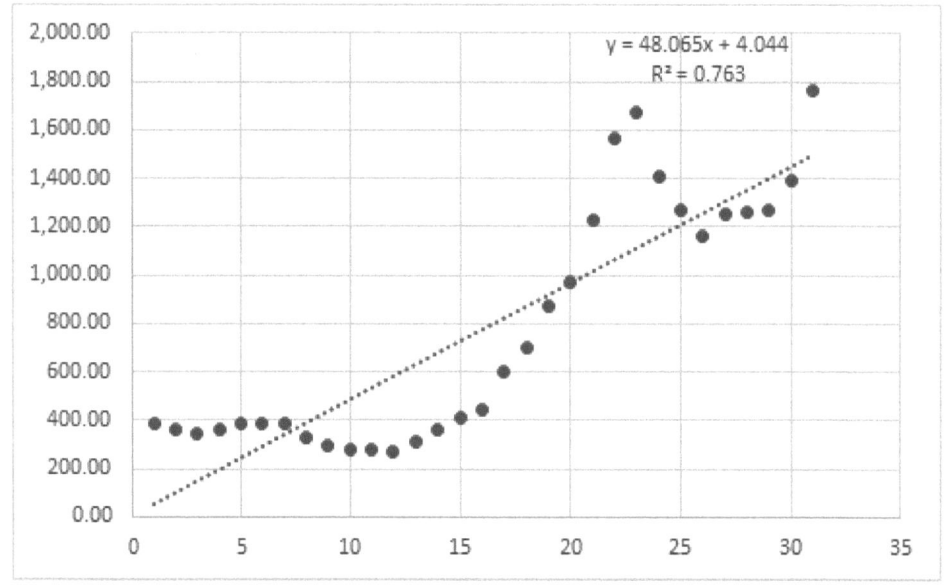

자료: 통계청, 1990~2025년 금가격 추이 연도별, (1온스 31g)

<금 가격은 지난 35년 동안 매년 48달러 증가한 것을 보여준다. X축은 연도 기준이고 Y축은 금 가격이다. 그래프에서 보듯이 금 가격은 매년 48 달러씩 증가했다. 회귀분석 결과 결정계수가 76%다. 76%로 확률로 상승한다는 것이다. 45년 동안 회귀분석 결과는, 금 가격은 장기적으로 상승한다>

출처 : XAUUSD 차트

<국제신문 2024. 4. 7.>

성장하는 2025년 경제 大 전망
-30대 경제트렌드-

발 행 일	2024년 9월 27일 초판
저　　자	김대종
발 행 인	김성남
발 행 처	(주)지필미디어
주　　소	경기도 일산서구 이산포길 282 나동
전　　화	031-923-4504
팩　　스	031-917-4503
이 메 일	jpmkim@naver.com
홈페이지	www.jiphil.co.kr
등록번호	제 312-1997-000043호 (1997년 07월 16일)
I S B N	979-11-93187-61-6 (03320)
가　　격	19,000원

- 이 책의 내용, 사진, 그림 등의 전부나 일부의 무단 복제 및 무단 전사를 일절 금합니다.
- 잘못 만들어진 책은 구입하신 곳에서 교환해 드립니다.
- 저자와 합의하여 인지는 생략합니다.